EVROPA

Jürgen Bruhn, Jahrgang 1937, studierte Politik, Geschichte und Soziologie. Er war vierzehn Jahre lang beim *Spiegel*; danach lehrte er in Amerika an der California State University. Veröffentlichungen u. a.: *Störtebeker* (Rotbuch 2000), *Hamburg kaputt* (Die Hanse 2002).

JÜRGEN BRUHN

Raubzug der Manager

oder Die Zerstörung des Sozialstaats

EUROPÄISCHE VERLAGSANSTALT

Informationen zu unseren Verlagsprogrammen finden Sie im Internet
unter www.europaeische-verlagsanstalt.de

Bibliografische Information Der Deutschen Bibliothek

Die Deutsche Bibliothek verzeichnet diese Publikation in der Deutschen Nationalbibliografie; detaillierte bibliografische Daten sind im Internet über http://dnb.ddb.de abrufbar.

Umschlaggestaltung: Bayerl & Ost, Frankfurt
unter Verwendung eines Fotos von dpa
Signet: Dorothee Wallner nach Caspar Neher »Europa« (1945)
Herstellung: Das Herstellungsbüro, Hamburg
Druck und Bindung: Fuldaer Verlagsanstalt

Printed in Germany
ISBN 3-434-50595-4

Inhalt

III. Der Aufstand gegen die Manager-Oligarchie

Einleitung

Als »Raubtierkapitalismus« bezeichnete Altkanzler Helmut Schmidt den rücksichtslosen, nur auf Wettbewerbsfähigkeit, Gewinnmaximierung und Shareholder Value basierenden neoliberalen High-Tech-Kapitalismus schon vor Jahren. Und selbst das nicht gerade kapitalismuskritische *Wall Street Journal* sprach von amerikanischen Topmanagern als »Wirtschaftskriminellen«, nachdem ihre Bilanzfälschungen, Kursbetrügereien und Insiderhandel 2002 an die Öffentlichkeit gelangt waren. Globalisierungsgegner und Nicht-Regierungs-Organisationen wie Attac, Third World Network und Global Trade Watch bekämpfen seit dem Weltwirtschaftsgipfel 1999 in Seattle durch weltweiten zivilen Ungehorsam den ausbeuterischen Raubtierkapitalismus der so genannten Global Players. In Pôrto Alegre und in Bombay haben sie wiederholt ein Ende des Raubtierkapitalismus gefordert und ein Gegenkonzept, eine »Globalisierung von unten«, ausgerufen.

Wie ist es zu dieser Situation gekommen? Sind die Machenschaften der Manager, auf die wir nicht vorbereitet waren, erst in den letzten Jahren entstanden? Oder hat ihr Wirken eine längere Vorgeschichte, die wir einfach aus Unwissenheit über uns ergehen ließen? Dieses Buch will Licht auf das Treiben der Manager werfen, die Hintergründe ihrer Machtposition im weltweiten ökonomischen Gefüge aufzeigen und Strategien diskutieren, wie ihr Raubzug gestoppt werden kann. Denn eins ist klar: Die Welt muss sich gegen die gewissenlose Ausbeutung durch die Manager wehren, um wieder menschenwürdig arbeiten und leben zu können.

Zunächst ist zu fragen, woher die Kaste der Manager überhaupt kommt, wo sie ihren Ursprung nimmt und wie es dazu kommen konnte, dass sie heute eine solch allmächtige wirtschaftliche Position einnimmt. Entgegen gängiger Annahmen schuf nicht das moderne Wirtschaftssystem die Manager, sondern die Manager erfanden das moderne Wirtschaftssystem. Anfang des 19. Jahrhunderts wurde in den USA ein vom Militär entwickeltes neues System der Arbeitsorganisation und Arbeitsteilung auf die Wirtschaft übertragen, das die Manager nach und nach durch die von ihnen initiierte und verwirklichte Trennung von Eigentum und Kontrolle, von Planung und ausführender Arbeit zur Herrschaft über das Wirtschaftsleben aufsteigen ließ. In den Unternehmen wurden durch die Einführung neuer Strukturen die alten Kapitaleigner entmachtet, die Belegschaften von der Mitbestimmung in den entscheidungsbefugten Unternehmensvorständen ausgeschlossen und durch Instrumentarien wie Depotstimmrecht, Aktienoptionen und Shareholder Value die Macht der Manager immer mehr vergrößert. Inzwischen bestimmen sie durch die Durchsetzung einer High-Tech-Angebotswirtschaft und dem in der Folge angetriebenen, globalen »Turbokapitalismus« (den Terminus prägte Edward Luttwak) auch viele andere Lebensbereiche. Die Weltwirtschaft heute wird von den Managern kontrolliert.

Schon in den 30er Jahren des letzten Jahrhunderts versuchten z.B. der ehemalige US-Präsident Franklin Delano Roosevelt, der britische Ökonom John Maynard Keynes und die so genannte Technokraten-Bewegung in den USA etwas gegen die Allmacht der Manager zu unternehmen. Sie scheiterten größtenteils, weil die Manager-Oligarchie schon damals zu stark, zu sehr ineinander verflochten, zu unkontrollierbar geworden war.

Die Rüstungsindustrie im Zweiten Weltkrieg brachte der US-amerikanischen Wirtschaft einen bis dahin noch nie da gewesenen Konjunkturboom, der alle Versuche, die Macht der Manager einzuschränken, vorerst beendete. Danach musste Europa und insbesondere Deutschland wieder aufgebaut werden. Hier entstand die soziale Marktwirtschaft, der so genannte »rheinische Kapitalismus« mit Sozialverantwortlichkeit und staatlichen Korrektiven für abhängig Beschäftigte, für Benachteiligte und Bedürftige.

Solche Modelle, in denen es um die Verantwortung der Wirtschaft der Gesellschaft gegenüber geht, passen nicht in die Gewinnmaximierungsstrategien der Topmanager, nicht in ihr Konzept einer nur am Profit gemessenen Wettbewerbsfähigkeit. Und mittlerweile dominieren Topmanager auch den Staat. Zugespitzt kann man sagen, dass nicht länger die Politik uns regiert, sondern die Wirtschaft.

Während die fortschrittlichen Kräfte in der Gesellschaft immer weiter entmachtet werden und die Arbeitslosigkeit immer größere Ausmaße annimmt, steigen die Gehälter und Aktienoptionen der Manager in astronomische Höhen. Ein globaler Turbokapitalismus kommt auf uns zu, der mit einem Bruchteil an menschlicher Arbeit auskommt. Ulrich Beck spricht von einer Art »Nur-noch-Gewinn-Kapitalismus« ohne Sozialverantwortlichkeit, der beschleunigt wird durch eine Besessenheit unbedingter Wettbewerbsfähigkeit und einer sich rasant entwickelnden Technologieerneuerung. Die Tempomacher dieses neuen Automations-Weltmodells folgen dabei der Formel 20:80: 20 Prozent der arbeitsfähigen Bevölkerung, die so genannte Wissens- und Informationselite, werden zumindest in den postindustriellen Ländern ausreichen, um die Weltwirtschaft mit genügend Gütern und Dienstleistungen zu versorgen. Mehr Arbeitskraft kann der Turbokapitalismus gar nicht gebrauchen. Der große Rest, die »überflüssigen« 80 Prozent, werden durch Roboter, Computer, Sensoren und Scanner ersetzt. Eine Massenarbeitslosigkeit von ungeheuren Ausmaßen ist hier vorprogrammiert.

Die arbeitslosen vier Fünftel der Bevölkerung sollen – so die Aussage von Topmanagern aus aller Welt während einer Konferenz im Fairmont Hotel in San Francisco – durch »Brot und Spiele« bei Laune gehalten werden (siehe Teil II, Brot und Spiele). So wollen die Manager den Sozialstaat zum Standortstaat umbauen, oder anders ausgedrückt: Sie wollen den Staat zu einem Staat der Manager machen. Wenn wir uns jetzt nicht dagegen wehren, dann bedeutet das die endgültige Demontage unserer Gesellschaft.

Bereits heute kündigen die Manager den ungeschriebenen Gesellschaftsvertrag mit ihren Regierungen und Landsleuten, der die soziale Ungleichheit z.B. durch progressive Besteuerung und ein funktionierendes soziales Netz in Grenzen hält. Das Modell des europäischen Sozialstaats hat für die Manager ausgespielt, im weltweiten Konkurrenzkampf sei es einfach zu teuer, so propagieren sie. Ihr Nur-noch-Gewinn-Kapitalismus bedroht massiv die Zukunft unserer Gesellschaft, er gefährdet die sozialen Fundamente, auf denen unser Zusammenleben beruht. Dauerhafte Massenarbeitslosigkeit und Verarmung wird zum unausweichlichen Schicksal der Mehrheit der Menschen, die aus dieser Globalisierung als Verlierer hervorgehen.

Unsere Antwort auf das destruktive Tun der globalen Spieler der Manager-Kaste hängt davon ab, wie viel Interesse an einer humanen Gesellschaft, an einer humanistischen Kultur überhaupt noch vorhanden ist. Sie hängt davon ab, ob wir auch bei den Erfolgreichen und Privilegierten genügend Opferbereitschaft und Verantwortungsbewusstsein wecken können, damit sie sich gegen den Raubzug der Manager und auf die Seite der Verlierer stellen. Oder sollte es dazu schon zu spät sein?

Können wir noch eine nationale und europäische Kultur, einen humanen Sozialstaat erhalten, wenn es keine nationalen Wirtschaften mehr gibt? Existiert außer Wirtschaftswachstum, Wettbewerbsfähigkeit und Bruttosozialprodukt noch etwas anderes, was uns zusammenhält? Oder hat die Idee der humanistischen Kultur, des gemeinsamen Schicksals Europas, der menschlichen Gemeinschaft in einem fürsorglichen Staatswesen, einer Verantwortung für das gegenseitige Wohlergehen aller Staatsbürger durch die Globalisierung ausgedient? Ist menschliches Zusammenleben, wie wir es kennen, unter den Bedingungen des globalen Turbokapitalismus überhaupt noch möglich? Und zerbricht mit dem Verlust der Erwerbsarbeit nicht letztlich die Identität der Menschen?

Im dritten Teil des Buches »Der Aufstand gegen die Manager-Oligarchie« zeige ich Gegenmaßnahmen zum wirtschaftlichen Sozialdarwinismus und zur Wettbewerbsfähigkeitsbesessenheit der Manager auf, die mit unserer Zukunft als Einsatz zocken. Durch eine Kultur der Verlangsamung der Technologieerneuerung, durch neue Formen der Mitbestimmung durch Ökoräte und Betriebsräte in den Entscheidungszentren der Wirtschaft, durch Beteiligung der abhängig Beschäftigten am Produktivvermögen der Unternehmen, umfassende Arbeitszeitverkürzung, eine Befreiung der Technik- und Technologieerneuerung aus den Klauen der Manager können wir den globalen Turbokapitalismus bremsen und vermenschlichen.

Trotz der viel zitierten Politikmüdigkeit, trotz der oft beschriebenen sozialen Kälte unserer Gesellschaft muss es möglich sein, der heutigen und zukünftigen absoluten Kontrolle der Manager entgegenzuwirken und den Konsens einer engagierten Mehrheit gegen den Turbokapitalismus herzustellen. Dass wir uns nicht notwendigerweise in einem erbarmungslosen Konkurrenzkampf um immer weniger Arbeitsplätze in der Erwerbswirtschaft aufreiben und im staatlichen Sektor immer mehr Zugeständnisse abringen lassen müssen, sollen die Ansätze zum Aufbau eines Dritten Sektors zeigen. Zu diesem nicht profitorientierten Bereich gehören Anti-Globalisierungsgruppen, Umweltschutzorganisationen, Jugendschutz und -betreuung, Drogenbekämpfung, Heimarbeit, Alten- und Krankenpflege, Arbeitslosenhilfsorganisationen, Stadtteilsanierungsgruppen und vieles mehr – Tätigkeiten in diesen Nicht-Regierungs-Organisationen (NRO) bieten den Menschen Möglichkeiten, ihr Dasein und ihre gesellschaftlichen Beziehungen selbst in die Hand zu nehmen, statt sich vom »Unterschichten-Fernsehen« berieseln zu lassen oder in den Alkohol- und Drogenkonsum abzurutschen.

Schon heute würden alle modernen Gesellschaften ohne freiwilliges Engagement der Bürger für andere sofort zusammenbrechen. Allein in den USA erbringen achtzig Millionen Menschen Woche für Woche mehr als fünf Stunden freiwillige Hilfsleistungen für wohltätige Zwecke. Wir leben glücklicherweise nicht allein in der Welt der Gewinnmaximierer, und hier liegt auch das Potenzial für positive Veränderungen in der Zukunft. Nur müssen wir jetzt anfangen, diesen Dritten Sektor zu ermächtigen und in ihn zu investieren.

Für die Masse der Globalisierungsverlierer, die von der Erwerbsarbeit »freigesetzt« wird, kann die freiwillige Mitarbeit im sozialen Sektor eine Chance und ein neuer Lebensinhalt außerhalb des turbokapitalistischen Systems werden. Darüber hinaus müssen die Globalisierungsgewinner (die ominösen 20 Prozent der 20:80-Formel) neu auf das Gemeinwohl verpflichtet werden. Gerade sie unterminieren schon heute die Autorität des Staates, indem sie zwar seine Leistungen (Infrastruktur etc.) beanspruchen, ihm aber die Steuern zur Finanzierung entziehen.

Diese soziale Ungerechtigkeit muss – auch im Interesse der Politik – zum Gegenstand öffentlicher Debatten gemacht und dann zur Umverteilung durch Besteuerung der Globalisierungsgewinner geführt werden. Die Globalisierungsgewinner müssen ihren Teil zum Existieren einer humanen Gesellschaft, zu einem sich selbst organisierenden sozialen Dritten Sektor beitragen. Nur durch ein völlig neues Bürger-Staat-Bündnis kann das Primat der Politik über die Wirtschaft verwirklicht werden.

Gelingt es uns, trotz der starken Allianz aus Managern und ihrer politischen Erfüllungsgehilfen, den immer noch häufig belächelten Szenarios aus sozialer Selbsthilfe, produktiver Arbeit im Dritten Sektor und politischer Selbstorganisation Leben einzuhauchen, dann könnte dieses Modell letztendlich sogar auf eine Abschaffung der Arbeitslosigkeit hinauslaufen.

Wir können uns gegen die Tyrannei der Manager, gegen die angeblichen Zwänge der Globalisierung, gegen die totale Vermarktung, gegen die Vereinnahmung der Kultur, gegen die wachsende Polarisierung der Gesellschaft und die Enteignung der Lebenswelt wehren. Wir könnten sinnvoller und selbstbestimmter arbeiten, solidarischer mit den Mitmenschen und der Umwelt leben. Wenn wir uns jedoch dem Diktat des globalen Kapitals und der Märkte unterwerfen, werden wir den Dritten Sektor nicht rechtzeitig aufbauen können. Dann werden die Raubtiermanager unseren Sozialstaat, unsere nationalen Kulturen, unsere Zivilisation zerstören. Das zu verhindern ist unsere Pflicht.

I. Der Raubzug der Manager

»Fachmenschen ohne Geist, Genussmenschen ohne Herz: dieses Nichts bildet sich ein, eine nie vorher erreichte Stufe des Menschentums erstiegen zu haben.«

Max Weber, aus: Die Protestantische Ethik und der Geist des Kapitalismus

1. Die West Point Connection

Seit wann gibt es eigentlich Manager? Wo und aus welchem Grund sind sie entstanden? Ist das Management eine Erfindung der modernen Wirtschaft, oder ist die moderne Wirtschaft eine Erfindung des Managements? Brauchen wir eigentlich Manager, oder können wir ohne sie auskommen?

Der US-amerikanische Sozialwissenschaftler Neil Postman weist in seinem Buch *Technopoly* (1991) auf die weit verbreitete Annahme hin, das moderne Wirtschaftsleben hätte das Management hervorgebracht. Danach ist das Management ein Macht- und Kontrollsystem, dazu bestimmt, größtmöglichen Nutzen aus dem relevanten Wirtschaftswissen, aus der hierarchischen Organisation menschlicher Fähigkeiten und dem Informationsfluss von unten nach oben und von oben nach unten zu ziehen. Dabei wird die Herausbildung des Managements als eine rationale Reaktion der Wirtschaftsunternehmen auf die wirtschaftlichen und technischen Herausforderungen der industriellen Revolution verstanden.

Aber Postman widerspricht dieser auf den ersten Blick logisch scheinenden Darstellung und stützt sich dabei auch auf die Untersuchungen der US-Ökonomen Keith Hoskin und Richard Macve. Ihre Forschungen vermitteln ein ganz anderes Bild der Entstehung des Managements, und sie kommen zu einer verblüffenden Schlussfolgerung: Das

Management ist keine Erfindung der modernen Wirtschaft, vielmehr ist die moderne Wirtschaft eine Erfindung des Managements.[1]

Eigentlich, so vermuteten die beiden US-Ökonomen, hätte das Management gegen Ende des 18. und zu Beginn des 19. Jahrhunderts in Großbritannien entstehen müssen. Doch es gibt keine Hinweise darauf, dass die britische Industrie in der Zeit vor 1840 so etwas wie Managementtechniken kannte. In den Schriften der beiden berühmtesten klassischen Theoretiker der frühen industriellen Marktwirtschaft, Adam Smith (*The Wealth of Nations*, 1776) und David Ricardo (*Principles of Political Economy*, 1817), taucht der Ausdruck »Manager« nicht auf, und wir finden auch keine Äußerungen über »Managerschichten«, »Managertechniken«, »Managerorganisation« oder »Managerplanung«. Diese Gruppen und Begriffe existierten in der britischen Wirtschaft damals nicht. Im Ursprungsland der industriellen Revolution gab es nichts, was einer »Managerschicht« entsprochen hätte.

Das Management hat seinen Ursprung vielmehr in den Vereinigten Staaten und setzte sich dort, wie Hoskin und Macve ausführen, wie »aus heiterem Himmel« durch. Und es war keine Erfindung, die wirklich benötigt wurde, denn die US-Industrie spielte damals in der Weltwirtschaft nur eine marginale Rolle. Die Anfänge des Managements lassen sich zu einem »neuen Bildungssystem« zurückverfolgen, das im Jahr 1817 an der berühmten US-Militärakademie West Point von deren damaligem Direktor, Sylvanus Thayer, eingeführt wurde. Thayer brachte zwei grundsätzliche Neuerungen in den Ablauf der Militärakademie ein. Die erste übernahm er von der École Polytechnique in Paris; sie bestand darin, Prüfungen durch numerische Zensuren zu benoten. Nach Postman wandte Thayer als Erster in den USA diese Praxis der Notengebung an.

Numerische Zensuren lösen, anders als Begutachtungen, eine starke Konkurrenz zwischen den Studenten oder Schülern aus, indem sie genau differenzierte Werte für Erfolg oder Misserfolg offerieren. Sie liefern, wie wir selbst heute noch glauben, einen objektiven Maßstab für menschliche Leistungen und kreieren die Illusion, der Wert solcher Leistungen lasse sich exakt ermitteln.

Die zweite Neuerung war, so Hoskin und Macve, eine Erfindung von Thayer selbst, nämlich sein so genanntes »Stab-Linien-System«. Mit diesem System unterteilte er die Militärakademie in zwei Abteilungen, die er jeweils hierarchisch organisierte. Täglich, wöchentlich und monatlich wurden von den Abteilungen schriftliche Berichte gefordert. Es entstand ein fortwährender Austausch schriftlicher Mitteilungen und Befehle, die in jeder Abteilung oder »Linie« von unten nach oben geliefert bzw. von oben nach unten angefordert und geprüft wurden, bevor sie zusammengefasst und an eine zentrale Stabsstelle weitergegeben wurden.

Die traditionelle Rolle militärischer Führung, also die unmittelbare Kommandogewalt, lehnte Thayer ab. Vielmehr wurde die Akademie mittelbar durch schriftliche Befehle, Berichte, Tabellen, Memoranden und Personalakten geführt, also ungefähr so, wie heute die Vorstände moderner Großkonzerne arbeiten. Wir wissen nicht, wie die meisten Kadetten an der West-Point-Akademie auf Thayers neues System reagierten. Doch Postmans, Hoskins und Macves Untersuchungen zeigen, dass zumindest zwei von ihnen, Daniel Tyler und George Whistler, sehr beeindruckt waren. Sie waren es, die Thayers neue Ideen über Aufbau und Gliederung militärischer Organisationen ins Wirtschaftsleben transferierten.

Daniel Tyler arbeitete später als leitender Angestellter in einer der größten amerikanischen Waffenfabriken in Springfield, Massachusetts. Dort führte er 1832 tägliche, wöchentliche und monatliche Zeit- und Bewegungsstudien durch und legte anhand dieser Untersuchungen für alle Tätigkeiten innerhalb der Fabrik vorgeblich objektiv durch Zahlen bemessene Produktionsnormen fest. Die Arbeiter wurden von nun an ständig überwacht und ihre tatsächliche Produktivität mit den vorgegebenen Normen verglichen. Zudem führte Tyler eine Qualitätskontrolle und ein System der Lagerbuchhaltung ein. Seine Methoden bewirkten einen dramatischen Anstieg der Produktivität und eine Senkung der Kosten. Sechzig Jahre vor Frederick Taylor begründete Tyler damit die Anfänge einer »wissenschaftlichen Betriebsführung«.

George Whistler übernahm in den 1830er Jahren den Posten des

Chefingenieurs der »Western Railroads«, damals die größte Eisenbahnfirma der USA. Er entwickelte dort 1839 ein »Managementsystem«, auf das Sylvanus Thayer zweifellos stolz gewesen wäre. Die Eisenbahngesellschaft unterteilte er in hierarchische Organisationsstrukturen – basierend auf einer »zentralen Stabsstelle«, auch »General Staff« = Generalstab genannt, über »regionale Stabsstellen« bis hinab zu »local managers«. Hier liegt der Ursprung des Begriffs »Manager«.

Whistler orientierte sich also wesentlich an dem »Stab-Linien-System«, das er sich an der West-Point-Offiziersschmiede zu Eigen gemacht hatte. Befehle wurden von oben nach unten vermittelt. Informationen wurden von unten nach oben transportiert. Den Vorsitzenden der zentralen Stabsstelle nannte er nach West-Point-Vorbild »Chief Executive Officer«, kurz CEO. Und so heißen Topmanager in den USA noch heute.

Die Voraussetzungen der Berechenbarkeit und des militärischen Stab-Linien-Systems bilden auch heute die Grundlage der modernen Managementstrukturen. Praktiken wie exakte Buchführung, Lagerkontrolle und Produktivitätsnormen sind ein unausweichliches Resultat von Berechenbarkeit. Dieses System untermauert auch die Vorstellung, ein Unternehmen sei dann optimal zu führen, wenn man es durch schriftliche Berichte der in der Betriebshierarchie weiter unten Stehenden kennt. Mit anderen Worten: Man leitet den Betrieb anhand von Zahlen, Normvorgaben, Kontrollen, Berichten, kurz, so Postman, indem man sich von der Alltagswirklichkeit der Produktion so weit wie möglich fern hält.

Solche Führungsstrukturen schufen die totale Trennung von Planung und Produktion, oder wie es der US-amerikanische Kulturhistoriker Christopher Lasch in seinem Buch *The Culture of Narcissism* (1979) ausdrückte: Durch die vollständige Trennung von Hand- und Kopfarbeit monopolisierte das Management das technische Wissen, reduzierte den Arbeiter zur menschlichen Maschine, organisierte die Betriebe unter militärischer Aufsicht und schuf so seine eigene unkontrollierte Herrschaft.[2]

Die Grundstruktur des Managements wurde also von einem Bereich außerhalb der Wirtschaft – nämlich vom Militär – übernommen. Und es dauerte nicht lange, bis die amerikanische Wirtschaft begann, die Ideen von Thayer, Tyler und Whistler zu übernehmen. Damit wurde die Industriearbeit militarisiert und atomisiert (Taylorismus, Fordismus). Und auf diese Weise das geschaffen, was wir uns heute unter modernem Unternehmensmanagement vorstellen.

Gerade das Management ist ja das Kennzeichen moderner Konzerne, was den US-Ökonomen John Kenneth Galbraith in seinem Buch *The New Industrial State* (1968) zu folgender Behauptung veranlasste: Mehr als die Maschinen selbst und der Faktor Arbeit wären die umfassenden, komplexen Managementsysteme der Wirtschaft eine offenbare Manifestation der fortgeschrittenen Technologie.[3] Nach Galbraith funktioniert das Management – ähnlich Statistik, IQ-Messung, Notengebung und Meinungsforschung – wie eine Technologie. Zwar setzt sich »Management« nicht aus mechanischen Teilen zusammen, so der Harvard-Emeritus, aber es besteht aus Prozeduren, Kontrollen und Regeln, die menschliches Arbeiten und Produzieren standardisieren sollen. Deshalb kann man ein solches Prozeduren- und Regelsystem als eine Technik oder eine Technologie bezeichnen.

Von einer solchen Technik/Technologie, so argumentiert wiederum Postman, ist eigentlich nichts zu befürchten, es sei denn, die Technologie macht sich selbständig und schafft ihr eigenes Herrschaftssystem, wird zum »Technopol«. Und das ist die große Gefahr. Ein solches Technopol, so Galbraith, schafft seine eigene Logik, die besagt, dass wir unsere Ziele nur erreichen können, »wenn wir den Verfahrensweisen des Managements Autonomie gewähren« (Galbraith, *The New Industrial State*). Diese Vorstellung ist umso gefährlicher, als sich niemand mit vernünftiger Begründung gegen scheinbar rationale Einsätze von Verfahren und Techniken stellen kann, mit denen sich bestimmte Vorhaben verwirklichen lassen.

Ob die Technologie, die wir heute unter dem Begriff »Management« kennen, wirklich die beste Methode darstellt, um die Probleme der modernen Wirtschaft zu lösen, darf bezweifelt werden. Denn die Frage, die sich im Zusammenhang mit dem modernen »Technologie

Management« stellt, lautet: Wer ist der Herr? Kontrollieren wir die Manager, oder kontrollieren und beherrschen sie uns? Dieser Konflikt betrifft, so argumentieren Galbraith und Postman, nicht die Technologie des Managements an sich. Er betrifft vielmehr den Triumph dieser Technologie, die Erhöhung des Managements zu einer quasi von der Natur vorgegebenen Struktur und die Stilisierung der Manager zu einem Mythos, wodurch jede Kritik verstummt. Verhindert wird dadurch, dass alternative wirtschaftliche Führungsvorstellungen auch nur eine Chance erhalten. Heute gebärdet sich das Management autonom, wie ein Roboter, der seinem Erbauer nicht mehr gehorchen will. Und Galbraith kommt in seiner Analyse zu dem Ergebnis, dass sich das moderne Management als eine Art »Technostruktur« nicht nur total verselbständigt, sondern auch die vollständige Herrschaft im Wirtschaftsleben der Industrienationen übernommen hat, die mit hergebrachten Mitteln weder zu verändern noch zu kontrollieren ist.

Das gegenwärtige Management ist ein gutes Beispiel dafür, wie eine ältere Struktur untergründig, aber dennoch zielstrebig immer neue Strukturen und Methoden hervorbringt und sich so immer wieder um seiner selbst willen von neuem erschafft, ohne dass das System, in diesem Fall die Wirtschaft, es eigentlich benötigt. So erhält das Management seine Herrschaft auch in Zukunft und erweitert sie kontinuierlich (z.B. durch Aktienoptionen/Shareholder Value als neues Machtinstrumentarium der Manager). Wirtschaftsunternehmen könnten durchaus ohne eine hochtechnisierte, verselbständigte Managementstruktur funktionieren. Doch wir haben uns heute daran gewöhnt, das Management für einen Bestandteil der natürlichen Ordnung zu halten, so wie Politiker glauben, sie würden ohne die Wählerumfragen der Meinungsforschungsinstitute nicht auskommen und die Wahlen verlieren.

Wenn sich eine Methode oder Struktur so eng mit einer Institution verknüpft hat, dass man nicht mehr erkennen kann, was zuerst da war – die Methode oder die Institution –, dann ist es schwierig, die Institution zu verändern oder sich auch nur andere Methoden vorzustellen, mit denen dieselben Ziele erreicht werden könnten. Deshalb muss die Gesellschaft heute Wege finden, um die Herrschaftstechniken der Manager zu überprüfen und zu demokratisieren. Der vom modernen Management entfachte Turbokapitalismus mit Aktienoptionen, Shareholder Value, feindlichen Übernahmen, Ausschlachtung von Unternehmen usw. ist der Gesellschaft aus der Hand geglitten. Wir müssen die Strukturen und Techniken des Managements sichtbar machen, um sie unter eine gesellschaftliche Kontrolle zurückzuholen.

2. Trennung von Eigentum und Kontrolle

Das Zeitalter der Manager begann so richtig erst nach dem Ersten Weltkrieg – also in den 20er Jahren des letzten Jahrhunderts. Immer häufiger sind seither bei den großen Unternehmen der westlichen Industrieländer die Eigentümer nicht mehr die Firmenchefs. Stattdessen übernehmen die angestellten Unternehmensleiter, die Manager, durch ihre selbst entwickelten Führungsstrukturen die Macht von den Kapitaleignern.

Der US-Wirtschaftshistoriker James Burnham *(The Managerial Revolution)* glaubte 1941, die Manager, damals häufig noch von den alten Kapitaleignern in ihre leitenden Positionen eingesetzt, bildeten eine »neue Klasse« und hätten eine revolutionäre Aufgabe: nämlich die alleinige Verfügungsgewalt über die Produktionsmittel bzw. die alleinige Unternehmenskontrolle auszuüben. Dadurch war für Burnham die »Trennung zwischen Eigentum und Kontrolle« gegeben, die die neue Klasse der Manager hervorbrachte. Diese neue Klasse würde von nun an eigene Interessen verfolgen, die mit denen der Kapitaleigner nicht übereinstimmten – ja, diesen sogar in einigen Belangen konträr gegenüberstanden. Mit anderen Worten: Für Burnham besaßen die Kapitaleigner zwar noch Eigentum an den Produktionsmitteln, aber die Verfügungsgewalt und die Kontrolle über die Produktionsmittel, die die größere wirtschaftliche Macht beinhaltet, war von den Managern okkupiert worden. Damit wäre gleichzeitig die optimale Kombination der Produktionsfaktoren und die gesamte Planung und Organisation des Wirtschaftslebens von den Kapitaleignern an die Manager übergegangen.[4]

Burnhams Analyse erwies sich teilweise als Irrtum. Zwar haben Topmanager durch neue Strukturen und Methoden immer mehr Macht auf sich fokussiert und die »alten« Kapitaleigner stufenweise von der Verwaltung und Kontrolle ihres Eigentums verdrängt. Aber sie wandten sich nicht gegen die Kapitaleigner als solche, um sie auszuschalten oder zu beerben. Ganz im Gegenteil: Die Manager sind – insbesondere im Zeitalter der Globalisierung – durch Aktienoptionen und andere Boni selbst zu vermögenden und einflussreichen Kapitaleignern, sprich Aktionären, geworden und verteidigen somit automatisch die Interessen der Anteilseigner.

Die amerikanischen Autoren Paul Baran und Paul Sweezy, beides ehemalige Wirtschaftsprofessoren der Stanford University in Kalifornien, haben in ihrer Studie *Monopoly Capital* (1968) diese Sachlage realistisch eingeschätzt: »Es ist heutzutage eine Tatsache, dass die Manager den aktivsten und einflussreichsten Teil der besitzenden Klasse ausmachen. Mit nur wenigen und unbedeutenden Ausnahmen sind sie reiche Männer aus eigenem Recht, ganz abgesehen von ihren enormen Einkommen und außergewöhnlichen Privilegien, die sie aus ihren Wirtschaftsbeziehungen ableiten. Es ist natürlich wahr, dass in dem typischen Großunternehmen das Management von den Aktionären nicht kontrolliert wird, und in diesem Sinne gibt es eine Trennung von Eigentum und Kontrolle. Aber daraus lässt sich nun ganz und gar nicht ableiten, dass das Management im Allgemeinen vom Eigentum getrennt ist. Ganz im Gegenteil, die ›managerial class‹ gehört zu den wohlhabenden Kapitaleignern. Zudem nimmt sie eine strategische Position ein und fungiert, auch wegen ihres Insider-Wissens, als Beschützer und Interessenvertreter des Großkapitals, dessen erheblichster Teil heute aus ihren eigenen Reihen kommt.«[5] Nach Baran und Sweezy sind die Manager also weit davon entfernt, eine getrennte Klasse zu sein, sondern sie stellen in Wirklichkeit zusammen mit den Kapitaleignern die führende Schicht der »besitzenden Klasse« dar. Heute haben Manager und Kapitaleigner durch das Junktim Shareholder Value/Aktienoptionen in dieser Hinsicht sogar eine »Koalition« geschlossen.

Inzwischen haben die Manager ihre Herrschaft noch weiter gefestigt und ausgedehnt, und zwar durch von ihnen selbst initiierte generalstabsmäßige Strukturen, die immer noch auf die Organisationsprinzipien der Militärakademie West Point zurückgehen. Sie regieren die großen Konzerne durch Stabsstellen, die »Board of Directors«, »Unitary Board«, Vorstand und Aufsichtsrat, heißen. Kapitaleigner und Arbeitnehmer wurden von diesen Stabsstellen ausgeschlossen, bzw. sie erfüllen in ihnen nur repräsentative Funktionen. An den Unternehmungsentscheidungen aber sind sie nicht beteiligt. Im Weiteren werde ich auf die neuen Methoden und Strukturen des Managements zurückkommen. An dieser Stelle sei mir ein Exkurs zu einem Ereignis erlaubt, das sich während der Zeit der Großen Depression (1929–1939) in den USA abspielte.

3. Mr. Roosevelt meets Mr. Keynes

Viele Amerikaner waren während der 1930er Jahre, der Zeit der Großen Depression und Franklin D. Roosevelts New Deal, davon überzeugt, dass die Wirtschaft der USA keine Manager brauchte. Der Kollaps an der Wall-Street-Börse vom 24. Oktober 1929, dem »schwarzen Donnerstag«, vernichtete nicht nur die Ersparnisse von Millionen von Investoren. Er zerstörte auch das Vertrauen der breiten Öffentlichkeit in die angeblich perfekte Maschinerie des von Managern geleiteten US-Kapitalismus. Die chronischen Probleme von Überproduktion und Unterkonsumtion, hoher Arbeitslosigkeit und damit fehlender Kaufkraft, heiß gelaufener Konjunktur und damit Überangebot, so die Konjunkturforscher, konnten von der amerikanischen Managerelite nicht gelöst werden.

Die Unternehmen waren nicht mehr in der Lage, ihre immer größer werdenden Lagerbestände abzusetzen, und mussten deshalb Betriebe schließen und Arbeiter entlassen. Dadurch sank die Nachfrage nach Gütern zunehmend. Die Automobilproduktion z. B. schrumpfte von 4,5 Millionen Einheiten (1929) auf 2,7 Millionen (1930) und 1,1 Millionen (1932). Als die Ford Corporation 1931 ihre Detroiter Fabriktore schloss, verloren allein dort 75 000 Arbeiter ihren Job. »Aus der großen Multiplikator-Industrie der 20er Jahre wurde der große Minimator der 30er, denn die Schrumpfung der Autoproduktion hatte verheerende Auswirkungen nicht nur auf die Beschäftigung im Allgemeinen (15 Millionen Arbeitslose), sondern besonders auf die Ersatzteil- und Zulieferindustrien.«[6]

Was war passiert? Was waren die Ursachen für die bisher größte Katastrophe in der Geschichte des Kapitalismus? Ein Untersuchungsausschuss des US-Senats, der 1932 mit der Aufklärung des Börsen-Crashs beauftragt wurde, fand u. a. Folgendes heraus: Große Konzerne hatten durch betrügerischen Bankrott und Bilanzfälschungen ihre ungeheuren Schulden verdeckt, die nun in die Öffentlichkeit durchsickerten. Manager betrieben Insiderhandel an der Börse, Finanzmanager hatten künstlich die Kurse hochgetrieben und dadurch enorme Spekulationsgewinne erzielt. Heimliche Marktabsprachen und eine allgemeine Selbstbedienungsmentalität war in den Vorstandsetagen der Großunternehmen gang und gäbe, genauso wie Mauscheleien bei Übernahmen. Millionen von Kleinanlegern wollten auch ihr Stück vom Kuchen und hatten ihre Aktien mit Erspartem und Krediten finanziert. Und bei diesen Kleinanlegern hatte sich nun die Erkenntnis durchgesetzt, dass sie ihr Erspartes nur allzu oft Gaunern anvertraut hatten. Deshalb hatten sie ihr in Aktien investiertes Geld zurückgefordert und damit die Börsenkurse zum Einsturz gebracht. Die Parallelen zu den Ereignissen auf den internationalen Finanzmärkten in den Jahren 2000 bis 2002 sind augenscheinlich.

Zu dem Vertrauensverlust der Anleger in den US-Aktienkapitalismus kam damals vor allem die Angst vor dem völligen Zusammenbruch des Systems hinzu. Insbesondere Kleinaktionäre und Rentner fürchteten den völligen Verlust ihrer Ersparnisse, die sie in Aktien angelegt hatten, um daraus ihre Pension zu beziehen. Denn eine Sozial-

bzw. Rentenversicherung existierte in den USA nicht. Panikverkäufe an der Börse waren an der Tagesordnung. Die Selbstmordrate schnellte wegen der enormen Kurseinbrüche, der daraus resultierenden Wertlosigkeit von Aktien und der immer größer werdenden Arbeitslosigkeit (35 Prozent in 1932) in ungeahnte Höhen.

Einige der Wirtschaftsführer wurden daraufhin von US-Gerichten wegen »Wirtschaftskriminalität« verurteilt, so z.B. der Elektrizitätsmagnat Samuel Insull. Der Untersuchungsausschuss des US-Senats hatte ihm Betrügereien und Insiderhandel vorgeworfen. Er flüchtete ins Ausland. Der Banker Charly Mitchell, Vorstandsvorsitzender der einflussreichen National City Bank, wurde wegen Steuerhinterziehung und Bilanzfälschung verurteilt. Er zahlte sich frei und erhielt Bewährung. Man könnte viele solcher Beispiele aufzählen.

In den USA entstand in der Folge dieser Katastrophe die so genannte »Bewegung der Technokraten« (der Ausdruck »Technokraten« war vom US-Ökonomen und Soziologen Thorstein Veblen geprägt worden). Die Technokraten forderten, dass Wissenschaftler, Ingenieure und Techniker die Manager bei der Leitung der Konzerne und der Gesamtwirtschaft ersetzen sollten. Sie plädierten für eine »Herrschaft der Wissenschaft« *(rule by science)*.

Viele US-Bürger sympathisierten nach dem Börsen-Crash an der Wall Street und dem Beginn der Massenarbeitslosigkeit mit dieser Bewegung. Sie stimmten mit der Kritik Thorstein Veblens überein, der schon 1922 die amerikanische Managerelite angegriffen hatte und ihr vorwarf, dass ihre Habsucht und ihr Eigeninteresse eine vernünftige technologische Entwicklung unterminierten und Verschwendung und Unfähigkeit in einem monumentalen Umfang geschaffen hätten.[7] Veblen argumentierte in seiner Studie »The Engineers And the Price System«, dass die US-Wirtschaft und -Gesellschaft nur durch »Wissenschaftler und Ingenieure, deren noble Standards über den rein pekuniären Interessen der Manager« stünden, gerettet werden könnte. Er entwarf sogar eine Vision der Zukunft ohne Manager: »Wenn die Industrie des Landes vollständig von kompetenten Wissenschaftlern und Ingenieuren organisiert wird, wenn die Technik vom Management befreit wird, werden wir der Gesellschaft eine umfassende Güter- und Dienstleistungsproduktion zur Verfügung stellen anstatt einer von ignoranten Managern, die nur ein Auge auf maximale Profite werfen, missgeleiteten Wirtschaft.«[8] Ganz ähnlich argumentiert der Münchner Soziologe Ulrich Beck in seinem Essay »Die Blaue Blume der Moderne« aus den 90er Jahren, in dem er ebenfalls den Versuch einfordert, den Managern die alleinige Kontrolle über Technik- und Technologieerneuerung zu entreißen.

Die Technokraten-Bewegung hatte während der schlimmsten Jahre der Großen Depression zwischen 1931 und 1934 sehr großen Zulauf und verlangte beinahe diktatorische Macht für ihre »Herrschaft der Wissenschaftler und Ingenieure«. Ihre harsche Kritik traf nicht mehr nur die Manager, sondern auch das US-amerikanische politische System, das ihrer Meinung nach ohnmächtig darniederlag und die wirtschaftliche Misere, die Massenarbeitslosigkeit, nicht zu beheben vermochte. Die Technokraten befürworteten einen »National Board of Scientists«, der bevollmächtigt werden sollte, »Produktion und Verteilung von Gütern und Dienstleistungen zu kontrollieren, mit dem Ziel, eine maximal effiziente Nutzung natürlichen, menschlichen und Maschinenkapitals sicherzustellen«.[9]

Als eine politische Bewegung, die damals das ganze Land erfasste, kamen die Technokraten ihrem Versuch, die Vision eines von Experten und Wissenschaftlern gelenkten Utopias direkt in den politischen Prozess zu integrieren, sehr nahe. Ihre Anführer drängten die Amerikaner, »ihren Traum von einer besseren Zukunft hier und jetzt« zu verwirklichen. »In einer Technokratie«, so versprachen sie den US-Bürgern, »werden wir erkennen, dass Wissenschaft Verschwendung, Arbeitslosigkeit, Hunger und soziale Unsicherheit für immer verbannen wird ... Wissenschaft und Technik werden eine Wirtschaft der Knappheit in eine des Überflusses verwandeln. Ordnung wird Unordnung, industrielle Planung wird industrielles Chaos ersetzen.«[10]

Die Technokratie-Bewegung entfachte im ganzen Land leidenschaftliche Diskussionen. Ihr Einfluss war allerdings nur von kurzer Dauer, dann ging sie auf in der Begeisterung für den neuen Präsidenten, der einen radikalen Neuanfang versprach. Im März 1933 trat Franklin Delano Roosevelt seine erste Amtsperiode als Präsident der USA an. In der Inaugurationsrede versprach er seinen Landsleuten in bewegten Worten eine neue Politik, einen Gesellschaftsvertrag, der das Land von der schweren Wirtschaftskrise, der Massenarbeitslosigkeit und der Massenarmut befreien sollte. »Ich werde den Kongress beauftragen«, so Roosevelt, »als einziges uns noch verbleibendes Instrument, die große Krise der Nation abzuwenden, mir breiteste exekutive Macht zu erteilen. Dann werden wir Krieg führen gegen den Ausnahmezustand unseres Landes.«[11] Er verglich die Machenschaften der Manager mit den »skrupellosen Geldwechslern« aus der Bibel, die den »Tempel der Zivilisation« entweiht hätten und die Jesus hinausgeworfen hätte. Seine Regierung, so verkündete Roosevelt, werde das amerikanische Volk vor der Kriminalität in der Wirtschaft beschützen.

Der New Deal war geboren. Der Kongress bewilligte Roosevelt tatsächlich umfassende exekutive Macht für seine gesetzgeberischen Reformen und seine großen Umgestaltungspläne. Die Arbeitslosen und die kleinen Leute in den USA unterstützten, wählten und verehrten Roosevelt. Im Jahre 1934 rief er durch die Anwendung seiner exekutiven Befugnisse den »Social Security Act« ins Leben, der den Arbeitslosen, Arbeitsuchenden und Alten das erste Mal in der Geschichte der USA gesetzlich geschütztes Arbeitslosengeld, Mindestlöhne und Rente gewährte.

Diese Umverteilung des Wohlstands stieß auf den größten Protest der Wirtschaftselite und vieler erzkonservativer Republikaner. Der britische Ökonom und spätere Nobelpreisträger John Maynard Keynes dagegen beglückwünschte Roosevelt zu seiner mutigen Tat, die seiner Meinung nach die Kaufkraft der unteren Schichten stimulieren werde, und eine gesteigerte Nachfrage sei gut für die gesamte US-Wirtschaft. Im Jahre 1936 lud Roosevelt Keynes zu einem Gespräch nach Washington D.C. ein, um sich von ihm beraten zu lassen.

Nicht nur die USA litten in den Jahren 1929 bis 1939 unter einer verheerenden wirtschaftlichen Depression. Sie schwappte nach Europa über, das von der nun zur »World Depression« ausgearteten Wirtschaftskatastrophe schwer gebeutelt wurde. Einige Länder, wie z. B. Deutschland mit 6,5 Millionen Arbeitslosen, traf sie besonders schwer. Damals entstand der Spruch: »When Wall Street sneezes, Europe has tuberculosis.« (Wenn die Wall Street niest, kriegt Europa Tuberkulose.)

Schon vor seinem Besuch bei Roosevelt war Keynes' berühmtes Werk *The General Theory of Employment, Interest and Money* erschienen, das seinen Vorschlag vom Ausweg aus der Weltwirtschaftskrise aufzeigte. Bis zum Erscheinen von Keynes' Studie hatte man fast ausschließlich an der klassischen Theorie festgehalten, dass sich das wirtschaftliche System, der Markt, von selbst regulieren und stabilisieren könnte. Man war davon ausgegangen, dass sich auch bei Konjunktureinbrüchen und anderen Notlagen die Kräfte des freien Marktes, also Angebot und Nachfrage, immer wieder durch den Preis – die »unsichtbare Hand«, in der Bezeichnung von Adam Smith – ins Gleichgewicht schaukeln würden. Die Große Depression führte diese Theorie ad absurdum. Offensichtlich wurde jetzt dringend nicht eine unsichtbare Hand, sondern eine sichtbare, eingreifende Hand benötigt, eine Steuerung des Wirtschaftssystems durch die Politik. Und das genau war Keynes' Botschaft.

In der Unterredung mit Roosevelt untermauerte Keynes seine Erklärungen zur Abschaffung der Wirtschaftskrise mit so vielen Zahlen, Formeln und Graphiken, dass der Präsident nach dem Treffen sagte: »Alles in allem habe ich schon verstanden, was er meinte, aber seinen langatmigen Zahlenspielereien habe ich nicht folgen können.«[12] Keynes' Analyse war aber eindeutig: Die Wirtschaft habe versagt. Sie allein könne sich und der Gesellschaft nicht mehr helfen. Jetzt sei die Politik gefragt. »Unsere Regierungen«, erklärte er, »können die Wirtschaftskrise nur besiegen helfen, wenn sie willentlich ihren Haushalt überziehen, indem sie Steuereinnahmen senken und die Ausgaben erhöhen, um Nachfrage und Investitionen zu stimulieren.«[13] Keynes schlug dem US-Präsidenten vor, die Ökonomie durch staatliche Maßnahmen wie »deficit spending«, durch Regierungsaufträge an die Unternehmen, durch gesetzlich festgelegte Mindestlöhne und Steuererleichterungen etc. wieder flott zu machen. Mit anderen Worten: Keynes forderte Roosevelt auf, die US-Wirtschaft durch Staatsverschuldung und Regierungsinterventionen anzukurbeln.

Roosevelt folgte diesem Rat. Der Präsident gab bedeutend mehr aus, als seine Regierung an Steuern einnahm. Er unterstützte kleinere und mittlere Unternehmen mit billigen Krediten und Steuererlassen, er ließ per Staatsauftrag das US-Highway-System, Dämme und Brücken bauen, ließ »Staatsküchen« für die Mittellosen errichten und die Zentren der Großstädte restaurieren. Damit schaffte er Jobs für Millionen und somit Kaufkraft.

Von Seiten der amerikanischen Manager-Elite gab es große Proteste. Roosevelts Strategie der bewussten Staatsverschuldung, von ihr nun geringschätzig »Keynesian Economics« genannt, galt vielen Wirtschaftsführern als unverantwortlich. In großen amerikanischen Zeitungen schalteten sie Annoncen, in denen Roosevelt vorgeworfen wurde, er wolle durch »die Hintertür den Sozialismus in Amerika einführen«. Auch wegen dieser Proteste nahm Roosevelt Abstand von seinem ursprünglichen Plan, ein gesetzliches, von Unternehmen und abhängig Arbeitenden gemeinsam bezahltes Krankenversicherungssystem einzuführen. Als sein Plan bekannt wurde, lief die US-Manager-Elite Sturm dagegen und drohte mit Entlassungen. Sechzig Jahre später scheiterte auch Präsident Clinton mit einem ähnlichen Plan am Widerstand der Managerlobbies.

Die US-Manager warfen Keynes und Roosevelt vor, sie würden mit staatlichen Billigkrediten, festgelegten Mindestlöhnen und Arbeitslosengeld Almosen (»handouts«) an die unteren und mittleren Schichten verteilen, die diese nur »verpulvern würden«. Den New Deal betrachteten sie als eine Verschwendung von Steuergeldern und Investitionsmitteln, wobei sie gerne übersahen, dass diese Zahlungen die Nachfrage stimulieren und damit die Produktion ankurbeln sollten. Zudem mussten nach Keynes' Theorie die zinsniedrigen Staatskredite nach Erholung der Wirtschaft in angemessener Zeit zurückgezahlt werden. Roosevelt verlangte sogar, dass die Kredite bei Konjunkturaufschwung und stabiler Gewinn- und Beschäftigungslage höher verzinst und/oder beschleunigt zurückgezahlt wurden. Von Almosen konnte also nicht die Rede sein.

Für die US-Wirtschaftselite galt Roosevelts staatlich geförderte Nachfragestimulierung als eine »Einmischung in die freie Marktwirtschaft«, als Angriff auf eine heilige Kuh. Und sie drohte mit Investitionsverweigerung, ähnlich wie heute Manager den Arbeitnehmern mit Auslagerung der Produktionsstätten in Billiglohnländer drohen, wenn diese ihre Tariflöhne erhalten wollen.

Der Eintritt der USA in den Zweiten Weltkrieg brachte diese Debatten zu einem jähen Ende. Die US-Rüstungsindustrie wurde größter Arbeitgeber, die USA erlebten einen gewaltigen Wirtschaftsboom. Die Alternativen, die die Technokratie-Bewegung und auch Roosevelts New Deal zu einer von den Managern kontrollierten Wirtschaft aufgezeigt hatten, waren vergessen.

4. Neue Macht- und Kontrollstrukturen: Die CEO

Die Managerelite allerdings lernte aus diesen Ereignissen. Damit ihre Herrschaft im Wirtschaftsleben nicht wieder gefährdet werden konnte oder sie ihre Position mit alten Kapitaleignern, Regierung und Arbeitnehmern teilen musste, konsolidierte sie ihre Macht – und zwar durch generalstabsmäßige Strukturen. Die West Point Connection ließ grüßen. In den USA, aber auch in Deutschland, entstanden in den 30er und 40er Jahren neue Positionen der Unternehmensleitung, die die Alleinherrschaft der Manager sicherstellen sollten. An die Stelle der alten dominanten Kapitaleigner, die häufig selbst noch Erfinder, Ingenieure, Techniker und »selfmade men« waren – wie Henry Ford, J.P. Morgan, Mark Hanna, Dupont, Rockefeller, Krupp, Thyssen oder Stinnes – und oft »ihre« Unternehmen noch selbst mitgeleitet hatten, traten nun die Topmanager, oder wie sie in den USA auch heißen, die »Chief Executive Officers« (CEO). Letztere sind vergleichbar mit den deutschen Vorstandsvorsitzenden. Allerdings sind die US-amerikanischen CEO mit bedeutend mehr Macht ausgestattet,[14] während es in Deutschland einen Aufsichtsrat gibt, der den Vorstandsvorsitzenden entlassen kann.

Seit Ende der 40er Jahre des letzten Jahrhunderts liegen Geschäftsführung und Kontrolle amerikanischer Konzerne in der Hand eines Gremiums, des »Board of Directors«, dem »Executive« und »Non-Executive Directors« angehören. Mitbestimmung von Arbeitnehmern oder Gewerkschaften wie in Deutschland gibt es in den USA bis heute nicht. Den Topmanagern gelang es, die Boards mit Vertretern ihrer Kaste zu besetzen und die alten Kapitaleigner oder »dominanten Eigentümer«, die in diesen Gremien bis dahin häufig noch als »Kontrolleure« bzw. »Outside Directors« fungierten, auszuschalten. Durch diese neuen Strukturen erreichten die Manager ihr Ziel: Sie haben nun die Kontrolle über Planung, Organisation und Produktion, besitzen die Verfügungsgewalt über die Produktionsmittel und entwickeln sich durch ihre enormen Gehälter, Insiderhandel und nun auch durch Aktienoptionen zu wesentlichen neuen Kapitaleignern. Heute kann ein amerikanischer CEO kaum gefeuert werden, selbst wenn seine Führungsqualitäten versagen, er hat sich durch seine allumfassende Macht abgesichert. Der Board of Directors ist in seiner Hand, denn er wählt alle Direktoren selbst aus und bestimmt deren Gehälter sowie sein eigenes.

Der amerikanische CEO, der gleichzeitig »Chairman of the Board« ist, fungiert als Aufsichtsrats- und als Vorstandsvorsitzender in einer Person. Seine direkten Vorstandskollegen stellen dabei als »Inside Executive Directors« über ein Drittel des Gremiums. Als »Outside Non-Executive Directors« – und damit als die eigentlichen Kontrolleure – agieren zumeist seine Golffreunde, häufig Vorstandskollegen aus anderen Unternehmen, frühere treue leitende Angestellte oder geschäftlich Abhängige. Die »Non-Executive Board Members« haben kaum eine Möglichkeit, den CEO zu überstimmen. Um sie bei Laune zu halten, bekommen sie Vorzugsaktien und so genannte »perks« (wörtlich: Muntermacher), u.a. Freiflüge auf Lebenszeit bei renommierten Luftfahrtgesellschaften (natürlich erster Klasse), auf

Wunsch jedes Jahr kostenlos ein neues Modell des Autos ihrer Wahl und neben den Sitzungsgeldern auch Pensionen, von ihren immensen Gehältern gar nicht zu sprechen. Die Sitzungen des Boards bestehen aus freundlichen Gesprächen beim Dinner. Die Entscheidungen sind schon vorher gefallen. »Götter sprechen zu Göttern – von CEO zu CEO«, so John Nash, Präsident der »National Association of Corporate Directors« (NACD) mit mehr als 1500 Mitgliedern. Der Unternehmer, Milliardär und ehemalige US-Präsidentschaftskandidat Ross Perot spottete einst über diese Treffen: »Außer Seezungenfilets stand nicht viel auf der Tagesordnung.«[15] Die Non-Executive Directors »vergessen«, auch wegen der oben erwähnten Geschenke, dass sie gesetzlich verpflichtet sind, die Interessen der Aktionäre zu verteidigen – selbst gegen den CEO. Man sägt nicht den Ast ab, auf dem man sitzt.

Im amerikanischen Ein-Board-System liegen also Kontrolle und Geschäftsführung in der Hand eines Gremiums, des »Board of Directors«, eine klare Arbeitsteilung von Geschäftsführung und Kontrolle wie im deutschen Zwei-Board-System gibt es nicht. Es fehlt jede Fremdkontrolle durch die Aktionäre bzw. deren Vertreter. Und es gibt, wie gesagt, keine Mitbestimmung durch Arbeitnehmer oder Gewerkschaften per Arbeitsdirektor. In den USA herrscht heute das Prinzip einer allmächtigen Oligarchie durch die CEO in den Boards of Directors.

Das britische System des Wirtschaftsmanagements ist dem US-System sehr ähnlich. Auch in Großbritannien besteht ein Ein-Board-System, »Unitary Board« genannt. Ebenso wie in den USA entstanden diese neue Strukturen in den 30er und 40er Jahren. Doch im britischen Unitary Board gab es damals verglichen mit den USA noch überdurchschnittlich viele alte Kapitaleigner, die ihre Interessen vertraten und die Executive Directors und den Chief Director kontrollierten. Inzwischen haben die Topmanager auch hier die alten Anteilseigner aus dem Unitary Board hinausgedrängt und durch Non-Executive Directors ersetzt. Letztere sind zumeist Manager anderer Unternehmen oder pensionierte Executive Directors des eigenen Hauses. Sie sollen – auf dem Papier zumindest – die Interessen der Aktionäre gegenüber den Executive Directors vertreten.[16]

Doch das britische Kontrollsystem hat sich nicht bewährt. Da Executive und Non-Executive Directors im Unitary Board wie im amerikanischen One-Board-System Hand in Hand arbeiten, fehlt die Fremdkontrolle durch bzw. für die Aktionäre. Daher wollten britische Aktionäre anhand der Vorschläge des so genannten »Cadbury Report« (1992) den »Unabhängigen Direktoren« (den Non-Executive Directors) »mehr Verantwortung geben, sie sollten als eine Art Unternehmenspolizei« die Aktivitäten der Vorstände kontrollieren. Allerdings erkannte man schnell, dass die beiden so verschiedenen Rollen sich in ein und demselben Gremium nicht vertragen würden, und entschied daher, dass ein neuer Typ des Chief Directors geschaffen werden müsste, der von den Aktionären ernannt werden sollte.[17] Doch diese Vorschläge sind bis zum heutigen Tag nicht in die Tat umgesetzt worden. Sie scheiterten an dem Widerstand der Manager. Denn die meisten britischen Chief Directors und Executive Directors sind selbst Aktionäre in ihrem oder anderen Unternehmen und wollen sich nicht in die Karten schauen lassen. Eine rudimentäre Mitbestimmung für die Arbeitnehmer, die bis weit in die 70er Jahre in Großbritannien existierte, wurde von der Regierung Thatcher abgeschafft.

Auch in Deutschland entwickelten sich während der 30er Jahre vergleichbare Strukturen der Unternehmensleitung von Kapitalgesellschaften. 1937 wurden die Unternehmensleitungen in ein Zwei-Board-System, in Vorstand und Aufsichtsrat, aufgeteilt. Im deutschen System besteht, anders als im amerikanischen, eine klare Arbeitsteilung: Im Vorstand sitzen der leitende Vorstandsvorsitzende und die Direktoren, die die Geschäfte führen; im Aufsichtsrat sitzen die Kontrolleure, welche die Aufgabe haben, die Interessen der Anteilseigner gegenüber dem Vorstand zu vertreten. In den 40er Jahren saßen noch viele alte Kapitaleigner in diesen Kontrollgremien. Das änderte sich spätestens in den 50er und 60er Jahren. Auch in Deutschland gelang es den Managern, ihre Alleinherrschaft durchzusetzen und die ursprünglichen dominanten Kapitaleigentümer aus den Aufsichtsräten zu entfernen und sie mit befreundeten Managern oder pensionierten Direktoren des eigenen Hauses zu besetzen. Heute ist der Aufsichtsrat, das Kontrollgremium der deutschen Wirtschaft, zu einem »Klub der Jasager« verkommen. Aufsichtsräte und Vorstände sind Mitglieder ein und desselben Klubs und teilen die gleichen Interessen. Über die mächtigsten Männer in der deutschen Industrie, die Vorstandsvorsitzenden, herrschte noch bis vor kurzem eine Gruppe von Über-Vorständen und Über-Aufsichtsräten, die Topmanager der deutschen Großbanken, insbesondere der Deutschen Bank. Sie kontrollierten große Industrieunternehmen durch ihre enormen Beteiligungen (Aktienpakete) und saßen infolgedessen auch in den Aufsichtsräten dieser Unternehmen. Das begann sich zwischen 2001 und 2004 zu ändern, da die rot-grüne Bundesregierung den Bankmanagern ein Geschenk präsentierte und den Steuersatz für Veräußerungsgewinne der Großbanken an Unternehmensbeteiligungen auf null (!) senkte und die Großbanken daraufhin große Teile ihrer Beteiligungen veräußerten.

Wie in den USA sichern sich auch die deutschen Vorstandsmitglieder ans Unanständige grenzende Sonderkonditionen und Privilegien (Vorzugsaktien, Aktienoptionen). Wie die amerikanischen Non-Executive Board Members sind inzwischen auch die deutschen Aufsichtsratsmitglieder zum Abnicken und Zuschauen verdammt und kommen ihrer eigentlichen Kontrollfunktion nicht mehr nach. Nachdem in den 90er Jahren z.B. der Werftenverbund Bremer Vulkan durch Vorstandsbetrügereien in Konkurs gegangen war, beschimpften Aktionäre und Aktionärsvertreter auf den Hauptversammlungen den Aufsichtsrat als »Pensionsfonds für senile Manager« oder »Altherrenkabinett«. Und Schlagworte wie »mehr Nachsicht als Aufsicht«, »ratlose Räte«, »Schlafmützen« und »Abnicker von Vorstandsvorlagen« in den Aufsichtsratssesseln machten die Runde. Herbert Henzler, Chef der renommiertesten internationalen Unternehmensberatungsfirma, McKinsey, bezeichnete die Versammlungen der deutschen Aufsichtsräte als bloße »Schönwetterveranstaltungen«. Und der ehemalige Chef der Deutschen Bank, Hermann Josef Abs, gab schon lange zuvor von sich: »Die Hundehütte ist für den Hund, der Aufsichtsrat für die Katz.«[18]

Auch in Deutschland kontrolliert sich letztlich ein und dieselbe Gruppe von Vorständen und Aufsichtsräten gemeinsam und arbeitet sich gegenseitig selbst in die Hände. Der Vorstand lenkt, der Aufsichtsrat kontrolliert – so ist es vom Gesetz vorgeschrieben. Da hier wie dort aber Manager sitzen, verhindern Kumpanei und Interessenidentität, dass die Kontrolle im Sinne des Gesetzgebers funktioniert.

Anders als in den USA nahmen in Deutschland die Großbanken und Versicherungen eine Schlüsselrolle ein, die sie über ihre enormen Industriebeteiligungen, Aufsichtsratsmandate und das so genannte Depotstimmrecht noch bis vor kurzem ausübten bzw. ausüben. Besonders bei großen Publikumsgesellschaften (Aktiengesellschaften) der Industrie tut sich eine immer größere Aufsichts- und Kontrolllücke auf. Dass nach dem AG-Recht der Aufsichtsrat bestimmt, wer Vorstandsmitglied und Vorstandschef werden darf, ist oft nur noch graue Theorie. In der Praxis ist im deutschen System die Trennung von Aufsicht (Kontrolle) und Management (Geschäftsführung) kaum noch existent. Aufsichtsräte und Vorstände schirmen sich gegenseitig ab. Wie eng die deutschen Großunternehmen im Finanzleistungssektor, also Banken und Versicherungen, sowie Industrie- und Medienkonzerne personell und kapitalmäßig miteinander verflochten waren, dokumentiert Rüdiger Liedtke in seinem jährlich in aktualisierter Fassung erscheinenden Band *Wem gehört die Republik?*.[19] Da saß z.B. ein Vorstandsvertreter vom Allianz-Konzern, der Deutschen Bank und Bosch im Aufsichtsrat der jeweils anderen Gesellschaft. Bei Bertelsmann war der Vorstandsvorsitzende der Thyssen AG Aufsichtsratsvorsitzender, auch der Vorstandschef des Krupp-Konzerns sowie je ein Vorstandsmitglied der Deutschen Bank und der Commerzbank gehörten diesem Gremium an.

In seinem Buch *Der Klub der Kontrolleure* (1996) unterteilt Jürgen Gaulke die Aufsichtsräte in drei Klassen: In der ersten Klasse sitzt nur ein gutes Dutzend der vielen tausend Aufsichtsräte, und zwar diejenigen, die Weisungsbefugnisse in den wichtigsten deutschen Konzernen besitzen. Fast alle sind sie Vorstandschefs der Top 20 der deutschen Konzerne. Für sie stellt der Aufsichtsrat ein Zentrum der Kontaktpflege und der wirtschaftlichen Herrschaft dar. Die Erste-Klasse-Aufsichtsräte haben untereinander ein enges Beziehungsnetz gesponnen.

In der zweiten Klasse folgen die Beauftragten der dominanten Kapitaleigner. Als Erfüllungsgehilfen, Platz- und Statthalter handeln sie im Auftrag dieser Hauptaktionäre, sie leben von den Aufsichtsratstantiemen und so manchem Beratungsauftrag nebenbei. Weisungsbefugnis besitzen sie nicht. Doch sie haben noch mehr Macht als das »Kontrollproletariat«, die Arbeitnehmervertreter. Diese bilden die dritte Klasse. Sie werden immer dann ausgeschlossen, wenn wesentliche Entscheidungen getroffen werden. Bei den wenigen gesetzlich vorgeschriebenen offiziellen Anlässen und den obligatorischen Kaffee-Sitzungen erhalten sie zwar zwangsläufig »Zutritt zum Innersten«, aber auch dann sind sie nur Gäste ohne wirkliche Weisungsbefugnis und ohne notwendige Mehrheit. Man nennt das in Deutschland »qualifizierte Mitbestimmung der Arbeitnehmer«.

In Publikumsgesellschaften mit breiter Aktienstreuung haben die Vorstände der Großbanken aufgrund des Depotstimmrechts das Sagen. Ein Geldanleger, der Aktien kauft, lässt diese normalerweise im Depot seiner Bank liegen. Klein- und Mittelaktionäre treten im Allgemeinen ihre Stimmrechte an die Bank ab, bei der sie ein Depot unterhalten. Vor jeder Hauptversammlung erhält der Aktionär von ihr eine Vollmacht zur Ausübung des Stimmrechts. Nicht einmal drei Prozent der Anleger beanspruchen ihr Recht, der Bank konkrete Weisungen für die Stimmabgabe zu erteilen. Bei gut zwei Dritteln dieser so genannten Depotstimmen können die Großbanken sogar auf Dauervollmachten zurückgreifen, die sie legitimieren, das Abstimmungsprozedere bei den Hauptversammlungen ganz in ihrem Sinne zu lenken. Allein über ihre Depotvollmachten treffen die Manager der Großbanken bei den meisten Publikumsgesellschaften die Entscheidungen. Die Kleinaktionäre selbst haben keine Chance, auf der Hauptversammlung eine Mehrheit zu erhalten.

Bis Ende der 90er Jahre besaß die Deutsche Bank von allen deutschen Banken die mit Abstand größte Anzahl an Tochtergesellschaften im In- und Ausland, sie hatte Beteiligungen an nationalen und internationalen Kredit- und Finanzierungsinstituten sowie oft die potentesten Beteiligungen an Industrieunternehmen. Das »Investment Banking« wurde dann neben dem »Private and Commercial Banking« das dritte internationale Standbein. Der Anteilsbesitz der Deutschen Bank (im In- und Ausland) umfasste 1997–1998 z.B. über 700 Unternehmen. Es gab innerhalb der deutschen Wirtschaft kaum eine wichtige Branche, in der sich die Deutsche Bank nicht engagierte. Die folgende Übersicht aus dem Jahr 2000 weist nur die Filetstücke der mehr als dreihundert Beteiligungen der Deutschen Bank in Deutschland und die Aufsichtsratsmandate des Vorstands der Deutschen Bank aus.

Beteiligungen:
Daimler-Benz AG: 22,6%
Deutz AG: 44,7%
Philipp Holzmann AG: 25,8%
Hutschenreuther AG: 25,1%
Leifheit AG: 11%
Metallgesellschaft: 16,5%
Nürnberger-Beteiligungs-AG: 26%

Aufsichtsratsmandate:
Dr. Josef Ackermann: Mannesmann, Linde
Rolf-Ernst Breuer: Deutsche Lufthansa, DLW AG, Dürr, Klöckner-Werke, Preussag, VEBA
Carl-Ludwig von Boehm-Bezing: Leifheit AG, CEAG, Philipp Holzmann, Krupp Hoesch Automotive, Thyssen
Ulrich Cartellieri: Solvay Deutschland, Henkel, Karstadt, Siemens
Michael Endres: Deutz, Giesecke & Devrient, Daimler-Benz, Heidelberger Druckmaschinen
Tessen von Heydebreck: Gruner + Jahr
Jürgen Krumnow: Hapag-Lloyd, Mobil Oil, Schering, Schmalbach-Lubeca, VIAG, Volkswagen
Georg Krupp: Kunz Holding, Iveco Magirus, Nestlé Deutschland, Rheinmetall Berlin, Strabag, VEW
Ronaldo Schmitz: Metallgesellschaft, Bertelsmann, Kaufhof Holding
Ulrich Weiss: BASF, Continental, Heidelberger Zement, Kali und Salz AG, Südzucker[20]

Die Topmanager der Deutschen Bank treffen alle Entscheidungen einstimmig, so dass niemand allein zur Verantwortung gezogen werden kann. Der Vorstand verfügte bis Ende der 90er Jahre über mehr als hundertfünfzig Aufsichtsratsmandate und hatte Sitze in über zweihundert Verwaltungs- und Beiräten. Diese Mandate sicherten der Deutschen Bank Schlüsselpositionen in der deutschen Wirtschaft. Die Vorstandsriege der Deutschen Bank kontrollierte Kredite und Investitionen vieler Großkonzerne, bestimmte maßgeblich die Besetzungen der Vorstandsetagen, z. B. bei Daimler, der Metallgesellschaft, VW, VEBA oder Preussag. 25 Prozent des deutschen Außenhandels wurden über Konten der Deutschen Bank abgewickelt, sogar über 30 Prozent aller Geschäfte mit den ehemaligen Ostblockländern.

Die Deutsche Bank dominierte auch große Aktiengesellschaften wie Bayer, BASF und Mannesmann, ohne selbst Eigentümerin zu sein, da sie über die meisten Aktiendepots verfügte. »Aufsichtsrat und Vorstand harmonieren in aller Regel, schon deshalb, weil der Aufsichtsratsvorsitzende fast immer ein früherer, pensionierter Vorstandschef der Deutschen Bank ist … Ansonsten ist der Deutsche-Bank-Aufsichtsrat stets optimal besetzt – von mit der Bank verbundenen Industriemanagern.«[21] Der Kreis von Herrschaft und Kontrolle schließt sich.

Dass die Frage »Wer kontrolliert die Deutsche Bank?« keinesfalls als reine Rhetorik abgetan werden darf, zeigte der Prozess gegen den Immobilienspekulanten Jürgen Schneider. Die Verteidigung verwies in ihren Plädoyers auf die vom Bundesaufsichtsamt für Kreditwesen »festgestellten Verstöße gegen Grundsätze ordnungsgemäßer Geschäftsführung sowie gegen Bestimmungen des Gesetzes über das Kreditwesen«. Das Urteil wäre gewiss anders ausgefallen, wenn die Banken ihren Prüf- und Kontrollpflichten in jeder Hinsicht nachgekommen wären. Der öffentliche Imageverlust für die Deutsche Bank hatte allerdings vermutlich mehr damit zu tun, dass der damalige Deutsche-Bank-Vorstandssprecher Hilmar Kopper die auf Schneiders Liegenschaften lastenden Schulden von rund fünf Milliarden Mark leichtfertig als »Peanuts« bezeichnete, und nicht mit dem Versagen des Vorstands in der größten Immobilienpleite Deutschlands nach dem Zweiten Weltkrieg.

Denn schon beim Zusammenbruch der Metallgesellschaft (1993) und der Klöckner-Humboldt-Deutz-AG (1996) musste die Deutsche Bank finanzielle Verluste in dreistelliger Millionenhöhe hinnehmen. Sie war in beiden Unternehmen Großaktionär, ihre Vertreter saßen in den Aufsichtsräten und hatten das Missmanagement gedeckt.

Die Manager der Großbanken »umhegen ihre Großkunden durch ein raffiniertes System von circa 750 Beiräten. Alles, was Rang, Namen, Einfluss und Geld hat – auch aus der Politik –, wird in Beiräten und Regionalbeiräten, geographisch gesplittet bis hinunter in kleinere Städte und entfernte Regionen, gehätschelt und gepflegt – zum Wohle der Bank.«[22] Die Politiker, auch höchste Regierungsstellen, haben die Nähe zu den Großbankiers und speziell zu denen der Deutschen Bank stets gesucht.

Schon vor fünfzig Jahren wollte Konrad Adenauer den damaligen Vorstandssprecher der Deutschen Bank Hermann Abs zum Außenminister machen. Abs zählte bereits während der Nazizeit zur Eminenz des deutschen Geldadels, war von 1938 bis 1945 sowie von 1952 bis 1967 Vorstandsmitglied und -sprecher der Deutschen Bank. Er lehnte damals das gehalts- und machtmäßig unlukrative Angebot ab. Seine Nachfolger als Sprecher des Vorstands, Karl Klasen (1967–1969), der spätere Bundesbankpräsident, und Franz Heinrich Ulrich (1969–1976), berieten die SPD-Kanzler Willy Brandt und Helmut Schmidt. Vorstandssprecher Friedrich Wilhelm Christians (1976–1988) und Wilfried Guth (1976–1985) fungierten ebenfalls als Wirtschaftsberater Helmut Schmidts. Vorstandssprecher Alfred Herrhausen war bis zu seiner Ermordung 1989 erster Berater Kanzler Kohls gewesen. Danach war Vorstandssprecher Hilmar Kopper wichtigster Berater der Bonner Regierung. Dass sich die Machtverhältnisse zwischen Politik und Management in den letzten Jahren verkehren, ist ein offenes Geheimnis.

Die Deutsche Bank und die Allianz-Versicherung nahmen in den 80er und 90er Jahren in der deutschen Industrie eine fast unanfechtbare Führungsposition ein. Denn wer wollte sich schon im Aufsichtsrat mit Hilmar Kopper oder Allianz-Boss Henning Schulte-Noelle anlegen?

Schließlich konnte die Bank die Aktien eines Konzerns »untergewichten«, damit kurzfristig merkliche Kursverluste heraufbeschwören und weitere Kreditentscheidungen beeinflussen. Und die personellen Verflechtungen der Manager lagen offen zutage: Hilmar Kopper, seit Juni 1997 Vorsitzender im Aufsichtsrat der Deutschen Bank, hatte auch im Aufsichtsrat bei Daimler den Vorsitz inne. Dort traf er »mehrmals im Jahr seine Ko-Kontrolleure Manfred Schneider (Bayer-Chef) und Ulrich Hartmann (VEBA-Chef), die er dann bei Bayer und VEBA als Aufsichtsrat aus anderer Perspektive wiedersah. Mit Schneider saß er auch noch gemeinsam im Aufsichtsrat von RWE, mit Hartmann bei der Münchner Rück. Bei vier Treffen jährlich pro Aufsichtsrat sah er die beiden also jeden Monat.[23] Ähnlich funktioniert das Netzwerk der deutschen Manager allgemein, sie treffen sich mal in den Vorständen ihrer eigenen Unternehmen und deren Tochtergesellschaften, mal in den Aufsichtsräten befreundeter Banken, Versicherungen oder Industriekonglomeraten.

Deutsch-Banker Wilfried Guth traf den Nagel auf den Kopf, als er in einem Interview mit Günter Ogger (*Nieten in Nadelstreifen*, Droemer, 1992, S. 22) das Management in den modernen Industriegesellschaften mit einer »gemischten Raubtiergruppe« verglich. Hier kämpft aggressiv jeder gegen jeden, schließlich geht es um die besten Plätze an der Futterkrippe. Nur wer wettbewerbsfähig ist, kann Höchstkurse für die Aktionäre erzielen und für sich selbst Riesengehälter und Aktienoptionen herausschlagen. Zugleich eint die Manager das Streben nach Profit – die stärkste, universellste und konstanteste Antriebskraft unternehmerischen Verhaltens.

James Burnham warnte schon im Jahre 1941 vor dem kommenden »Regime der Manager«, John Kenneth Galbraith schlug in den 60er Jahren Alarm.[24] Doch solche Stimmen wurden weder von den früher dominanten Kapitaleignern noch von den Kleinaktionären oder den Belegschaften ernst genommen. Dabei hatte ihre Entmachtung bereits begonnen. Selbst der konservative Wirtschaftswissenschaftler und Begründer der neoliberalen Chicago-Schule Milton Friedman prognostizierte bereits Anfang der 60er Jahre: »Nur wenige Tendenzen können das Grundgefüge unserer freien Gesellschaftsordnung so nachhaltig unterminieren wie das Bestreben von Führungskräften der Großkonzerne, gesellschaftliche Bereiche zu übernehmen, die über die Aufgabe, für ihre Aktionäre soviel Geld wie möglich zu verdienen, hinausgehen.«[25]

Je komplexer sich Planung und Produktion entwickelten und je stärker sich die Eigendynamik der immer rasanter werdenden Technologieentwicklung entfaltete, umso mehr nahm die Bedeutung der Ressourcen Kapital und Arbeit ab. Heute wird Information und Wissen immer wichtiger, es ist bald der entscheidende Faktor für Produktivität und Marktbeherrschung. Parallel dazu hat sich das Management die alleinige Kontrolle über die Wirtschaft erobert. Mittlerweile sind die alten Kapitaleigner, die Belegschaften und ihre Gewerkschaften fast gänzlich von den Entscheidungsprozessen im Wirtschaftsleben ausgeschlossen. Eigentümerunternehmer vom Schlage eines Henry Ford oder J. Rockefeller, eines Flick oder Stinnes waren Autokraten, Exzentriker, machthungrige Männer mit wenig sozialem Engagement, selbst wenn einige von ihnen Kunstsammlungen oder steuerbegünstigte Stiftungen gründeten. Doch auch wenn sie die Nebenwirkungen der neuen Wirtschaftsstrukturen nicht am eigenen Leibe spürten, so kamen die Risiken sie dennoch teuer zu stehen: Sie hafteten mit ihrem eigenen Vermögen.

Die Manager dagegen haften überhaupt nicht. Wenn sie Fehler machen, setzen sie nur die Existenz anderer aufs Spiel. So gehen zehntausende von Arbeitsplätzen verloren, und ganze Regionen veröden, weil die Manager ihre Hausaufgaben nicht erledigen. Ihren Posten kostet es sie fast immer erst dann, wenn sie offensichtlich kriminelle Energien entwickeln.

Die Kosten für das zügellose Gewinnstreben der Manager werden der Sozialgemeinschaft aufgebürdet. Der Staat – jeder einzelne Bürger – zahlt für die Arbeitslosen, die in der Folge von Rationalisierung und »lean production« auf der Straße stehen. Doch die Profite solcher Maßnahmen fließen in die Taschen weniger. Dass diesem Geist Schranken gesetzt werden müssen, ist keine akademische oder parteipolitische Streitfrage, sondern eine existentielle Aufgabe für die ganze Gesellschaft.

In Deutschland kontrolliert ein komplex verflochtenes Netzwerk von knapp zweihundert Managern den größten Teil der deutschen Industrie einschließlich der Finanzwirtschaft. Lange Zeit waren deutsche Unternehmen unter der Haube der Großbanken vor Übernahmen sicher, doch Mitte der 80er Jahre begann auch in der Bundesrepublik eine beispiellose Konzentrationswelle, die von eben diesen zweihundert Wirtschaftsführern der deutschen Industrie entfacht worden war, um die wirtschaftliche Macht in ihre Hände zu transferieren und ihre Manager-Oligarchie zu verwirklichen.

So übernahm Daimler-Benz nacheinander MTU, Dornier und die AEG. MBB (Messerschmidt-Bölkow-Blohm, der Anfang der 80er Jahre wichtigste deutsche Rüstungskonzern) erlangte die Vormachtstellung bei Krauss-Maffei; Rheinmetall erwarb die Pierburg-Gruppe, Mannesmann die Sachs AG. Die Aachener und Münchener Versicherungsgruppe erzielte die Mehrheit an der Bank für Gemeinwirtschaft, die Allianz-Versicherung ein Mehrheits-Aktienpaket am Gutehoffnungshütte-Konzern etc.

Viele dieser Fusionen hatten auch internationalen Charakter: Volkswagen kaufte 75 Prozent der spanischen SEAT-AG sowie 1990 60 Prozent der tschechischen Skoda-Gesellschaft und wurde dadurch zum größten europäischen Automobilkonzern. Daimler-Benz beteiligte sich am französischen Rüstungskonzern Matra; die Deutsche Bank kaufte die Banca d'America et d'Italia mit circa hundert Filialen in Italien auf. Die Bertelsmann Verlagsgruppe erwarb den New Yorker Doubleday-Verlag und große Teile der RCA-Ariola und wurde zum damals größten Medienkonzern der Welt. Hoechst übernahm den US-Faserproduzenten Celanese und wurde zweitgrößter Chemiekonzern der Welt. BASF kaufte den US-Konkurrenten Immont, Siemens die Tel Plus Communication Inc. Der führende bundesdeutsche Reifenhersteller Continental stieg beim amerikanischen Reifenkonzern General Tire ein, die Tengelmann-Gruppe akquirierte die US-Handelskette Waldbaum usw.[26]

Bei diesem Konzentrationsschub der 80er Jahre waren die Großbanken und die industriellen Spitzenkonzerne führend: Die hundert größten Unternehmen der Bundesrepublik waren 1984/85 an 402 von 1284 beim Bundeskartellamt gemeldeten Fusionen, d.h. an einem knappen Drittel, beteiligt. Allein drei Unternehmen hatten sich in diesen beiden Jahren 92 andere Unternehmen angegliedert: die VEBA 39, die Deutsche Bank 29 und Siemens 24.

Daimlers Erwerb der Aktienmehrheit bei der AEG stellte den größten Firmenzusammenschluss in der Geschichte der Bundesrepublik dar.[27] Durch diese so genannte Elefantenhochzeit sowie die nur wenige Monate zuvor erfolgte Übernahme von MTU und Dornier und die Fusion mit dem Rüstungs- und Luftfahrtkonzern MBB im Jahre 1989 wurde Daimler-Benz zum größten Industriekonglomerat der Bundesrepublik (mit 380000 Mitarbeitern), zum zweitgrößten der EG, zum neuntgrößten der Welt.

Gleichzeitig weitete sich dadurch der Einfluss der Deutschen Bank, die bei Daimler damals mit einem Aktienpaket von 28 Prozent dominierte (im Jahre 2000 rund 13 Prozent), auf drei weitere aus dem Kreis der hundert Spitzenunternehmen der Bundesrepublik aus.[28]

Die wirtschaftliche Macht der Deutschen Bank hatte durch die von ihr lancierten und angetriebenen Daimler-Übernahmen einen Höhepunkt erreicht. Sie war bis 1997 die zweitgrößte Bank der Welt geworden, die fusionierte United Bank of Switzerland UBS verdrängte sie (zeitweise) auf den dritten Platz. Noch größer war nur die Bank of Tokyo-Misubishi. Durch die mehr oder weniger »freundlichen« Übernahmen wurde also nicht nur Daimler zum überragenden Koloss der deutschen Industrie, sondern sie katapultierten die bereits vorher übermächtige Deutsche Bank in die Position einer Art wirtschaftlicher »Nebenregierung«, ohne die in Deutschland keine wirkliche Politik mehr gemacht werden konnte.

Die Manager der deutschen Großbanken hatten es mit der Konzentration, Verflechtung und Unkontrollierbarkeit ihrer Machtakkumulation weltweit am weitesten getrieben. Sie hatten sogar die amerikanischen und britischen Topmanager überflügelt. Daimler-Benz wurde auf diesem Wege die wichtigste Industrieabteilung der Frankfurter Großbank. Der damalige Vorstandschef der Deutschen Bank, Alfred Herrhausen, war zudem seit 1985 Aufsichtsratsvorsitzender der Daimler-Benz AG. Diese Aufgabe übernahm nach dessen Ermordung 1989 der damals allgegenwärtige Hilmar Kopper.

Durch Daimlers Fusionen mit AEG und MBB verstieß das Konglomerat Deutsche Bank/Daimler gegen alle gesetzlichen Regeln einer Machtkonzentration, die in marktwirtschaftlichen Ordnungen befolgt werden sollten (siehe deutsches Kartellgesetz). In den USA versuchte man seit Beginn des 20. Jahrhunderts, durch die »Anti-Trust«-Gesetzgebung, eine derartige Machtzusammenballung, Monopolbildung und Wettbewerbsverzerrung zu verhindern, ohne viel Erfolg. US-Manager schlugen in den 80er Jahren einen geradezu kriminellen Weg ein, um Unternehmensfusionen im großen Stil durchführen zu können.

Mitte der 80er Jahre hielten sich die Kurse an der Wall Street relativ stabil, nur wenige Aktien reüssierten an der Börse. In diese Zeit fällt die Geburtsstunde der so genannten »Corporate Raiders«. Diese »Unternehmensjäger« waren Manager und Spekulanten, die sich im Verbund mit mächtigen Geldgebern aus dem Milieu der Wall-Street-Investmentbanken auf »feindliche Übernahmen« von Unternehmen *(hostile takeovers)* spezialisierten. Ihre Schachzüge waren möglich, weil in dieser Zeit die tatsächlichen Substanzwerte der US-Konzerne – Produktionsanlagen, Immobilien, stille Reserven etc. – größtenteils weit über den Börsennotierungen lagen. Die Unternehmensjäger kauften nun die nur scheinbar – vom Aktienkurs her gesehen – wertlosen Firmen an der Börse auf und weideten sie dann skrupellos aus. Die Idee der Unternehmensjäger war einfach: Aufgrund ihres Insiderwissens erkannten sie schneller als andere Unternehmen mit hohem Substanzwert und niedrigem Aktienkurs. War ein Unternehmen als Beute ausgemacht, mussten sie sich nur irgendwo genügend Geld leihen, um ihren Raubzug zu finanzieren. Denn die Unternehmensjäger kauften die unterbewerteten Aktien auf Pump, sie finanzierten die feindlichen Übernahmen mit so genannten Billig-Anleihen *(Junk Bonds)*, die allein für diesen Zweck aufgenommen wurden. Dann übertrugen sie die Pump-Kaufschulden auf das erbeutete Unternehmen und zwangen dessen Geschäftsführung, mit der Situation fertig zu werden – durch Rationalisierung, Entlassungen und Immobilienverkäufe oder durch den Verkauf von Unternehmensteilen (nach der Devise »Fix it or sell it«). Ganze Branchen drohten vollkommen ausgelaugt zu werden.

An der Börse stieg dagegen der Wert von solchermaßen übernommenen Unternehmen, da jetzt ihr unterevaluierter Substanzwert deutlich geworden war, die Rationalisierungsmaßnahmen und Entlassungen zudem den Aktienkurs in die Höhe trieben. Dabei blieben viele Millionen Dollar als Beuteprämie für die Unternehmensjäger übrig. Die berüchtigtsten unter ihnen waren die Amerikaner Michael Milken (Investment Manager und Börsenspekulant), Ivan Boesky (Investment Manager), Henry Kravis (Topmanager der Kohlberg-Kravis-Roberts Investment Bank), Donald Trump (Immobilienzar, Hotelkettenbesitzer und Börsenspekulant) und der Brite Sir James Goldsmith (Großaktionär und Börsenspekulant). Michael Milken z. B. erzielte bei einer feindlichen Übernahme über fünfzig Millionen Dollar als Prämie. Folge der feindlichen Übernahme-Coups: Hunderttausende von Arbeitnehmern wurden »freigesetzt« (entlassen).

Die größte feindliche Unternehmensübernahme der US-Wirtschaftsgeschichte wurde Ende 1988 von Henry Kravis von der Investmentbank Kohlberg-Kravis-Roberts (KKR) getätigt. Kravis kaufte an der Börse über Junk Bonds die Nabisco-Aktien für 25 Milliarden Dollar auf. Dann übereignete Kravis sofort alle für den Nabisco-Kauf aufgenommenen Junk-Bond-Schulden – rund zwanzig Milliarden Dollar – an Nabisco selbst. Die Firma war also mit ihrem eigenen Geld gekauft worden, und ihre Geschäftsführung stand nun vor der dramatischen Situation, sofort hohe Geldsummen zur Schuldentilgung flüssig machen zu müssen. Nabisco-Chef Louis Gerstner verkaufte bis Februar 1990 viele Unternehmensanteile aus dem Konzern, um mit dem Verkaufserlös eine erste Tranche von sechs Milliarden Dollar Schulden zu bezahlen. Zudem musste Nabisco allein 1989 rund 3,5 Milliarden Dollar Zinsen zahlen. Gerstner verordnete deshalb erhebliche Sparmaßnahmen, Lohnsenkungen, Entlassungen und eine weitere Schrumpfung des Konzerns.[29]

Mit solchen an die Mafia erinnernden Methoden bedrohten die Übernahmepiraten Großunternehmen aus allen US-Wirtschaftszweigen. Allein in den ersten neun Monaten des Jahres 1989 übernahmen Unternehmensjäger mehr als 3600 Firmen für insgesamt rund 250 Milliarden Dollar.[30] Sie fügten der amerikanischen Wirtschaft schweren Schaden zu, verbreiteten Furcht und Schrecken in den Boardrooms und vor allem bei den Belegschaften. Damit hatten sie den Bogen überspannt, und die Stimmung im Lande wendete sich gegen die Unternehmensjäger. Selbst die Investmentbanken, die an den feindlichen Übernahmegefechten so grandios verdient hatten, distanzierten sich allmählich wegen der Rufschädigung. Top-Raiders wie Michael Milken, Ivan Boesky und Henry Kravis wurden wegen Insiderhandel von US-Gerichten verurteilt. Dennoch wurde durch feindliche Übernahmen – ein neues Instrumentarium der Manager der 80er Jahre – die wirtschaftliche Machtausdehnung und Herrschaft in immer weniger Händen konzentriert.

Es zeigte sich aber auch, dass Manager auf ihrem Raubzug nach mehr Macht selbst gegen ihresgleichen vorgehen und dabei vor kriminellen Machenschaften nicht zurückschrecken. Raubtiere fressen eben auch andere Raubtiere auf im Kampf um Wettbewerbsfähigkeit.

5. Die Angebotswirtschaft

Doch die 80er Jahre waren nicht nur durch eine beispiellose Konzentrationswelle und feindliche Übernahmen gekennzeichnet, sondern auch durch eine beispiellose neue Wirtschaftstheorie: die so genannte »Angebotswirtschaft« *(Supply Side Economics).* Diese Theorie, auch »Reaganomics« genannt, entstand vor allem in Kalifornien. In der School of Economics an der University of Southern California in Los Angeles arbeitete ein jüngerer Wirtschaftsprofessor an seinem Werk *Wealth and Poverty,* das 1981 erschien. Sein Name: George Gilder. Er wurde in den 80er Jahren zum Guru der amerikanischen Supply-Side-Manager. Doch sie hatten die Theorie der Angebotswirtschaft bereits in den 70er Jahren gedanklich von der neoliberalen Chicago-Schule Milton Friedmans übernommen. Friedman hatte in seinem Buch *Capitalism and Freedom* darauf verwiesen, dass nur der freie Markt, das Wechselspiel von Angebot und Nachfrage, das Wirtschaftsleben bestimmen sollte und dass Interventionen des Staates in die Marktwirtschaft, wie Keynes es vorgeschlagen hatte, fremdbestimmte Mittel wären, die der Wirtschaft schließlich nur schaden würden.

In den 80er Jahren stagnierten die Wachstumsraten der US-Wirtschaft nach Meinung der Manager zu sehr. Schuld daran sei die neokeynesianische Nachfragewirtschaft, die dem Wirtschaftswachstum durch staatliche Interventionen, Lohnerhöhungen und Arbeitslosengeld keine neuen Impulse mehr geben könnte. Ähnlich behauptete nun Gilder, Neo-Keynesianer, die auf eine staatliche Stärkung der Nachfrage setzten, hätten versagt. Der Staat hätte es nicht vermocht, die Massennachfrage nach Konsumgütern zu steigern, die Nachfrageseite wäre ausgereizt. Deshalb schlug Gilder vor, nun die Angebotsseite durch die Schaffung neuer Bedürfnisse, neuer Produkte, durch groß angelegte Werbekampagnen, günstigste, d.h. niedrigste Anzahlungsbedingungen und neue Rationalisierungsverfahren in den Betrieben zu stimulieren. Dieser Theorie zugrunde lag das Verständnis, dass ohne ständiges, unbegrenztes Wirtschaftswachstum der Kapitalismus nicht existieren könne.[31] In Gilder hatten die US-Manager ihren wissenschaftlichen Apologeten gefunden.

Die Angebotswirtschaft sollte die große »Wende«, sprich enorme Wachstumszuwächse und somit Superprofite, erbringen. Durch die Ankurbelung der Angebotsseite wollten die Supply-Side-Manager noch mehr und noch schneller als bisher Güter auf den Markt werfen, Güter, für die weder Nachfrage noch Bedarf bestand, wenn man diese nicht durch ein Super-Angebot, Super-Werbung und Super-Kredite künstlich geweckt hätte. Denn die Bedürfnisse der Menschen, so Gilder, seien ja unendlich.[32]

Die Angebotswirtschaft in den 80er Jahren mit den einhergehenden beschleunigten Konzentrationswellen, feindlichen Übernahmen und der Überbetonung der Großtechnologie ohne gleichzeitige umfassende Arbeitszeitverkürzung ließ die Arbeitslosigkeit drastischer steigen als in den 60er und 70er Jahren. Im Jahre 1987 z.B. betrug die Arbeitslosigkeit in den USA 10 Prozent, in Großbritannien 13 Prozent, in der BRD 9,7 Prozent. Klassischerweise sahen die Befürworter der keynesianischen Nachfragewirtschaft eine Arbeitslosigkeit von zwei bis vier Prozent als normal und als »Vollbeschäftigung« an, während die der Angebotswirtschaft nun eine Arbeitslosigkeit von acht bis zehn Prozent für »normal« hielten.

Zugleich wurden mit der Einführung der Angebotswirtschaft angeblich »wachstumsschädigende« Umweltgesetze mehr und mehr beseitigt. Die neue Wirtschaftsmethode war eindeutig antiökologisch und bewirkte einen noch schnelleren Abbau von Rohmaterialien und einen höheren Verbrauch fossiler Energiequellen. Ihre Vertreter, Manager wie wissenschaftliche Apologeten, versäumten es grundsätzlich, den Begriff des Wachstums zu qualifizieren. Sie kümmerten sich nicht um die ökologischen Dimensionen ihres Wirtschaftens, im Gegenteil, es gehört(e) geradezu zum Markenzeichen ihres Wirkens, der Abhängigkeit des Menschen von der Natur keine Beachtung zu schenken. Ihre theoretischen, mathematisch-quantitativen Modelle beschrieben nur Teilaspekte der wirtschaftlichen Aktivitäten und beruhten auf stillschweigend vorausgesetzten neoklassischen Vorstellungen.

Denn die Anhänger der »Supply Side Economics« haben nie wirklich Adam Smiths und David Ricardos Vorstellungen des »vollkommenen Wettbewerbs«, des freien Marktes, der allein durch den Preis als »unsichtbare Hand« reguliert wird, überwunden. Mit solchen Modellen aus der Zeit des Frühkapitalismus versuchen sie in abgewandelter Form noch immer, die Moderne und Postmoderne zu beschreiben. In ihren Berechnungen des Bruttosozialprodukts und der Wachstumszuwächse sind »Nebensächlichkeiten« wie z. B. die Schäden an den Ökosystemen nicht berücksichtigt.

Die »Wende«-Manager und ihre Universitätsideologen insbesondere in den USA und Großbritannien lehnten jegliche Intervention des Staates in den »freien Markt«, jegliche Steuerung des Wirtschaftsgeschehens durch die Politik ab. Sie wollten fast das gesamte staatliche Sozialversicherungs- und Wohlfahrtssystem abschaffen, das ihnen als ungerechtfertigte Umverteilung des nationalen Wohlstandes und als wettbewerbsschädigende Erhöhung der Produktionskosten galt. Stattdessen propagierten sie, dass die Früchte ihres Modells schließlich bis nach unten »durchsickern« *(Trickle-down Theory)* und auch noch den »niedrigsten Einkommensschichten zugute kommen« würden. Denn selbst diese würden am Ende am Konsum der Massengüter durch eine »stetige Preissenkung« partizipieren können.[33]

Die vom »Sozialklimbim«, also von Sozialversicherungsbeiträgen, befreiten Großunternehmen, so George Gilder, erreichten durch die Möglichkeit neuer Investitionsschübe, neuer Absatzmärkte, durch die von ihnen gänzlich neu entdeckten Bedürfnisse der Konsumenten das »größtmögliche Glück für die größtmögliche Zahl«. Großunternehmen sollten deshalb auch kaum besteuert werden, denn sie dienten schließlich dem Gemeinwohl. Und die »hervorragenden Innovationen« der Konzerne rechtfertigten schließlich auch die Riesenprofite, die Supergehälter der Manager und deren extravagante Privilegien. Man solle auch nicht vergessen, dass Letztere der treibende Motor des Systems seien. Die Armen und Arbeitslosen aber, die nach Gilder und anderen zur Innovation oder zum produktiven Partizipieren am System – auch wegen ihrer eigenen Faulheit oder Apathie – zumeist sowieso nicht taugten, sollten gar nicht oder nur geringstfügig vom Staat unterstützt werden, bis Handlangerjobs für sie zur Verfügung stünden. Sie müssten eben so lange warten, bis die letzten Tropfen des Aufschwungs auch zu ihnen durchsickerten.

In den Reaganomics-Managern und Gilder zeigen sich die Vorläufer des heutigen Raubtierkapitalismus. Und die Angebotswirtschaft der 80er Jahre demonstriert, dass die moderne Wirtschaft eine Erfindung des Managements ist und nicht umgekehrt. Das stellte sich nur einmal im letzten Jahrhundert etwas anders dar – und zwar während der Zeit des New Deal.

Eine Humanisierung des Kapitalismus, wie sie die »soziale Marktwirtschaft« bzw. das »rheinische Modell« darstellt, war nach dem Zweiten Weltkrieg von den Managereliten nur akzeptiert worden, weil sie soziale Revolutionen oder Systemveränderungen in ihren Ländern befürchteten. Sie mussten in Westeuropa – besonders am Schnittpunkt zur UdSSR – zeigen, dass das »westliche System« nicht nur Freiheit bot, sondern dem östlichen an Kaufkraft und Lebensqualität überlegen war. Nach dem Zusammenbruch des großen Systemfeindes Sowjetunion hatte dieses »kleinere Übel« nun aber ausgedient. Der »Kapitalismus pur« brauchte die soziale Maskierung nicht länger.

6. Shareholder Value

Dass die Supply-Side-Manager der 80er Jahre eben nicht dem oft beschworenen Gemeinwohl dienten, kann man leicht einer Studie der *New York Times* vom März 1992 entnehmen, die auf den Zahlen und Statistiken des US-Finanzministeriums und des »Congressional Budget Office« für die Jahre 1977 bis 1989 basiert. Ihr Fazit lautet: »The rich have been getting richer … all the 1980's wealth has mainly gone to the richest one percent of Americans.«[34]

Bei ihren Untersuchungen fand die *New York Times* heraus: Ein Prozent aller amerikanischen Haushalte, d. h. die reichsten 600 000 Familien mit einem jährlichen Einkommen von mindestens 320 000 US-Dollar, sahnten von 1977 bis 1989 zwei Drittel des nationalen Einkommens ab. Während das gesamte Einkommen aller sechzig Millionen amerikanischen Haushalte in diesen Jahren auf 740 Milliarden Dollar anstieg, erhöhte sich das Gesamteinkommen des obersten einen Prozents der Haushalte auf mehr als 550 Milliarden Dollar. Zur gleichen Zeit befanden sich in den USA 76 Prozent aller Aktien in den Händen von rund einem Prozent der Aktionäre. Am unteren Ende der sozialen Pyramide verfügte die Hälfte aller US-Bürger nur über acht Prozent des gesamten Wohlstandes der Nation.[35] Von einer Aktionärsdemokratie kann hier nicht die Rede sein.

Selbstverständlich haben von diesem einen Prozent der Aktionäre wieder die Topmanager am meisten vom »nationalen Wohlstand« der 80er Jahre abkassiert. Hier nur einige Beispiele: 1988 erzielte der CEO von Reebok International USA, Paul Fireman, ein Einkommen von 11,4 Millionen Dollar – Stock-Option-Gewinne (Gewinne aus Vorzugsaktien) mit eingerechnet. Chryslers CEO Lee Iacocca erhöhte 1988 sein Jahreseinkommen – Stock-Option-Gewinne inbegriffen – auf mehr als 20 Millionen Dollar. Als das *Time Magazine* ihn fragte, ob er sich nicht für die US-Präsidentschaftswahlen aufstellen lassen wolle, lehnte er aus pekuniären Gründen dankend ab. Der US-Präsident bezog damals ein Jahresgehalt von gerade mal 200 000 Dollar

1989 kassierte Anthony O'Reilly, der CEO von Ketchup-Hersteller Heinz, ein Jahreseinkommen von 38,5 Millionen Dollar. Michael Eisner ließ sich seinen Direktorenposten bei Walt Disney mit 11,5 Millionen Dollar vergüten und John Sculley, CEO bei Apple Computer seit 1983, mit »mageren« 4,5 Millionen (Stock-Option-Gewinne immer mit eingerechnet) etc. Dale Hanson, Chef von CALPERS (California Public Employees Retirement System), einem der größten privaten Pensionsfonds der USA, kommentierte die Managergehälter: »Unsere CEO werden wie Pharaos behandelt. Doch die Aktionäre und Arbeitnehmer fragen sich allmählich: Wer kümmert sich hier eigentlich um den Laden?«[36]

In einer Zeit, in der von den amerikanischen Arbeitnehmern gefordert wurde, ihren Gürtel enger zu schnallen, und die »Geschäftsführungen der großen Konzerne die Löhne ihrer Belegschaften absenkten«, so der Wirtschaftsprofessor der Columbia University, Donald Hambrick, »versuchen unsere CEO einander zu übertreffen. Was wir heute erleben, ist ein Kreis von CEO, die gegenseitig ihre Einkommen immer höher treiben. Das ist ihr neuer Wettbewerb.«[37]

War die Angebotswirtschaft der 80er Jahre geprägt durch eine beispiellose Konzentrationswelle (in Deutschland), durch feindliche Übernahmen (in den USA), durch zunehmende Arbeitslosigkeit und ständig steigende Managergehälter, so zeichnet sich der »Turbokapitalismus« nach dem Zerfall der Sowjetunion durch eine radikale globale Automatisierungswelle, Besessenheit von der Wettbewerbsfähigkeit, Massenarbeitslosigkeit, Shareholder Value und ungezügelte Gier der Topmanager aus.

Paul Krugman (bis 2003 Wirtschaftsprofessor am berühmten Massachusetts Institute of Technology, seit 2004 an der Princeton University) warnte schon 1992: »Die soziale Ungleichheit hat Ausmaße angenommen, wie wir sie nur aus der Zeit vor Roosevelts New Deal kannten. Aber vielleicht hatte der New Deal die Reichen nur in den Untergrund getrieben. … Die ganze Gesellschaft ist in einer Abwärtsspirale gefangen, in der wachsende Ungleichheit die Bedingungen für immer schlimmere Ungleichheit schafft.«[38]

In Großbritannien lagen in den 80er Jahren die durchschnittlichen Einkommen der Topmanager zwar niedriger als in den USA, doch auch die britischen Spitzenkräfte waren allesamt mehrfache Millionäre und Kapitaleigner. Nach Untersuchungen des britischen Arbeitsministeriums aus dem Jahr 1989 hatte sich z. B. die Anzahl britischer Vorstandsdirektoren, die ein jährliches Einkommen (*Salary plus Bonus*, wobei der Bonus aus Gewinnen aus Vorzugsaktien besteht) von 700 000 Dollar erworben hatten, im Jahr 1988 um 40 Prozent erhöht.[39]

D. h.: In einer Zeit, als in Großbritannien eine Arbeitslosigkeit von weit mehr als zehn Prozent herrschte und die Regierung Thatcher nicht willens war, einer siebenprozentigen Lohnerhöhung für Industriearbeiter zuzustimmen, hatten sich die Gehälter der Topmanager durchschnittlich verdoppelt. Dabei erzielte z. B. Lord King als Vorstandsvorsitzender bei British Airways und Vorstandsmitglied (Non-Executive) bei FKI-Babcock insgesamt ein Jahresgehalt von 1,45 Millionen Dollar *(Salary plus Bonus)*. William Brown, Vorstandsdirektor von Walsham Brothers (Investmentbank), steckte sich 1988 ein Jahreseinkommen von 3 Millionen Dollar *(Salary plus Bonus)* in die Tasche.[40] Diese Aufzählung ließe sich seitenlang fortsetzen.

Selbst die erzkonservative Maggie Thatcher (Jahresgehalt als Premierministerin: 82 300 Dollar), eine überzeugte Anhängerin der Angebotswirtschaft, kritisierte die Gehaltsexplosionen der britischen Spitzenmanager aufs schärfste und zweifelte an der »Moral dieser Privilegien«, die ihrer Meinung nach in keinem Verhältnis zur gesamtwirtschaftlichen Lage und der nationalen Einkommensskala stünden. Originalton Thatcher: »I am appalled over the mega-rewards being handed out in British boardrooms. They are unjustified by the executives' performance ... and they set a bad example for fighting unemployment and inflation.«[41]

Die deutschen Manager fanden sich in den 80er Jahren nach einer Studie der New Yorker Unternehmensberatungsfirma Towers Perrin und einer Rangliste des US-Wirtschaftsmagazins *Forbes* international auf dem zweiten Platz hinter den USA und knapp vor Großbritannien. »Keiner der Topmanager der Nation«, so *Forbes*, »geht für weniger als eine Million Mark Jahresgehalt ans Werk.« Absolute Spitzenmanager wie Carl Hahn (VW), Edzard Reuter (Daimler-Benz) oder Alfred Herrhausen (Deutsche Bank) erzielten in diesem Zeitraum sogar Jahresverdienste von ungefähr 1,8 bis 3,5 Millionen Mark.[42] Der deutsche Bundeskanzler Helmut Kohl bezog in diesem Zeitraum ein Jahresgehalt von 341 000 Mark. Mittlerweile steigen die Gehälter der deutschen Topmanager – auch durch Aktienoptionen – massiv an, doch von amerikanischen Vorbildern sind sie noch weit entfernt.

In den 90er Jahren entwickelte »Corporate America« den Kult um die Aktie, um den so genannten Shareholder Value. Die Furcht vor der Entmachtung durch eine neue Welle von feindlichen Übernahmen hielt einen großen Teil der US-Wirtschaftselite in Atem, sie strebte eisern nach hohen Börsenwerten, damit Aktionäre mehr als zufrieden bzw. nicht mehr willens waren, die Aktien einfach an Corporate Raiders abzustoßen. Der Shareholder Value, also die Wertsteigerung der Aktie für den Aktionär, wurde zu einem neuen Ziel, einem neuen Orientierungspunkt im internationalen Wirtschaftsgefüge, aus dem sich in den 90er Jahren neue Instrumentarien für erfolgreiches Management und Wettbewerbsfähigkeit entwickelten. Der Börsenkurs gilt seitdem als Aushängeschild eines erfolgreichen Unternehmens.

Die Kapitalmärkte wurden in den 90er Jahren globaler. Mittlerweile werden Aktien deutscher Großkonzerne wie Telekom, Bayer, Siemens oder DaimlerChrysler an der New Yorker Börse gehandelt, während 40 Prozent aller Geldanleger an der Frankfurter Börse Ausländer sind – zumeist japanische Großbanken, britische Investmentbanken, US-Pensionsfonds und seit 2000 Hedgefonds und Private-Equity-Fonds. Nach den Untersuchungen des Münchner Büros der internationalen Unternehmensberatungsfirma LEK hatte bereits Anfang 1997 ein Viertel der 250 größten deutschen Konzerne die Steigerung des Shareholder Value zum wesentlichen Unternehmensziel erklärt.[43] DaimlerChrysler-Chef Jürgen Schrempp oder VEBA-Vorstandsvorsitzender Ulrich Hartmann gelten hierzulande als die exponiertesten Verfechter einer Wirtschaftspolitik, die nur und zuallererst den Shareholder Value im Auge hat.

Die neue Managergeneration der 90er Jahre betrachtet Arbeitnehmer nur noch als Kostenfaktor, den man senken muss. Ihr Wohlergehen wird dem Shareholder Value untergeordnet, weder die Anhebung ihrer Einkommen noch die Sicherheit ihres Jobs interessiert die Bosse, im Gegenteil: Der Verlust tausender von Arbeitsplätzen wird in die wirtschaftlichen Strategien einkalkuliert – um der Rendite willen. Natürlich handeln Topmanager nicht in politischen Kategorien, doch inzwischen denken sie nur noch wie Börsenspekulanten. Ihre Aufmerksamkeit gilt ausschließlich dem globalen Markt, in dem sie globale Spieler sein wollen. Das Modell des Wirtschaftsführers als eines verantwortlichen Lenkers auch für seine Belegschaft hat schon lange ausgedient, um die Volkswohlfahrt soll sich allein der Staat kümmern.

Shareholder Value zeitigt oft verheerende Ergebnisse, denn je höher die Aktienkurse, die Gewinne und die Managereinkommen steigen, desto mehr Arbeitnehmer werden entlassen. Zwischen 1986 und 1996 bereicherten die zehn erfolgreichsten US-amerikanischen Konzerne ihre Aktionäre um weit mehr als 300 Milliarden Dollar.[44] Der im Oktober 1997 verstorbene Coca-Cola-Chef Roberto Goizueta und General-Electric-Chef Jack Welch zählten zu den erfolgreichsten Geldvermehrern ihrer Aktionäre im letzten Jahrzehnt. Sie trieben dabei zugleich ihre eigenen Gehälter durch die von ihnen geforderten und an Shareholder Value gekoppelten Aktienoptionen hoch.

Und die europäischen Manager zogen nach. Als Vorbild galt den deutschen Spitzenmanagern Jack Welch, der CEO von General Electric (bis 2001). Als Boss eines der größten Konzerne der USA herrschte er über ein weit verzweigtes Imperium von Elektronik- und Haushaltsgerätefabriken, Turbinenwerken und Fernsehsendern. Seit Jahren trieb Welch Aktienkurse und Gewinne seines Konglomerats mit einer einfachen und zugleich radikalen Strategie nach oben: Rendite rauf – oder dichtmachen bzw. verkaufen. Wenn ein Geschäftsbereich von General Electric (GE) nicht auf Dauer weltweit die Nummer eins oder zwei auf dem Markt werden konnte, trennte sich Welch von ihm.

In den 90er Jahren halbierte Welch die Zahl seiner Beschäftigten von mehr als 400 000 auf 200 000. Durch den Einsatz modernster Robotertechnik entvölkerte Welch ganze Fabrikhallen. So machte er das Unternehmen schlank *(downsizing)*, wettbewerbsfähiger und gewinnträchtig und forderte zusätzlich zu seinem Riesengehalt immer größere Bonuszahlungen, sprich Aktienoptionen. Seine Ankündigungen von Massenentlassungen lösten regelmäßig große Kurssprünge der GE-Aktie nach oben aus. Allein bei den US-Gewerkschaften konnte Welch natürlich nicht punkten. Unter Anspielung auf die Neutronenbombe – die Menschen tötet und Gebäude verschont – verpassten sie ihm den viel sagenden Spitznamen »Neutronen-Jack«.[45]

Auch in Deutschland entvölkern die beschleunigte Technologieerneuerung, Downsizing und Shareholder Value die Fabriken. Doch anders als die USA verfügt Deutschland noch über einen Sozialstaat, der die aus den Fabriken und Büros Entlassenen auffängt. Lange wird das soziale Netz unter diesen Belastungen allerdings nicht mehr halten. Die Kosten für Arbeitslosenunterstützung haben sich in den alten Bundesländern von 1992 bis 2002 beinahe verdoppelt. Mit jeder »schlanken«, durchautomatisierten Firma werden die Lasten des Sozialstaats schwerer und die Defizite des öffentlichen Haushalts und die Staatsverschuldung noch ruinöser. Wenn die Massenarbeitslosigkeit unvermindert fortschreitet, ist das Modell Deutschland bald am Ende. Und daran wird auch Hartz IV nichts ändern können.

In den USA der 90er Jahre wurden die Managergehälter durch die schon erwähnten Aktienoptionen in Rekordhöhen getrieben. Dieses Mittel hatte sich seit 1995 als Zusatzlohn für die Manager durchgesetzt. Als sie die Aktionäre unaufhaltsam mit ständig wachsenden Forderungen nach Gehaltserhöhungen bedrängten, koppelten die Aktionäre deren Gehälter kurzerhand an den Erfolg. Wer Gewinn und Shareholder Value nach oben trieb, der sollte durch eine Prämie daran beteiligt werden. Seither erhalten Manager zusätzlich zu ihrem Gehalt Optionspapiere (Aktienoptionen). Diese geben den Vorstandsmitgliedern das Recht, Aktien des eigenen Unternehmens nach einer bestimmten Zeitspanne zu einem Vorzugspreis zu kaufen. Je höher der Firmen-Aktienkurs an der Börse notiert wird, umso höher steigt der Bonus des Managers. So wird mittlerweile auch in Großbritannien und in Deutschland verfahren. Dieses Tantiemensystem geht zu Lasten der Dividende der Anteilseigner, da der Bonus aus dem Gewinn bestritten wird.

Durch dieses System hatten sich die amerikanischen Topmanager in den 90er Jahren von der allgemeinen Einkommensentwicklung völlig abgekoppelt. Während sie mit aller Macht die Lohnkosten senkten und immer mehr Arbeitnehmer entließen, trieben sie selbst skrupellos die eigenen Gehälter per Aktienoptionen in astronomische Sphären. Häufig waren es die erbarmungslosesten Sanierer unter ihnen, die »Downsizer«, die am meisten abzockten. Der CEO der Finanzfirma und Investmentbank Green Tree, Lawrence Coss, war der bestbezahlte Manager Amerikas. Er erwirtschaftete 1996 für sich mehr als

102 Millionen Dollar Gehalt plus Aktienoptionen. Knapp 100 Millionen Dollar kassierte Intel-Boss Andrew Grove im selben Jahr, mehr als 65 Millionen Anthony O'Reilly, der Chef der Ketchup-Firma Heinz. Nie zuvor wurden Manager in den USA so opulent – man könnte auch sagen, so obszön – entlohnt. Gegen solche Superverdiener sahen deutsche Topmanager fast wie Bettelknaben aus. 1996 steckte Jürgen »Rambo« Schrempp »nur« drei Millionen Mark ein und Hilmar Kopper rund vier Millionen. Dazu kamen bei beiden allerdings noch die Erträge aus Aktienoptionen, die nicht veröffentlicht wurden.[46] Inzwischen bewegen sich die Einkünfte deutscher Topmanager immer mehr in Richtung der US-amerikanischen Gehälter.

Pensionsfonds wie TIAA, CALPERS, Gewerkschaften und kritische Aktionäre in den USA prangern im Internet diese Exzesse an. Auf der Webseite www.paywatch.org rechnet einem der Computer vor, wie lange gewöhnliche Sterbliche brauchen, um den Jahresbonus oder das Gehalt eines Topmanagers zu verdienen. Für Lawrence Coss' Gehalt müsste ein US-Fabrikarbeiter z. B. mehr als fünftausend Jahre arbeiten. Mit ihren Millionengagen brechen US-Manager immer wieder alle Rekorde. Die Bezüge der amerikanischen Spitzenkräfte stiegen z. B. im Jahre 1996 um 54 Prozent, weit mehr als die Gewinne der Unternehmen. Im Durchschnitt kassierten die CEO der fünfhundert größten US-Firmen ein Gehalt von jeweils rund sechs Millionen Dollar im Jahr, während mehr als 60 Prozent der US-Familien sich seit gut zwei Jahrzehnten mit sinkenden Einkommen abfinden mussten. Noch nie seit der Zeit vor dem New Deal wuchs die soziale Ungleichheit in den USA so rapide an, drifteten Arm und Reich so radikal auseinander. Ein Drittel aller Arbeitnehmer verdiente 1996 weniger als 7,28 Dollar die Stunde – und das ohne Krankenversicherung.[47]

1995 fuhr AT&T-Boss Robert Allen einen Sonderbonus von mehr als zehn Millionen Dollar ein, denn er hatte gerade auf einen Schlag 40 000 Beschäftigte hinausgeworfen, eine der größten Massenentlassungen der amerikanischen Geschichte. Im gleichen Jahr kassierte der als »Kettensägen-Al« verschriene Al Dunlap, CEO bei Scott Paper, Nummer eins im Weltmarkt für Küchen- und Klopapier, fast hundert

Millionen Dollar, nachdem er zuvor 11 200 Arbeitnehmer gefeuert hatte.[48]

Es wird immer teurer, die Geld- und Machtgier der Topmanager zu befriedigen. Dutzende von ihnen horten riesige Aktienoptionsdepots, die sie in den nächsten Jahren in Bares umwandeln können: 350 Millionen Dollar vereinnahmte bereits der General-Electric-Boss Jack Welch, eine halbe Milliarde Dollar der Finanztycoon und Investmentbanker Henry Silverman. Der Coca-Cola-CEO Roberto Goizueta hatte mit seinen Optionen ein Aktienvermögen von über einer Milliarde Dollar angehäuft. Der Disney-Vorstandsvorsitzende Michael Eisner sicherte sich 1997 vertraglich für die nächsten Jahre Aktienoptionen im Wert von 200 Millionen Dollar zu. Sollte Disneys Aktienkurs weiter so steigen wie bisher, wird Eisner bald eine halbe Milliarde Dollar einstecken können.

Kritik an ihren astronomischen Gehältern wiesen die US-Manager zurück. »Was wollt ihr?«, meinte einer von ihnen, Charles Sweet von der Unternehmensberatungsfirma A. T. Kearney, »Die USA haben die aufregendste Wirtschaft der Welt«, die hohen Gehälter seien eben der Preis dafür.[49] Jack Welch, der allein im Jahre 1996 57 Millionen Dollar Gehalt plus Optionen einstrich, wurde im Juli 1997 in einem *Spiegel*-Interview gefragt, ob es denn gerechtfertigt sei, dass ein normaler Arbeiter in seiner Firma für die gleiche Summe tausende von Jahren arbeiten müsste. Welch antwortete: »Wir gehen nicht auf die Straße und zwingen Leute mit vorgehaltener Pistole in unsere Fabrikhallen.«

Dieser Raubzug der Manager richtet sich schließlich auch gegen die Aktionäre, gegen die eigentlichen Anteilseigner der Unternehmen, deren Eigentum die Manager verwalten und durch Shareholder Value vermehren sollen. Doch sie haben den Shareholder Value z. B. durch oft künstlich hochgeputschte Aktienkurse instrumentalisiert, um ihre Aktienoptionen zu mehren und nicht um hohe Kursgewinne für die Aktionäre zu erwirtschaften.

Optionsprogramme, die sich die Executive Officers als Sonderzulage selbst genehmigten, gelten heute auch in den USA als öffentliches Ärgernis. Was von den Managern als Lohnbestandteil propagiert wurde, um ihre Bezahlung an den Erfolg ihrer Arbeit zu koppeln, hat sich eindeutig als Instrument schnöder Selbstbereicherung erwiesen. 1998 prognostizierte das *Wall Street Journal* für das Jahr 2004 den Wert der Aktienoptionspakete, die ein normaler amerikanischer CEO im Laufe seiner Geschäftsjahre anhäufen kann, leicht auf hundert Millionen Dollar.

Aber das ist noch nicht alles. Sinkt der Aktienkurs einer Firma und damit der Erfolgsindex, an dem sich der Wert des jeweiligen Optionspakets bemisst, so gehen Topmanager heute dazu über, diesen »Einkommensverlust« durch die Emission immer neuer Optionen auszugleichen, die auf dem jeweils niedrigeren Kurs basieren. Durch dieses Verfahren, das heute in den USA gang und gäbe ist, gelang es z. B. Larry Ellison, dem CEO des Software-Unternehmens Oracle, bis Dezember 2000 hunderte von Millionen Dollar einzustreichen. Wenige Wochen vor der Veröffentlichung der äußerst negativen Gewinnerwartung seines Unternehmens hatte Ellison Oracle-Aktienoptionen im Wert von 706 Millionen Dollar an der New Yorker Börse abgesetzt. Dieser Verkauf, so berichtete *Business Week*, verursachte bei Oracle einen gewaltigen Kurseinbruch, von dem sich das Unternehmen bis November 2002 nicht erholt hatte.[50]

Die Topmanager sind die Einzigen, die diese Ellbogengesellschaft wirklich verstehen, denn sie haben sie schließlich erfunden – so die Antwort von John Kenneth Galbraith auf die Frage, warum Manager so viel Macht, so viele Privilegien, so viel Geld akkumulieren können.[51] Tatsächlich gibt es keine andere Gruppe in der Gesellschaft, die so viele Vorrechte, eine so umfassende Herrschaft unter so geringer Kontrolle mit so wenig Legitimation ausübt wie die Manager. Sie müssen sich nicht wählen lassen wie ihre Gegenspieler in den Unternehmen, Betriebsräte und Gewerkschaftsbosse, sie müssen nicht wie die Regierenden und die Parlamentarier bei Wahlen um ihre Posten bangen. Manager müssen nur Manager kennen, mit denen sie in Vorständen und Aufsichtsräten zusammensitzen, und sich dann gegenseitig zu Topmanagern befördern.

Aber braucht die Wirtschaft die Topmanager wirklich? Und muss ihr immer mafioser werdendes Verhalten wirklich als unvermeidlich hingenommen werden?

Der Begründer der neoliberalen Chicago-Schule, Milton Friedman, kennt keine Manager mehr, nur noch »wirtschaftende Personen«, die »letztlich nichts anderes als Marionetten der Marktgesetze« sind. Ähnlich kam Rosabeth Moss Kanter, Professorin an der Harvard Business School, in einem *Wall Street Journal*-Interview zu dem Ergebnis, es sei »fast egal, wer der Chief Executive Officer ist«. Wenn die Geschäfte gut gehen, sei er »ohnehin nicht wichtig«. Und wenn es nicht so gut läuft oder schlimm kommt, könnte »selbst der beste Topmanager oft nichts mehr machen«. Einfaches Resümee nach Moss Kanter: Manager sind überbezahlt, überschätzt, übermächtig und fast überflüssig.

Aber Friedmans und Moss Kanters Schlussfolgerungen scheinen zu einfach, zu verharmlosend und gleichzeitig zu gefährlich zu sein, denn sie missdeuten die gegenwärtige Lage. Die Manager sind nicht nur »Marionetten der Marktgesetze«, und es ist nicht egal, wer der Chief Executive Officer ist. Denn es sind genau die Topmanager, die die Marionetten-Strippen des Marktes ziehen und die so genannten Marktgesetze manipulieren, sie haben eine Raubtierwirtschaft nach ihrem Gusto entwickelt.

7. Die Raubtiere

Ein ganz besonderer Fall von Kungelei unter Managern auf höchster Ebene ereignete sich am 3. Februar 2000. Nach der mehr oder weniger feindlichen Übernahme der Mannesmann AG durch den britischen Konkurrenten Vodafone bereicherten sich Topmanager durch einen Griff in die Konzernkasse, allen voran Mannesmann-Chef Klaus Esser, der allein eine Abfindung von sechzig Millionen DM erhielt. Die Staatsanwaltschaft Düsseldorf leitete daraufhin ein Ermittlungsverfahren gegen Vorstand und Aufsichtsrat der Mannesmann AG und gegen Vodafone-Chef Christopher Gent ein. Bei elf Topmanagern und Aufsichtsräten kam die Staatsanwaltschaft zu der Erkenntnis, es liege »nach Lage der Dinge Untreue, Betrug oder Beihilfe dazu in besonders schwerem Fall« vor. Nicht nur Esser und Gent wurden beschuldigt, sondern ebenso IG-Metall-Boss Klaus Zwickel und der neue Vorstandschef der Deutschen Bank, Josef Ackermann. Die beiden Letzteren saßen bei Mannesmann im Aufsichtsrat und hatten den Abfindungen der Mannesmann-Chefetage zugestimmt bzw., so Zwickel, sich beim Zweitbeschluss der Stimme enthalten. Nach den Untersuchungen der Staatsanwaltschaft genehmigten Esser und seine Kollegen im Vorstand und Aufsichtsrat von Mannesmann sich rund dreihundert Millionen DM »Abfindung und Anerkennungsprämie« für ihre Unterschrift unter den Übernahmevertrag.

Auf der Hauptversammlung der Mannesmann-Aktionäre im August 2001 beschimpften die Anteilseigner ihren Vorstand und Aufsichtsrat als »Plünderer in Nadelstreifen« und als moderne »Raubritter«. »Schlachtfestprämie«, riefen aufgebrachte Aktionäre, so berichtete die deutsche Tagespresse. Wilhelm Haarman, Mitglied des Aufsichtsrats, verteidigte die Ausschüttung an seine Kollegen: Es sei international üblich, so der Manager, dass bei Übernahmen Prämien ausgezahlt würden.

Die Staatsanwaltschaft Düsseldorf kam allerdings zu ganz anderen Ergebnissen. Es bestehe mehr als nur der Verdacht, so ließ sie im August 2001 verlauten, dass erstens, trotz massiver Öffentlichkeitsarbeit gegen die Übernahme, »insgeheim« ein Arrangement mit Vodafone vereinbart worden sei, weil dies für die Mannesmann-Manager den größten persönlichen Profit versprach; dass zweitens zwischen der plötzlichen Aufgabe des Widerstands der Mannesmann-Führung und dem Geldsegen ein kausaler Zusammenhang bestünde – im Sinne von »Leistung und Gegenleistung«; und dass drittens Vorstand und Aufsichtsrat den Vodafone-Übernahmeplan zum eigenen Vorteil nutzten, und zwar »in strafrechtlich relevanter Weise«.

Wochenlang hatten sich beide Konzerne eine scheinbar erbitterte Übernahmeschlacht geliefert, während hinter den Kulissen die Topmanager beider Firmen schon Übernahme- und Abfindungskonditionen aushandelten. Am Ende der öffentlich inszenierten Schlacht siegte Vodafones Vorstandschef Christopher Gent, genannt »der Hai«, über Mannesmanns Esser (*Bild*: »Das Superhirn«). Am 3. Februar 2000 kapitulierte Esser medienwirksam mit der Feststellung: »Für unsere Aktionäre habe ich alles nur Mögliche herausgeholt.«

Für ihn und seine Managerkollegen, Ex-Vorstände und -Aufsichtsräte sollte sich dieser persönliche Einsatz auszahlen. Nur einen Tag nach dieser Aussage – noch hatte der Mannesmann-Aufsichtsrat der Übernahme durch Vodafone gar nicht zugestimmt – tagte der Ausschuss für Vorstandsangelegenheiten. Dr. Klaus Esser, so hieß es im Protokoll vom 4. Februar 2000, erhält zusätzlich zur vertraglichen Abfindung in Höhe von rund 28 Millionen Mark eine Anerkennungsprämie von 31 Millionen Mark. Gezeichnet ist das Protokoll von Aufsichtsratsmitglied Josef Ackermann. Für IG-Metall-Chef und Aufsichtsratsmitglied Zwickel, der telefonisch zugeschaltet und über die Vorgänge also bestens informiert war, unterzeichnete der Deutsche-Bank-Vorstandssprecher Ackermann im Einvernehmen. Der Ausschuss für Vorstandsangelegenheiten bewilligte zudem Ex-Mannesmann-Chef Werner Dieter elf Millionen Mark, mit sechs Millionen wurde Aufsichtsratschef Joachim Funk bedient. Weitere sechzig Millionen Mark erhielten 18 Ex-Mannesmann-Vorständler, mit rund 31 Millionen wurden gegenwärtige Vorstandskollegen unterstützt. Weitere 140 Führungskräfte, auch von Konzerntöchtern, erhielten Abfindungen in Höhe von insgesamt rund hundert Millionen Mark. Wie auf einem Basar sei es zugegangen, erklärte ein Ex-Aufsichtsrat.[52]

Die Düsseldorfer Staatsanwaltschaft ermittelte weiter wegen »Untreue gegenüber den Mannesmann-Aktionären«. Höchststrafen von zehn Jahren, Mindeststrafen von einem halben Jahr Haft drohten den Managern für den Fall, dass sie schuldig gesprochen würden. Deshalb versuchten die Verdächtigen mit gezielten Interventionen bei hochrangigen nordrhein-westfälischen Politikern, eine nun drohende Anklage durch die Düsseldorfer Staatsanwaltschaft zu verhindern. Mit einem elfseitigen Schreiben vom 13. November 2002 forderte der Anwalt von Ex-Mannesmann-Chef Klaus Esser den nordrhein-westfälischen Justizminister Wolfgang Gerhards auf, für seinen Mandanten zu intervenieren und von einer Anklage abzulassen.[53]

Doch zu der Anklage kam es; im Januar 2004 begann der spektakulärste Wirtschaftsprozess der Bundesrepublik. Die Anklageschrift umfasste 460 Seiten. Nach Paragraph 266, Absatz 2,27 Strafgesetzbuch warf die Staatsanwaltschaft Düsseldorf den Topmanagern Esser, Ackermann, Funk, Dieter, Aufsichtsratsmitglied und IG-Metall-Chef Zwickel und anderen wegen der aufgezeichneten Vergehen »schwere Untreue bzw. Beihilfe dazu« und »unrechtmäßige Bereicherung« vor.

Die Angeklagten ließen sich von den besten und teuersten Strafverteidigern Deutschlands vertreten. Die Düsseldorfer Landgerichts-Staatsanwälte und Richter hatten mit Verfahren des Mannesmann-Kalibers keine Erfahrung. Sie wurden von den versierten Strafverteidigern einfach an die Wand gedrückt. Esser, Ackermann & Co. wurden freigesprochen. Die *Süddeutsche Zeitung*, die *Frankfurter Rundschau* und andere Tageszeitungen betrachteten den Freispruch als »Sensation« und hielten ihn für »unverständlich«. Die Wirtschaftspresse *(Handelsblatt, Financial Times Deutschland)* war bereits vor dem Urteil davon überzeugt gewesen, dass es zu einem Freispruch kommen würde, da sie wussten, dass solche Ausschüttungen bei Übernahmen international üblich seien.

Der Chef der Deutschen Bank, Ackermann (Jahresgehalt zehn Millionen Euro in 2004), der schon am ersten Tag des Strafprozesses vor dem Düsseldorfer Landgericht im Vorraum grinsend und mit erhobener rechter Hand das Victory-Zeichen gezeigt hatte, kommentierte: »Deutschland ist das einzige Land, das diejenigen vor Gericht bringt, die Werte schaffen.« Ex-Mannesmann-Boss Klaus Esser sprach von einer »Kampagne« gegen deutsche Spitzenmanager.[54]

Doch der Freispruch von Esser, Ackermann & Co. wird auch von anderen als »unverständlich« empfunden. Deshalb fordert der Chef der deutschen Bundesanwaltskammer, Kay Nehm, eine Neuauflage des Mannesmann-Prozesses und ist mit dieser Forderung bereits beim Bundesgerichtshof vorstellig geworden. Es wird allgemein erwartet, so der *Spiegel* 19/2005, dass im Herbst 2005 der Prozess neu aufgerollt wird.[55]

In anderen Wirtschaftprozessen kamen die deutschen Manager nicht so glimpflich davon. Wegen Bilanzfälschungen, Insiderhandel und Kursbetrug standen die Ex-Vorstandschefs der Medienkonzerne EM.TV und ComROAD seit Juni 2002 vor Gericht. Den EM.TV-Bossen Thomas und Florian Haffa wurden von der Schutzgemeinschaft der Kleinaktionäre Kursbetrug und Bilanzfälschung (es geht um 500 Millionen Euro) vorgeworfen. Im April 2003 verurteilte das Landgericht München den EM.TV-Gründer Thomas Haffa wegen Kursbetrug zu einer Geldstrafe von 1,2 Millionen Euro. Sein Bruder Florian wurde zur Zahlung von 240 000 Euro verdonnert. Die Brüder, so das Gericht, wussten längst von der Misere ihrer Firma, kündigten trotzdem satte Gewinne an. Viele Kleinanleger verloren ihr investiertes Geld.

Bodo Schnabel, Chef des Telematikanbieters ComROAD, landete bereits im April 2002 wegen ähnlicher Vorwürfe und Insiderhandel in Untersuchungshaft. Bei ComROAD ergab eine Sonderprüfung der Münchener Staatsanwaltschaft, dass ein Großteil der verbuchten Umsätze zwischen 1998 und 2000 nicht existierte. Bodo Schnabel wurde im November 2002 zu sieben Jahren Haft verurteilt, weil er mit »Luftbuchungen«, so das Gericht, den Kurs von ComROAD künstlich in die Höhe getrieben, durch eigene Aktienverkäufe abkassiert und den Umsatz seiner Firma von knapp hundert Millionen Euro fast komplett erfunden hatte. Es war der größte Bilanzskandal der »New Economy« in Deutschland.[56]

Ende Juli 2002 erstatteten die Wirtschaftsanwälte Mark Binz und Martin Sorg Strafanzeige gegen die Telekom-Bosse wegen des Verdachts der Untreue. Die Topmanager um Ron Sommer hatten sich und ihrem Chef ein Geschenk machen wollen: Sie hatten sich einen Aktienoptionsplan im Gesamtwert von einer Milliarde Euro genehmigt. Die Anwälte warfen den Telekom-Managern vor, dass sie durch diesen Optionsplan allein im Jahr 2001 die Aktionäre um mindestens 375 Millionen Euro geschädigt hätten. Sie rügten, dass der Aktienoptionsplan nicht nur bewusst fehlerhaft sei und der Aufsichtsrat die

Aktionäre »grob wahrheitswidrig« über die Konsequenzen unterrichtet habe. Auch habe der Vorstand gewusst, dass der Optionsplan vor allem wegen der gewaltigen Kurseinbrüche und der »geschüttelten Telekombilanz« nicht mit den Interessen der Aktionäre vereinbar gewesen sei. Der Anzeige zufolge waren die Aktienoptionen »dem Grunde und der Höhe nach unangemessen« angesichts der Tatsache, dass der Kurs der T-Aktie am Tage der Aufsichtsratszustimmung des Optionsplans von einem Höchststand von 103,5 Euro auf 19,1 Euro gesunken war. Telekom-Sprecher Stephan Broszio meinte dazu, die Aktienoptionen bei der Telekom seien so gestaltet wie bei hunderten anderen Unternehmen, im üblichen Rechtsrahmen. Am 16. September 2002 berichtete der *Spiegel*, dass Ron Sommer eine Abfindung von mehr als 65 Millionen Euro erhalten haben soll. Andere Quellen sprachen von »nur« 12 Millionen Euro. Anfang Oktober gab Telekom dann bekannt, dass man im Geschäftsjahr 2003/2004 bis zu 54 000 Mitarbeiter entlassen müsse.[57]

Um einer staatsanwaltlichen Ermittlung zuvorzukommen, »verzichteten« Telekom-Chef Ron Sommer und seine sieben Vorstandskollegen für das Jahr 2002 auf ihre Aktienoptionen. Dreitausend weitere Führungskräfte sollten ebenfalls die Hälfte ihrer Aktienoptionen einbüßen. Zugleich aber hielt Ron Sommer an der Entscheidung fest, die Gehälter der Vorstände von 9,2 auf 17,4 Millionen Euro zu erhöhen – eine Steigerung von 89 Prozent. Auf der letzten Hauptversammlung hatte Sommer die üppige Gehaltserhöhung für die Chef-Etage noch mit den Worten verteidigt, wenn er seine Bezüge mit anderen in der Branche vergleiche, »bekäme er einen roten Kopf«. Seine »großzügige« Aussetzung der Aktienoptionen für ein Jahr wurde von den Kleinaktionären mit wütenden Protesten begleitet. Sie durchschauten Ron Sommers taktisches Spiel, um einem strafrechtlichen Prozess zuvorzukommen. Am 15. November 2002 wurde Kai-Uwe Ricke zum neuen Vorstandsvorsitzenden bei der Telekom ernannt. Er löste den Übergangs-Vorsitzenden Helmut Sihler ab. Bei der Ablösung stellte sich heraus, dass die Telekom einen Verlust von 25 Milliarden Euro angehäuft hatte, der höchste Verlust eines Unternehmens in der deutschen Wirtschaftsgeschichte. Drei Millionen Kleinaktionäre verloren fast drei Viertel ihrer Anlagen, vor allem wegen des künstlich nach oben getriebenen Börsenkurses.[58]

Die Fälle Mannesmann, ComROAD oder Telekom zeigen, dass in deutschen Chefetagen viele Manager vor allem auf den persönlichen finanziellen Vorteil bedacht sind. Shareholder Value, Aktienoptionen und Übernahmefieber haben die Einkommen der Konzernbosse in astronomische Höhen katapultiert. In den Chefetagen hat sich eine Mentalität der Selbstbedienung breit gemacht. Deutsche Topmanager verweisen dabei gern auf die Einkommen ihrer amerikanischen Kollegen, die oft immer noch um vieles höher liegen als ihre eigenen. Dabei verdienten deutsche Vorstandsbosse wie der Deutsche-Bank-Chef Josef Ackermann im Jahr 2004 über 10 Millionen Euro oder Daimler-Chrysler-Chef Schrempp über 9 Millionen Euro. Infineon-Chef Ulrich Schumacher brachte es auf 8,6 Millionen Euro, Porsche-Boss Wendelin Wiedeking strich im Jahr 2004 15 Millionen Euro ein – und bei all diesen Gehältern sind die Aktienoptionen noch nicht enthalten.

Über den neuen Gesetzentwurf vom März 2005, nach dem Aktiengesellschaften in Deutschland das Gehalt der Vorstandsmitglieder offenlegen müssen, ärgerte sich Wendelin Wiedeking sehr. Mit der Veröffentlichung von Managergehältern, so Wiedeking, werde »der Sozialismus in die Vorstandsetagen eingeführt«.[59] Doch allzu viel hat der Porsche-Chef nicht zu befürchten: Seine Aktienoptionen und sonstige Boni braucht er nicht offenzulegen. Und so wird die Doppelmoral, die die Gewerkschaften den Vorstandsriegen vorwerfen, auch in Zukunft nicht immer für alle deutlich sichtbar sein. Tatsache bleibt, dass, während deutsche Manager die Metall-Arbeitnehmer wegen ihrer Lohnforderung von 6,5 Prozent zur Mäßigung mahnten, die Vorstandsgehälter aller im Deutschen Aktienindex (DAX) vertretenen Unternehmen von 1998 bis 2001 um über 65 Prozent gestiegen waren.

Dieser Raubzug der Manager ist keineswegs auf Deutschland begrenzt, sondern ein gesamteuropäisches Phänomen.

So hatte der Schwede Percy Barnevik, Ex-Vorstandsvorsitzender des Anlagenbauers ABB und viermal hintereinander zu Europas »Manager des Jahres« gewählt, für sich im Aufsichtsrat eine Aktienoptions- und Pensionszahlung durchgesetzt, die ihm bei seinem selbst gewählten Abgang den Betrag von umgerechnet hundert Millionen Euro – auf einen Schlag und steuerfrei – einbringen sollte. Als Barneviks Forderung im Februar 2002 veröffentlicht wurde, reagierte die Öffentlichkeit mit Empörung. Die schwedische Wirtschaftszeitung *Dagens Industri* bezeichnete das Vorgehen des von ihr zuvor hoch geschätzten Barnevik als »schweinische Raffkultur«. Barnevik selbst wollte die ganze Aufregung nicht verstehen. Er habe, rechtfertigte er sich, nur ein »amerikanisches Vergütungsniveau« in Europa einführen wollen, wofür die Situation schon lange reif wäre. Offensichtlich sah man das in Schweden etwas anders: *Dagens Industri* rechnete vor, dass von Barneviks hundert Millionen Euro die von ihm zuletzt noch in Schweden gefeuerten 1700 ABB-Mitarbeiter und ihre Familien über zwei Jahre lang hätten gut leben können.

Der französische Topmanager Jean-Marie Messier muss sich wie Percy Barnevik gefühlt haben, als die Vivendi-Hauptversammlung Anfang 2002 ein zwei Milliarden Euro schweres Aktienoptionsprogramm nach langem Tauziehen ablehnte, mit dem Vorstandschef Messier sich und seine Vorstandskollegen vom Medienkonzern abfinden lassen wollte. Die Aktionäre, so *Le Monde*, waren aufgebracht und wiesen auf Messiers aufwändigen Lebensstil hin. Vor allem aber warfen sie ihm Betrug vor. Die von ihm geforderte Optionssumme sei nämlich vor allem deshalb nicht gerechtfertigt, da der Vivendi-Aktienkurs seit Jahresbeginn 2002 um rund 40 Prozent gefallen war. Wie Barnevik verstand Messier angeblich die Welt nicht mehr. Nur für das Wohl der Firma habe er sorgen wollen, denn ohne die Aktienoptionen könne er die amerikanischen Manager des globalen Unternehmens nicht halten.[60] Doch auch die Staatsanwaltschaft wollte seiner Klage kein Gehör schenken und ermittelt gegen Messier und andere Vivendi-Manager wegen Bilanzfälschungen. Die Ermittlungen laufen noch.

Ob Telekom, ABB, Vivendi oder Mannesmann – der Griff in die

Konzernkasse wird von europäischen Managern immer mit Blick auf die US-amerikanischen Verhältnisse gerechtfertigt. Ohne das US-Vorbild der vergangenen Jahre wären die Gehaltsexplosionen einschließlich Aktienoptionen der europäischen Topmanager nicht denkbar. Die Fixierung auf den Shareholder Value tat ein Übriges. Mit Hilfe des gestiegenen Börsenwertes der Aktien lassen sich Firmen aufkaufen bzw. übernehmen, am besten amerikanische, denn dann muss natürlich das Gehaltsgefüge im eigenen Konzern an das des übernommenen US-Unternehmens nach oben angepasst werden – so wie der Vorstand von Daimler nach der Übernahme von Chrysler die Gehälter des dortigen Vorstands übernahm. So entwickelte sich die Zielvorgabe Shareholder Value zum eigentlichen Turbo für Aktienoptionen, Firmenübernahmen und explodierende Managereinkommen. Nur so konnte DaimlerChrysler-Chef Jürgen Schrempp nach der nicht gerade freundlichen Chrysler-Übernahme sein Einkommen zum Jahresübergang 2001/2002 auf über sieben Millionen Euro verfünffachen.

Selbst in Zeiten sinkender Börsenkurse und negativer Konjunkturdaten stiegen bei vielen deutschen Großkonzernen und Großbanken die Vorstandsgehälter, während Arbeitnehmer zu zehntausenden entlassen wurden oder den Gürtel enger schnallen mussten. Auch bei der Dresdner Bank stiegen die Vorstandsbezüge einschließlich Aktienoptionen, selbst im wirtschaftlich katastrophalen Jahr 2001, noch einmal stark an. Zur gleichen Zeit verkündete die Dresdner Bank die Entlassung von über elftausend Angestellten. Die Topmanager der 2001 von der Allianz-Versicherung übernommenen Bank verdoppelten ihre Bezüge von durchschnittlich einer auf zwei Millionen Euro.

In einer offiziellen Stellungnahme durch den Pressesprecher ließ die Dresdner Bank zur Frage, warum es denn zu diesem Geldsegen für die Topmanager komme, verlauten, die Bank habe ihren leitenden Angestellten einen »Long-Term-Aktien-Optionsplan« gewährt und der sei nun für die erfolgreichen Jahre 1999 und 2000 fällig geworden. Auf der Hauptversammlung im Jahr 2001 wiesen dagegen die Aktionäre der Dresdner Bank darauf hin, dass es schon an Frechheit grenze, das Jahr 2000 als erfolgreich zu bezeichnen. Denn die Bank hatte in diesem Jahr einen operativen Verlust von rund fünfhundert Millionen Euro erwirtschaftet, der selbstverständlich nicht als solcher ausgewiesen wurde. Stattdessen verkauften die Dresdner-Manager Münchner-Rück-Aktien im Wert von 1,5 Milliarden Euro. Und prompt stand ein Gewinn in der Bilanz.

Derartige Buchführungstricksereien sind bei den Großbanken normal, meinen Wirtschaftsprüfer. Aber dass sich Topmanager solche »Erfolge« auch noch ausbezahlen lassen und sich dabei am »Tafelsilber des eigenen Hauses« bereichern, zeigt schon ein hohes Maß an krimineller Energie, oder wie Bundeskanzler Gerhard Schröder es in einem *Spiegel*-Interview im August 2002 ausdrückte, »maßlose Raffgier«.[61]

Dabei fallen den Managern immer wieder neue Methoden ein. Da die Aktienoptionen an die Börsenkurse gekoppelt sind und die Aktienkurse momentan sinken statt steigen, verlieren die Optionen an Wert. Wenn der Kurs der Aktie unter den so genannten »Ausübungspreis« gesunken ist, können die Aktienoptionen nicht sofort eingelöst werden. Aber die Manager sehen in den Aktienoptionen augenscheinlich keine Belohnung für besondere Leistungen wie z.B. eine Steigerung des Shareholder Value, sondern eine Art Grundrecht auf höhere Gehälter. Deshalb lassen sie sich nun jedes Jahr neue Optionen aushändigen, und zwar auf dem inzwischen jeweils niedrigsten Kursniveau. Dieses Verfahren haben sie von den US-Managern abgekupfert.

Am verantwortungslosesten haben es um die Jahrtausendwende die US-Manager getrieben. Sie haben mit Kursbetrügereien, Bilanzfälschungen, Insiderhandel und ihrer Selbstbedienungsmentalität alle Rekorde gebrochen. Sie haben mafiaartige Vorgehensweisen verwirklicht, die selbst den heutigen US-Präsidenten George W. Bush, gegen den 1990 wegen Insiderhandel ermittelt wurde, dazu bewegten, von »Wirtschaftsverbrechen« zu sprechen. In einer Rede vor Wirtschaftsführern im Juli 2002, so berichtete die *New York Times*, bezeichnete Bush die Aktivitäten von US-Topmanagern als »Exzesse« in den Vorstandsetagen und einen »Missbrauch wirtschaftlicher Macht«, der »den Seelenfrieden und das finanzielle Wohlergehen von Millionen Amerikanern bedrohe.

Seit Januar 2001 erschüttern immer neue Skandale das Vertrauen der Amerikaner in ihr Wirtschaftssystem. Es begann mit dem betrügerischen Bankrott des Energiekonzerns ENRON, des einst siebtgrößten Unternehmens der USA. Es folgten wegen Bilanzfälschungen und Kursbetrügereien der nach AT&T zweitgrößte Telekommunikationskonzern der USA, WorldCom, der Kopiergeräte- und Büromaschinenhersteller Xerox, die Konzerne Global Crossing, Adelphia, der Mischkonzern Tyco International.[62] Seit 2003 wird staatsanwaltlich wegen Bilanzfälschungen, Kursbetrug und Insiderhandel gegen die Großkonzerne AOL, Time Warner, General Electric, Cisco, IBM und AT&T ermittelt.

Millionen von US-Aktionären fühlten sich von den Managern um ihre Anlagen gebracht. Zwischen Januar 2001 und September 2002 wurden über zweihundert Sammelklagen von Aktionären und Pensionären gegen ungezählte Firmen und Banken wegen Bilanzfälschung, Kursbetrug, Insiderhandel, inkorrekter und betrügerischer Börsengänge angestrengt. Die Sammelklagen zeigen auf, so die Ermittler, dass die hemmungslose Selbstbereicherung amerikanischer Wirtschaftsführer inzwischen Dimensionen von »Betrug und Diebstahl« angenommen hat.

Doch das ist erst der Anfang. Ein Flächenbrand von Wirtschaftskriminalität überzieht die USA, für den Investmentbanken, Wirtschaftsprüfungskonzerne, Topmanager und Börsenanalysten maßgeblich verantwortlich sind.

Beim Energiekonzern ENRON hatten die Manager, insbesondere der CEO Kenneth Lay, ein persönlicher Freund Präsident Bushs, jahrelang mit Hilfe von Wirtschaftsprüfungskonzernen und Analysten die Bilanzen und die Kurse gefälscht und sich per Aktienoptionen bereichert. ENRON erwirtschaftete im November 2001 ein Minus von sechzig Milliarden Dollar. Kurz vor dem Konkurs des Unternehmens im Dezember 2001 brachten die Manager per Optionen und Sonderkrediten noch 1,1 Milliarden Dollar auf ihre Privatkonten, während die ENRON-Aktionäre ihr angelegtes Kapital, rund 66 Milliarden Dollar, verloren. Zehntausende Beschäftigte wurden arbeitslos und ihrer betrieblichen Altersversorgung beraubt.[63] Die Aufsichtsräte (Non-Executive Officers) hatten die »Plünderungen« der Manager regelmäßig abgenickt. Seit Ende 2002 wird staatsanwaltlich gegen sie ermittelt.

Bevor es zum Konkurs kam, hatte die damals größte Investmentbank der Welt, Merill Lynch, jahrelang gegen besseres Wissen den Aktienkurs von ENRON überbewertet – zum Nutzen hoher Aktienoptionen der Manager und zum Schaden der Anleger. Ähnliches galt für die mächtigen Investmentbanken Salomon Smith Barney, Credit Suisse First Boston, Morgan Stanley, Dean Witter und drei andere Finanzinstitute, gegen die das New Yorker Justizministerium seit 2002 ermittelt. US-Staatsanwälte beschlagnahmten im April 2002 bei Merill Lynch Dokumente, E-Mails und Transaktionspapiere, die u. a. den lang gehegten Verdacht beweisen, dass die mächtige Investmentbank mutwillig die Interessen der Aktionäre verletzte, um den Aktienkurs künstlich anzukurbeln und um des eigenen Profits willen.

Die Analysten von Merill Lynch und anderer Investmentbanken waren über Jahre hinweg so vorgegangen, dass sie Aktien, die sie in internen E-Mails als »Scheiße« oder »Müll« bezeichneten, in offiziellen Presseberichten als hervorragende Anlagemöglichkeiten empfahlen und sie öffentlich als »strong buy« bewerteten Für die Investmentbanken war dieses kriminelle Spiel lohnend: Allein Merill Lynch kassierte mehrere Milliarden Dollar an Gebühren von den Unternehmen, deren schwache Aktienkurse sie nach oben bewertete und deren Managern sie neues Kapital »zum Verwalten«, also vor allem für Aktienoptionen und Firmenübernahmen, zuführte. Einer der gierigsten Merill-Lynch-Analysten erhielt bei einem einzigen solchen »Deal« zwölf Millionen Dollar an Vergütung.

Noch nie zuvor hatte das bewusste Verbreiten derartiger Fehlinformationen so viele Anleger um ihre Investitionen gebracht. Der US-Kongress setzte im April 2002 einen Untersuchungsausschuss ein, der sich über das Ausmaß der kriminellen Machenschaften ein Bild machen sollte. Ende Mai 2002 stimmte Merill Lynch auf Druck des US-Kongresses einem »Vergleich« zu und zahlte eine Strafe von hundert

Millionen Dollar, weil sie zugeben musste, dass ihre Analysten den Anlegern bewusst wertlose Aktien empfohlen hatten.

Zugleich ermittelte das US-Justizministerium gegen Wirtschaftsprüfungskonzerne, die jahrelang bei den genannten Firmen Bilanzfälschungen zuließen bzw. verdeckten. So begann im Mai 2002 in Houston, Texas, ein Verfahren gegen den Wirtschaftsprüfungskonzern Arthur Andersen, der an den Bilanzfälschungen von ENRON beteiligt war. Mit Gefälligkeitsgutachten deckte Arthur Andersen über Jahre die Schwindelgeschäfte von ENRON und ließ dabei bis zum betrügerischen Bankrott Gewinne ausweisen, die gar keine waren. Zudem erlaubten es Andersens Wirtschaftsprüfer, dass ENRON enorme Schulden auf Tochtergesellschaften verlagerte, die nie in der Bilanz auftauchten. Und Andersen vertuschte, dass die ENRON-Manager kurz vor dem Konkurs noch 1,1 Milliarden Dollar aus der Konzernkasse abzogen.

Bei den Ermittlungen kam heraus, dass die Wirtschaftsprüfer so eng mit den Finanzvorständen der Konzerne zusammenarbeiten, dass sie häufig die Seiten wechseln. Das hat dann zur Folge, dass Kollegen mit Ex-Kollegen über die Zulässigkeit von Finanztransaktionen beraten und ihre Bilanztricks gemeinsam decken.

Einen ähnlich gelagerten beispiellosen Buchführungsskandal deckte die US-Justiz beim US-Telekommunikationsriesen WorldCom auf. Dort hatten Firmenchef Bernard Ebbers und seine Executive Officers 180 Milliarden Dollar Anlegerkapital vernichtet. Durch feindliche und freundliche Übernahmen in den 80er und 90er Jahren hatte WorldCom sich mehr als 70 Konkurrenten einverleibt und war zum globalen Konzern aufgestiegen. Der größte Coup gelang den WorldCom-Managern 1997 mit der Übernahme des Festnetzbetreibers MCI, den sie der British Telecom vor der Nase wegschnappten, indem sie das Angebot der Briten einfach um neun Milliarden Dollar überboten. Zu den Hauptversammlungen in den Jahren 2000 und 2001 brachte CEO Ebbers Tafeln mit, die den antizipierten Aktienkurs von WorldCom aufzeigten – ein Anstieg von 7000 Prozent in wenigen Jahren wurde den Aktionären vorgegaukelt. Die Anleger griffen zu und verloren so

180 Milliarden Dollar. 20 000 Mitarbeiter wurden entlassen, ihre betriebliche Altersversorgung ging wegen WorldComs betrügerischem Konkurs verloren. Im Juli 2005 wurde der ehemalige WorldCom-CEO Bernard Ebbers wegen Bilanzfälschung zu 25 Jahren Gefängins verurteilt.

Kurz vor seinem Abgang, so *Business Week*, hatte Ebbers noch 366 Millionen Dollar zinsgünstige Kredite von WorldCom abkassiert. Der US-Konzern fälschte die Bilanzen jahrelang, indem er Gewinne vortäuschte, mit denen er den selbstverschuldeten Kollaps verhinderte. Durch milliardenschwere Falschbuchungen hatte die Firma aus Verlusten Gewinne gezaubert und damit auch den Kurs ihrer Aktien nach oben geschraubt. So wurden z.B. kurzfristige Schulden, die sofort in den Bilanzen als gewinnmindernd auftauchen müssen, zu langfristig »abschreibbaren Investitionen« umgewandelt. Allein im Jahre 2001 und im ersten Quartal 2002 wurden so und auf ähnliche Weise insgesamt knapp vier Milliarden Dollar Schulden als Investitionen abgebucht, so dass die Bilanz trotz Nettoverlusten noch erfreuliche 1,63 Milliarden Dollar »Gewinn« auswies.

Dabei waren es wieder die Wirtschaftsprüfer von Arthur Andersen, die alle Zahlen und das kriminelle Buchungsverfahren der WorldCom abnickten. Am 31. August 2002 wurde der Konzern wegen seiner Beteiligungen an den ENRON- und WorldCom-Skandalen zu einer hohen Geldstrafe verurteilt und musste danach Beratungstätigkeiten einstellen.

Dem Mischkonzern Tyco International, mit 250 000 Mitarbeitern und über 30 Milliarden Dollar Börsenkapitalisierung eines der Schwergewichte der US-Wirtschaft, wurde im Juni 2002 von der Staatsanwaltschaft u. a. Bilanzfälschung vorgeworfen. Der CEO Dennis Kozlowski, der 2001 als »erfolgreichster und aggressivster Manager des Jahres« gefeiert wurde, musste inzwischen seinen Rücktritt erklären. Er hatte bei seinen »gigantischen Firmenübernahmen« nicht nur einen Schuldenberg von 20 Milliarden Dollar angehäuft, schrieb die *New York Times*, sondern seinen Board-Mitgliedern auch per Aktienoptionen und anderen Bonuszahlungen hohe Zusatzgehälter zukommen lassen und sich selber dabei bereichert. Zudem steht Kozlowski auch wegen Steuerhinterziehung vor Gericht. Dem Unternehmenen droht nun der Zerfall. Tausende Mitarbeiter sind bereits entlassen worden. Rund 100 Milliarden Doller Anlegervermögen wurden vernichtet.

Gegen das globale Kopiergeräte- und Büromaschinenunternehmen Xerox wird seit April 2002 wegen Bilanzfälschung staatsanwaltlich ermittelt. Die Xerox-Manager haben, wie das *Wall Street Journal* berichtete, von 1997 bis 2001 Umsätze in Höhe von rund sechs Milliarden Dollar falsch verbucht. Auch diese Bilanztricks wurden von den eigenen Non-Executive Officers und den Wirtschaftsprüfern abgenickt.

Die Investmentbank Credit Suisse First Boston sollte schon im Februar 2002 wegen unlauterer Praxis bei der Zuteilung von Aktien aus Börsengängen und wegen bewusst falscher Hochbewertung von Aktienkursen verurteilt werden. Der Investmentbank gelang es jedoch, durch eine vorauseilende Geldbuße von 100 Millionen Dollar die Zivilklage zu vermeiden. Ihre Analysten sind weiterhin am Werke und überfallen jetzt mit firmeneigenen »Private-Equity-Fonds« deutsche Unternehmen.

Der CEO des von Analysten hoch bewerteten Biotech-Konzerns ImClone, Samuel Waksal, wurde im Juni 2002 wegen des »Verdachts des Insiderhandels« verhaftet. Er hatte »rechtzeitig« Aktien des eigenen Unternehmens verkauft, nachdem er, bevor es die Öffentlichkeit wusste, erfahren hatte, dass das neueste und hoffnungsvollste Produkt der Firma wegen möglicher Genmanipulation vorerst nicht zugelassen wird.

Der Vorstandsvorsitzende von Adelphia Communications, John Rigas, hatte jahrelang die Firma ausgeplündert – zum Schaden der Aktionäre, zum eigenen Nutzen und dem seiner Board-Mitglieder. Dabei hatte er auch durch hausinterne billige Kreditvergabe an sich und die Tochterfirmen von Familienmitgliedern die eigene Firma als Hausbank benutzt und sie um 3,1 Milliarden Dollar erleichtert. Der größte Teil der Arbeitnehmer wurde bereits entlassen.

Die Aktionäre des US-Konzerns Global Crossing verloren durch Bilanzfälschungen, Kursbetrügereien und Insiderhandel ihrer Manager und deren Wirtschaftsprüfern allein im Jahr 2001 über 20 Milliarden Dollar. Dabei hatten die Global-Crossing-Topmanager kurz vor dem Kurseinbruch eigene Optionsaktien im Wert von 1,3 Milliarden Dollar kursgünstig verkauft.

Seit 2003 wird von der New Yorker Staatsanwaltschaft und der US-Börsenaufsichtsbehörde SEC auch gegen die Manager des weltgrößten Finanzkonzerns Citigroup ermittelt. Die Vorwürfe des New Yorker Generalstaatsanwalts Eliot Spitzer lauten u.a.: Manipulation von Aktienkursen, Mitarbeit bei Bilanzfälschungen, Betrug an den Aktionären. In der Klageschrift der New Yorker Ermittler heißt es, der Finanzkonzern Citigroup habe die Anleger bewusst getäuscht, um seinen Managern und Analysten hohe finanzielle Vorteile zu verschaffen. Für Spitzer stellt sich dieser Skandal als moralischer Offenbarungseid des US-Finanzkapitalismus dar.

Einer der Chef-Analysten der Citigroup-Tochter Salomon Smith Barney (Investmentbank), Jack Grubman, Spezialist für Telekommunikationswerte, hatte die Kurswerte dieser New-Economy-Sparte in schwindelerregende Höhen getrieben. Unter anderem benotete er den Aktienkurs von WorldCom als »strong buy«, obwohl er Kenntnis davon besaß, dass die Manager des Großkonzerns die Bilanzen und die Umsätze gefälscht und Gewinne erfunden hatten.

Nach Ermittlungen von SEC soll Citigroup-Topmanager Sanford Weills seinen Analysten Grubman gedrängt haben, den Aktienkurs des größten US-Telekommunikationskonzerns AT&T weitaus höher zu bewerten, als er es in Wirklichkeit wert war. AT&T stand damals kurz davor, so das *Wall Street Journal*, seine Mobilfunktochter an die Börse zu hieven, wodurch der Citigroup-Tochter gewinnbringende Geschäfte winkten. Die New Yorker Staatsanwaltschaft will nun von AT&T die Herausgabe der Unterlagen des Börsenganges erzwingen. In der Zwischenzeit musste Chef-Analyst Jack Grubman die Citigroup-Tochter per goldenen Handschlag mit 32 Millionen Dollar verlassen.

Diese Liste von ähnlichen Fällen von Bilanzfälschungen, bewusster falscher Hochbewertung von Aktienkursen und Insiderhandel ließe sich hundertfach fortsetzen.

Man muss es sich einmal in aller Deutlichkeit vor Augen führen: In den USA sollen Wirtschaftsprüfungskonzerne und große Investmentbanken wie Merill Lynch und Credit Suisse First Boston wegen Aktienkursmanipulationen, zweifelhafter Kreditvergabe und Mithilfe bei Bilanztricks verurteilt werden. Um das Verfahren abzuwenden, haben sie schon Vergleichssummen von hundert Millionen Dollar gezahlt. Es wird staatsanwaltlich gegen den größten Finanzkonzern der Welt einschließlich seiner Tochter-Investmentbanken und weitere berühmte globale Geldhäuser wie Barclay's, Lehman Brothers, Bank of Amerika, J.P. Morgan und Canadian Imperial Bank of Commerce wegen ebensolcher wirtschaftskrimineller Machenschaften ermittelt. Hier steht die gesamte US-Finanzindustrie wegen Anlegerbetrugs und persönlicher Bereicherung am Pranger.

Die Finanzmanager und ihre Analysten ließen den größten künstlichen Spekulationsballon seit dem Börsencrash im Oktober 1929 fliegen. Sie haben in ihn hineingeblasen und sich dann en passant mit Milliarden Dollar auf Kosten von Millionen Investoren bereichert.

Unter den Geschädigten waren viele Pensionäre, die häufig über Pensionsfonds ihre gesamten Ersparnisse in Aktien der zu hoch bewerteten Unternehmen gesteckt und sie dann verloren hatten. Denn zusammen mit den von Investmentbank-Analysten manipulierten und danach im Sturzflug fallenden Börsenkursen brachen nämlich auch die Pensionsfonds ein, in die viele Millionen US-Senioren zum Zweck der Altersvorsorge investiert hatten. Die Quartalsberichte großer Pensionsfonds wie CALPERS offenbarten in 2003 einen geradezu dramatischen Wertverlust der Aktiendepots, die die Senioren diesen Fonds zur Verwaltung und Kapitalmehrung anvertraut hatten. Die Manager dieser Pensionsfonds hatten gerade in den letzten Jahren in erheblichem Maße die Rücklagen der Senioren in die von den Analysten hochgepriesenen New-Economy-Aktien angelegt.

Nach dem Niedergang dieser Aktienwerte stehen viele Pensionäre, ganz ähnlich wie beim Börsencrash 1929, vor dem Nichts oder müssen, wenn möglich, den Zeitpunkt ihrer Pensionierung in die ferne Zukunft verschieben. Schon in den Jahren 2003/2004 stieg dadurch der Anteil der über 55-Jährigen an Amerikas Arbeitnehmerschaft um 8,5 Prozent. Berufseinsteiger werden es schwerer haben, einen Job zu finden. Noch 1993 hatte der berühmte US-Management-Guru Peter F. Drucker in seinem Buch *Post-Capitalist Society* darauf hingewiesen, dass sich in den USA ein »Pensionsfonds-Kapitalismus« entwickelt habe, an dem viele Millionen Amerikaner über breit gestreuten und von treuhänderischen Pensionsfonds verwalteten Aktienbesitz teilnehmen und so im Alter sorgenfrei leben könnten. Für viele dieser amerikanischen Pensionfonds-Kapitalisten hat in den letzten Jahren Ernüchterung eingesetzt.

Weltweit mehren sich nun Zweifel an einem Wirtschaftssystem, für das der spekulative US-Aktienkapitalismus Pate stand. Nach dem Zusammenbruch der Sowjetunion hatten neoliberale Markttheoretiker aus Milton Friedmans Chicago-Schule, wie der amerikanische Wirtschaftswissenschaftler Jeffrey Sachs, ihre Vorstellungen von einer »von der Politik völlig befreiten, nur den Kräften des freien Marktes« überlassenen Volkswirtschaft nach Russland exportiert und damit die Grundlage für die mafiose »Gangsterwirtschaft« in vielen der GUS-Staaten gelegt. Heute spricht der russische Präsident Wladimir Putin davon, dass Kapitalismus »ohne rechtliche Einfriedung, ohne die Möglichkeit staatlicher Interventionen« nicht funktionieren und gar zerstörerisch sein kann. Nicht gerade demokratisch orientiert, hört sich hier selbst Putin an, als hätte er John Maynard Keynes gelesen und Franklin D. Roosevelts New Deal studiert.

Doch die eigentliche Ursache des heutigen Raubtierkapitalismus liegt bei den kapitalstarken, börsennotierten Unternehmen in der alleinigen Ausrichtung allen wirtschaftlichen Handelns und Denkens auf den Börsenwert, eine pervertierte Shareholder-Value-Philosophie, die über enorme Aktienoptionsprogramme das persönliche Einkommen der Manager engstens mit dem Aktienkurs ihrer Firma koppelt. Dieses System wurde in den 90er Jahren des letzten Jahrhunderts vom US-Management in die Wirtschaft lanciert und wird heute von europäischen Managern kopiert.

Um durch neue Börsengänge die Aktienkurse immer wieder zu erhöhen, musste man rechtzeitig, bevor die anderen es taten, das eigene Unternehmen durch feindliche oder freundliche Übernahmen vergrößern. »Economy of scale« (Wirtschaftsmacht durch Größe) nennt man in den USA diesen Prozess, durch den die CEO ihre Konzerne zu immer gigantischeren Oligopolen umformten. So schluckte Tyco-Vorstandsvorsitzender Dennis Kozlowski über fünfzig andere Firmen, ließ nach den Übernahmen durch Investmentbank-Analysten die neu emissionierten Aktien über ihren realen Wert hoch bewerten und häufte schließlich einen Schuldenbetrag von 20 Milliarden Dollar an. WorldCom-Chef Bernie Ebbers hatte sich durch Übernahmen in den 80er und 90er Jahren mehr als siebzig Firmen einverleibt, wodurch WorldCom wie Tyco zum globalen Konzern aufstieg. Die Kurse wurden bei jeder Neu-Emission künstlich nach oben getrieben und die Aktienoptionen der Manager danach bemessen. Als der Konzern kollabierte, hatten die Aktionäre 150 Milliarden Dollar verloren.

Durch die Verzahnung der Instrumentarien Shareholder Value, Aktienoptionen und Neu-Emissionen war und ist es die Aktie, die den Trend zu immer größeren Konglomeraten, zu immer mehr Macht in weniger Händen und immer höheren Einkommen der Manager beschleunigte. Das ist auch der Hintergrund für die großen Fusionen der Jahre 2000 und 2001: AOL/Time Warner, Glaxo/SmithKline, Chevron/Texaco, Unilever/Bestfoods usw. Denn nur wer groß genug ist, wer in Form von riesigen Aktienpaketen genügend Macht akkumuliert, wer mit Investmentbanken und deren Analysten durch hohe Gebührenzahlungen im besten Einvernehmen steht, wessen Börsenbewertung dadurch hoch genug ist, der kann in diesem künstlich geschaffenen Monopoly mitspielen. Wer nur mäßige oder niedrige Börsenbewertung von den Analysten erfährt, läuft Gefahr, von den Großen übernommen zu werden.

2001 und 2002 begannen die Kurse zu fallen, auch deshalb, weil immer deutlicher wurde, dass die Analysten Aktien viel zu hoch bewertet hatten. Nun drohten die ehemals günstigen Kredite plötzlich fällig zu werden. Diese Gefahr weckte bei den US-Topmanagern eine neue kriminelle Energie, nämlich wie dargestellt mit Hilfe der Wirtschaftsprüfungskonzerne die Bilanzen zu fälschen und z.B. die Aktienoptionszusagen für das Management aus den Personalkosten der Bilanzen herauszurechnen. Der US-Notenbankchef Alan Greenspan nannte diese Bilanztricks in einem CNN-Fernsehinterview »pervers«.

Die US-amerikanischen CEO verstehen sich als eine Art neue Elite. Sie empfinden sich als Global Players, als »Masters of the Universe«. Sie führen sich auf wie universale Glasperlenspieler, in deren globalem Dorf die Politik, der Staat und die Gesellschaft nicht mehr mitspielen dürfen. Arbeitslosenunterstützung, die »Medicaid«-Krankenversicherung für Bedürftige, Betriebsrenten und Mindestlöhne wollen sie abschaffen, weil sie ihrer Meinung nach die Wettbewerbsfähigkeit ihrer Unternehmen unterminieren. Weit davon entfernt, eine neue Elite zu sein, untergraben die Manager mit dem, was sie ihre »corporate culture« nennen, den humanen Sozialstaat.

Solange die Aktienkurse an der Wall Street nach oben gingen, nahmen nur wenige Anstoß an dem betrügerischen Raubzug der Manager. Und die Aktienkurse stiegen und stiegen immer weiter, weil immer mehr Geld durch Übernahmen und Aktien-Neu-Emissionen an die Börse drängte. Wer Aktien zu einem überhöhten Kurs erworben hatte, fand immer genügend Abnehmer, die einen noch höheren Preis zu zahlen bereit waren. Alle wollten an dieser sich selbst hochschaukelnden Spirale, an diesem großen Fest der Geldvermehrung teilnehmen. Doch je mehr kurzfristige Spekulationsgewinne gemacht wurden, desto stärker lösten sich die Aktien von ihrem realen Wert. Millionen von Anlegern verloren ihr Erspartes, als die »corporate culture« im Börsencrash von 2001/2002 die Pensionsfonds einstürzen ließ.

Als Konsequenz haben hunderte US-Unternehmen, gegen die aufgrund hunderter von Sammelklagen ermittelt wird, versichert, in Zukunft ihre Bilanzen ordnungsgemäß nach der jeweiligen Gesetzeslage durch Wirtschaftsprüfer absegnen zu lassen. Es ist ein zweischneidiges Versprechen, denn die vielen Ermittlungen zeigen ja, dass die amerikanischen Wirtschaftsprüfungskonzerne selbst an den Fälschungen und Betrügereien beteiligt sind.

Selbst der republikanische Präsident George W. Bush nannte Anfang Juli 2002 die Machenschaften der Manager »ungeheuerlich« und »absolut empörend« und versprach, alle zur Verantwortung zu ziehen, die Anleger und Beschäftigte getäuscht hätten. Und sein Vizepräsident Dick Cheney wollte die »Bilanzfälscher« zur Rechenschaft ziehen. Doch nichts dergleichen ist geschehen. Zu eng sind die Kontakte von Bush und seinem Vize zum Big Business, zu tief waren sie selbst in unlautere Geschäfte verwickelt.

Denn Bush junior stand im Jahr 1990, als sein Vater Präsident war, selbst unter dem Verdacht des Insiderhandels, die Ermittlungen wurden aber eingestellt. Damals, so berichtete CNN, versuchte der US-Ölkonzern Harken Energy einen Quartalsverlust von 23 Millionen Dollar durch fingierte Transaktionen und Bilanztricks zu verschleiern. Als der Coup aufflog, stürzte der Kurs ab. Zwei Monate zuvor hatte einer von Harkens Topmanagern ein Aktienpaket im Wert von rund 850 000 Dollar verkauft. Sein Name: George W. Bush. Danach ließ sich Bush neun Monate Zeit, bis er den Deal der US-Börsenaufsichtsbehörde SEC meldete. Vizepräsident Dick Cheney war von 1995 bis 2000 CEO des texanischen Ölbohrdienstleistungskonzerns Halliburton, einer Firma mit 85 000 Mitarbeitern und einem Umsatz von dreizehn Milliarden Dollar im Jahr 2001. Die Börsenaufsichtsbehörde SEC ermittelt gegen Cheney wegen des Verdachts auf Unregelmäßigkeiten in der Buchführung. Anleger haben in einer Sammelklage Anzeige wegen Bilanztricks gegen Cheney und Halliburton erstattet. Aber solange Cheney Vizepräsident ist, genießt er Immunität.

Um Wirtschaftsverbrechen in den Vorstandsetagen von Aktiengesellschaften, Investmentbanken und Wirtschaftsprüfungskonzernen zu verhindern oder zumindest einzuschränken, bedarf es einer hart durchgreifenden, den Staat unterstützenden Rechtsprechung, die ermächtigt ist, kriminelle Topmanager wegen betrügerischen Bankrotts, Steuerhinterziehung, Insiderhandel, Bilanzfälschungen, Kursbetrügereien, exzessiver Aktienoptionen und Anlegerschädigung persönlich und mit ihrem Privatvermögen haftbar zu machen. Konzernlenker müssen zudem versichern, dass sie Buchhaltung und Risikomanagement ihrer Unternehmen geprüft haben und einen Eid auf ihre Bilanzen ablegen.

Wer solche Regeln nicht befolgt, so der Vorschlag eines US-Senatsausschusses aus dem Jahre 2002, sollte mit bis zu fünf Millionen Dollar Geldbuße bestraft werden oder mit bis zu zwanzig Jahren Haft. Das Prinzip der persönlichen Haftung, so der US-Ausschuss, muss auch für Manager gelten.

Um die Gehaltsexzesse der Vorstände zu kontrollieren, müssen Gehälter und Aktienoptionen offen gelegt werden. Letztere dürfen nur nach strengen Regeln und tatsächlich erwiesenen hervorragenden Leistungen vergeben werden, riet der Senatsausschuss. Außerdem kann eine stärkere Börsenaufsichtsbehörde als eine Art »Aktionärspolizei« fungieren und Kursmanipulationen, Börsengänge und Unternehmensbilanzen einer Sonderprüfung unterziehen, um Aktionäre zu beschützen und ihnen Möglichkeiten zu geben, gegen kriminelle Vorstände mit handfesten Beweisen zu klagen.

US-Politiker wissen also sehr wohl, wie man dem verbrecherischen Treiben der Manager begegnen könnte. Doch ist aus all diesen Vorschlägen des US-Senatsausschusses bis heute nichts geworden.

Viel wurde in letzter Zeit in Deutschland über Franz Münteferings »Heuschrecken«-Rede debattiert, über das Treiben der von angloamerikanischen Investmentbanken aufgestellten so genannten Private-Equity-Fonds und Hedgefonds. Private-Equity-Fonds übernehmen oft ganze Unternehmen, restrukturieren sie rücksichtslos und verkaufen sie nach ein paar Jahren mit hohem Gewinn. Hedgefonds gehen weit aggressiver vor. Sie übernehmen durch Kreditanleihen nur einen Teil der Aktien, verändern die Unternehmenspolitik nach ihrem Gusto, um dann schnellstens die Rendite hochzutreiben. Müntefering wies in seiner Rede darauf hin, wie diese Fonds plötzlich auch deutsche Unternehmen aufkaufen, um sie auszuschlachten und zu verhökern, und wie sich dadurch die Arbeitslosigkeit erhöht. Etwas Neues ist das alles nicht. Die Fonds und ihre Manager sind alte Bekannte aus den 80er Jahren, es sind die Corporate Raiders, die Unternehmensjäger. Ihre Fonds hießen damals »junk bond fonds«, vom englischen Wort »junk« hergeleitet, das wegwerfen, ausmisten, verramschen heißt. Wie in den 80er Jahren kaufen die Fondsmanager auch heute in der Regel an der Börse unterbewertete Firmen auf. Wegen ihres Börsen-Insiderwissens können die Investmentbanker und Fondsmanager schneller als andere nach Unternehmen mit hohem Substanzwert, aber niedrigem Aktienkurs Ausschau halten. Nach der Übernahme werden diese Firmen dann im Schnellverfahren »rationalisiert« (d.h., es werden Arbeitnehmer entlassen) und ausgeschlachtet. Tochtergesellschaften oder Unternehmensteile werden verramscht, dadurch der Aktienkurs gesteigert und kurzfristig hohe Gewinne eingestrichen.

Normalerweise verkaufen die Private-Equity-Fonds-Manager die von ihnen übernommenen Unternehmen nach zwei bis fünf Jahren und ziehen weiter, um neue Firmen zu fleddern. Sie stellen eine Plage und Gefahr für strategisch orientierte Anleger und Firmen mit langfristigen Unternehmenszielen dar, die nicht kurzfristig realisiert werden können. Sie sind den Börsenspekulanten der Hedge- und Private-Equity-Fonds beinahe schutzlos ausgeliefert.

Wir erinnern uns: Die berüchtigtsten Unternehmensjäger der 80er Jahre waren Investmentbanker und Fondsmanager, die sich im Verbund mit mächtigen Geldgebern aus dem Investmentbanken-Milieu der Wall Street auf die feindlichen Übernahmen von Unternehmen spezialisiert hatten. Dabei stellten sie die Junk-Bond-Fonds zusammen, die allein der Finanzierung von feindlichen Übernahmen dienten. In den 80er Jahren waren an solchen Deals vor allem die Investmentbanken Goldman Sachs, KKR (Kohlberg, Kravis, Roberts), CSFB (Credit Suisse First Boston) und Morgan Stanley beteiligt.

Heute sind es genau diese Fonds der Wall-Street-Investmentbanken, die deutsche Unternehmen mit feindlichen Übernahmen bedrohen. Doch warum machen sich die Corporate Raiders jetzt in Deutschland breit? Bis Ende der 90er Jahre galt die deutsche Unternehmenslandschaft für feindliche und halbfeindliche Übernahmen als uneinnehmbares Terrain. Die Großbanken (Deutsche Bank, Dresdner Bank, Commerzbank) und Versicherungskonglomerate wie Allianz und Münchner Rück bildeten durch ihre enormen Aktienbeteiligungen eine Art Schutzschild um die Konzerne. Man nannte es die »Deutschland AG«. Gleichzeitig schob die deutsche Steuerpolitik feindlichen Übernahmen einen Riegel vor, weil bei einer Veräußerung von Unternehmensbeteiligungen hohe Steuerzahlungen erhoben worden wären. So formten Konzerne, Großbanken, Versicherungskonglomerate und Staat ein geschlossenes Abwehrsystem gegen Übernahmebestrebungen der Fondsmanager.

Doch die Deutschland AG löste sich auf, weil die deutschen Großbanken sich in den letzten Jahren mehr und mehr an US-amerikanischen Gepflogenheiten orientierten. Sie wandten sich vom Kreditgeschäft ab und dem Investmentbanking zu, in dem Unternehmensbeteiligungen eher hinderlich sind. Schließlich senkte die rot-grüne Bundesregierung den Steuersatz für Veräußerungsgewinne im Jahr 1999 auf null. Das kam einem Milliardengeschenk an die Großbanken und Versicherungen gleich, das aber weitergehende, fatale Folgen nach sich zog. Die deutschen Großbanken und Versicherungskonglomerate verkauften nun einen großen Teil ihrer Unternehmensbeteiligungen (Aktienpakete) an der Börse und überließen dadurch viele Konzerne schutzlos den Übernahmeversuchen durch die Hedgefonds und Private-Equity-Fonds der angloamerikanischen Investmentbanken. Die schlugen zu diesem Zeitpunkt dann auch wirklich wie »Heuschrecken« zu und stürzten sich förmlich auf deutsche Unternehmen.

Zwischen 2000 und 2003 übernahmen bzw. kontrollierten diese Fonds bereits fünftausend Unternehmen in Deutschland, in denen über 400 000 Beschäftigte arbeiteten. Im Jahr 2004 kauften sie an der Börse für 22,5 Milliarden Euro deutsche Firmen auf (siehe *Spiegel* 18/2005). Und das ist erst der Anfang, nachdem sie gerade ihren Raubzug durch die japanische und südkoreanische Wirtschaft hinter sich gebracht haben. Die deutsche Unternehmenslandschaft ist für die globalen Hedgefonds- und Private-Equity-Fonds-Spieler ein »Paradies«: Die Unternehmen gelten im internationalen Vergleich als unterbewertet (hoher Substanzwert, aber niedriger Börsenkurs), und sie sind leicht zu übernehmen, seit die Deutschland AG seit 2000 zerfällt.

Zu den größeren Übernahmen durch Private-Equity-Fonds zählen z.B. die Übernahme des deutschen Kabelbetreibers Kabel NRW durch Callahan Associates für 2,5 Milliarden Euro im Jahr 2000; die Übernahme des Chemieunternehmens Cognis (einer Tochter des Waschmittelkonzerns Henkel) durch Goldman Sachs, Schroder Ventures und Permira für 2,5 Milliarden Euro im Jahr 2001; die Übernahme der Chemiefirma Messer Griesheim für 2 Milliarden Euro durch Goldman Sachs und Allianz Capital Partners, ebenfalls 2001; die Übernahme des deutschen Maschinenbaukonzerns Demag Holding durch KKR für 1,7 Milliarden Euro im Jahr 2002; die Übernahme des Chemiekonzerns Celanese für 3,1 Milliarden Euro durch Blackstone im Jahr 2003; ebenfalls 2003 die Übernahme des Kabelbetreibers Kabel Deutschland durch Goldman Sachs, Providence und Apax für 1,7 Milliarden Euro; und im Jahr 2004 die Übernahme des Chemiekonzerns Dynamit Nobel durch KKR und CSFB für 2,3 Milliarden Euro und die Übernahmen von Thyssen-Krupp-Wohnungen durch Morgan Stanley und Corpus für 2,1 Milliarden Euro (siehe *Spiegel* 18/2005).

Die nächsten großen Übernahmekandidaten sind nach Börsenberichten unter anderen das deutsche Traditionsunternehmen MAN mit 40 000 Beschäftigten, der Mischkonzern Linde und die Unternehmen MG Technologies und Conti. Im Januar 2005 verkaufte die Allianz-Versicherung ihre MAN-Anteile und überließ den 250 Jahre alten Konzern den Übernahmepiraten. Der Börsenkurs von MAN stieg seitdem um 15 Prozent, da viele Investoren willens sind, den Fonds ihr Geld zu leihen, um an den versprochenen kurzfristigen Renditen von 20 bis 25 Prozent teilzuhaben. MAN konterte bisher die Übernahmeversuche mit der Schließung eines nicht mehr lukrativen Druckmaschinen-Werks, ließ die Beschäftigten mehr Stunden für weniger Lohn arbeiten und versprach seinen langfristig anlegenden Anteilseignern eine Verzinsung ihres Kapitals von 18 Prozent im Jahr.

Wie schon ausgeführt, werden die feindlichen Übernahmen größtenteils über Anleihen *(Bonds)* kreditfinanziert. Dann übertragen die Fondsmanager die aufgenommen Kaufschulden auf das erbeutete Unternehmen. D.h., diese Kredite müssen dann aus den Mitteln des übernommenen Unternehmens getilgt werden. Das letztendliche Ziel einer feindlichen Übernahme ist der so genannte »Exit«, der Ausstieg aus dem Unternehmen, wenn die erworbenen Beteiligungen nach zumeist zwei bis fünf Jahren mit deutlichem Gewinn verkauft werden. Erbringt ein Unternehmen in diesem Zeitraum nicht die angestrebten Renditen von 20 bis 25 Prozent, dann wird es zerschlagen und die Teile verkauft.

Heute verwalten rund 8500 Hedgefonds weltweit über 1000 Milliarden Dollar. Und immer mehr Investmentbanken, Börsenspekulanten und sogar Pensionsfonds verleihen enorme Finanzmittel an diese Unternehmensjäger, mit Blick auf die kurzfristigen hohen Renditen, die ihr Treiben ihnen und damit auch den Geldleihern einbringt.

So sehr deutsche Manager deshalb gegen Franz Münteferings Kapitalismus-Schelte protestierten, seine »Heuschrecken-Rede« bedachten viele von ihnen doch mit »klammheimlicher Freude«. Denn in vielen deutschen Vorstandsetagen geht inzwischen die Angst um wegen der Gefahr der feindlichen Übernahmen durch die Fonds. Die Manager können sich bei Müntefering bedanken, dass er als einer der Ersten in Deutschland öffentlich auf die mafiosen Praktiken der neuen Unternehmensjäger aufmerksam gemacht hat. Viele Konzernmanager hätten wohl gerne die Sicherheit der Deutschland AG zurück. Nur Heinrich von Pierer, bis Ende Januar 2005 Vorstandsvorsitzender von Siemens, verteidigte Anfang Juni 2005 in Sabine Christiansens sonntäglicher ARD-Fernsehrunde die Übernahmen der Private-Equity- und Hedgefonds, weil sie doch, so betonte er, unterbewertete, also mit niedrigen Börsenkursen notierte Unternehmen »restrukturierten« und damit wettbewerbsfähiger machten. Und eben das hätten diese deutschen Firmen vorher versäumt.

Doch nun will auch die Bundesregierung versuchen, mit Gesetzeskraft gegen die Exzesse der Fondsmanager vorzugehen. In den USA ist das bereits Ende der 80er Jahre geschehen.

II. Globalisierung oder Die Zerstörung des Sozialstaats

»Ich definiere Globalisierung als die Freiheit unserer Firmengruppe, zu investieren, wo und wann sie will, zu produzieren, was sie will, zu kaufen und zu verkaufen, wo sie will, und alle Einschränkungen durch Arbeitsgesetze oder andere staatliche Regulierungen auf ein Minimum zu reduzieren.«

Percy Barnevik, Vorstandsvorsitzender von ABB, während einer Rede vor Managern und Politikern im Jahre 2000

1. Die Legende von der Globalisierung

Die Topmanager der transnationalen Konzerne und der Groß- und Investmentbanken mit ihren Fonds sind die globalen Spieler des Turbokapitalismus unserer Zeit. Sie verfestigen ihre undurchschaubare, verschachtelte, von Außenstehenden kaum mehr kontrollierbare ökonomische Herrschaft immer mehr, sie wollen ihre Kontrolle auf alle Lebensbereiche ausdehnen und im grenzenlosen Wettbewerb alle ihre Konkurrenten ausschalten.

Die Unterwerfung unter das Diktat der Manager bedeutet, dass alle Lebensbereiche und jede soziale Beziehung nach ihrer utilitaristisch-merkantilen Einschätzung und dem Kosten-Nutzen-Kalkül bemessen werden. Das ist ein Affront gegen das Erbe traditioneller humanistischer, menschenfreundlicher Bildung und Lebensweise, dahinter steht ein Anspruch auf totalitäre Kontrolle und Gleichschaltung. Der Homo sapiens wird zum Homo oeconomicus degradiert. In dem diesem Kapitel vorangestellten Zitat von Percy Barnevik ist das Ziel der Globalisierung in eindeutiger Klarheit zusammengefasst: keine Einmischung der Politik bei der Standortsuche und in die globalen Geschäfte der transnationalen Konzerne, keine staatlichen Regulierungen für die Wirtschaft, sondern grenzenlose Ausbreitung unter rein profitorientierter Maxime.

Schon 1941 stellte James Burnham in seiner weitsichtigen Studie *The Managerial Revolution* fest: In einer von Managern geleiteten Gesellschaft sind die Manager der Staat.[1] Heute, über sechzig Jahre später, haben sich die Manager in den postindustriellen Ländern die maßgeblichen Politiker und den Staat untertan gemacht. Nicht die Politik regiert, sondern die Wirtschaftselite. Sie ist auf dem besten Wege, unser Leben total zu dominieren.

Die europäischen Manager des transnationalen Kapitals sind dabei, ihren amerikanischen Vorbildern nachzueifern und den ungeschriebenen Gesellschaftsvertrag mit ihren Regierungen und Landsleuten aufzukündigen, der die soziale Ungleichheit durch progressive Besteuerung und das soziale Netz in Grenzen hielt. Das Modell des europäischen Sozialstaats hat für sie ausgedient, im weltweiten Vergleich ist er ihnen zu teuer. Der fürsorgliche Staat und die soziale Marktwirtschaft mit ihren Korrektiven einschließlich ihrer Formen der Mitbestimmung für abhängig Arbeitende werden als lästig und störend angesehen, ausgenommen ist allein die staatliche Subventionierung für die Konzerne.

Mit ihrer sozialdarwinistischen Sichtweise verfolgen die Topmanager eine mafiose, skrupellose Politik, die man mit »Krieg den Hütten, Friede den Palästen« bezeichnen könnte. Das Menschenbild des *homo homini lupus* (»der Mensch ist des Menschen Wolf«) und der Gesellschaft als *bellum omnium contra omnes* (»Krieg aller gegen alle«) dient am besten als ihre Lebensphilosophie.

Der US-amerikanische Kulturhistoriker Christopher Lasch weist darauf hin, dass das Management heute die gesamte Technologieerneuerung und damit unsere Zukunft monopolisiert. Die immer umfassender werdende Herrschaft der Manager »repräsentiert eine neue Art kapitalistischer Aufsicht, die zuerst in der Kaserne, dann in der Fabrik ausgeübt wurde, schließlich die gesamte Gesellschaft erfasste und sich mehr und mehr in alle Erscheinungsformen des öffentlichen Lebens und der Kultur hineindrängte«,[2] so schrieb er. Heute zeigen Teile der Unterhaltungskultur, Mode, Hollywood-Filme, Sportereignisse und Talkshows, wie weit die Manager uns bereits mit ihrer Ideologie infiltriert haben. Für ihren großen Anteil an der weltweiten Propagierung der neoliberalen Wirtschaftsideologie werden manche Unterhaltungsstars weitaus besser bezahlt als Spitzenpolitiker.

Die fast ausschließlich national organisierten Arbeitnehmer in den postindustriellen Ländern stehen heute einer Internationale der Konzerne und ihrer Manager gegenüber. Mit dem vermeintlichen Sachzwang »Globalisierung«, mit der Drohung oder Durchführung von Auslagerung in Billiglohnländer wird jegliche Forderung nach sozialer Sicherheit, Unfall- und Krankheitsversicherung, angemessenen Löhnen und Mitbestimmung ausgestochen. Am schlimmsten hat es dabei die US-amerikanischen Arbeiter und Angestellten getroffen, da die US-Konzerne in der transnationalen Auslagerung von Produktionsstätten sowie im Lohndumping und Abbau des ohnehin löchrigen sozialen Netzes führend sind. »Die Topmanager Amerikas haben ihren Arbeitern den Klassenkrieg angesagt, und sie haben ihn bereits gewonnen«,[3] verkündet der US-amerikanische Ökonom Lester Thurow vom Massachusetts Institute of Technology (MIT).

Wie verloren dieser Krieg für die abhängig Beschäftigten ist, zeigte sich schon, als Bill Clinton, der 1992 mit seiner Frau Hillary angetreten war, um den Amerikanern endlich zu einem für Europäer längst selbstverständlichen allgemeinen Krankenversicherungssystem zu verhelfen, im von Republikanern dominierten Kongress und von Interessengruppen der Wirtschaft scharf zurückgepfiffen wurde. Die US-Konzerne wollten sich an den Versicherungskosten nicht beteiligen, weil, so ihre Lobbyisten im Kongress, die Wettbewerbsfähigkeit amerikanischer Unternehmen durch diese Kosten eingeschränkt würde. So blieben vierzig Millionen Amerikaner ohne Krankenversicherung. Das ist auch heute, dreizehn Jahre später, noch so.

Zwar wurde seit Anfang der 90er Jahre, also zu Beginn der so genannten Globalisierung, die Arbeitslosenrate im Kernland des Kapitalismus stark gesenkt – zu einem erheblichen Teil durch Teilzeitjobs, auch »McJobs« genannt. Dabei gab es nach offiziellen Angaben der UNO und der Weltbank 1995 in den USA insgesamt 53 Millionen Arme. Die Rate der »Armut trotz Arbeit« (Robert Reich) lag also viel höher als jemals sonst nach dem Zweiten Weltkrieg. Gleichzeitig verdoppelten sich die durchschnittlichen Einkommen der Manager der US-Konzerne. 1996 strichen die Bosse der fünfhundert größten US-Konzerne durchschnittlich an die sechs Millionen Dollar ein. Allein im Jahr 1996 stiegen die Gehälter der Manager um 54 Prozent (Aktienoptionen nicht eingerechnet). Die Kluft zwischen Arm und Reich wurde in den 90er Jahren immer größer. Nach den Berechnungen der *New York Times* lag der durchschnittliche Jahreslohn eines US-Facharbeiters mit High-School-Abschluss 1995 bei rund 29 000 Dollar, der Mindeststundenlohn lag bei 5,15 Dollar. Präsident Clintons ehemaliger Arbeitsminister, der Wirtschaftswissenschaftler Robert Reich, kommentierte dieses »Phänomen« mit den Worten: »Da stimmt was nicht, wenn die Gewinne steigen, die Produktivität wächst, der Aktienmarkt boomt, und gleichzeitig stagnieren und/oder sinken die Löhne der Arbeiter und Angestellten. Ich will Ihnen sagen, was nicht stimmt: Die Gewinne, die Kurssteigerungen an der Börse und die Produktivitätszuwächse kommen lediglich der Wirtschaftselite und den oberen 20 Prozent der Gesellschaft zugute, die anderen, die Masse, werden von der Elite abgefunden, wie diese es für richtig hält. Der große Rest kriegt das, was die führende Schicht für sie übriglässt, für sie für angemessen hält. Das ist die neue Umverteilung.« (siehe *New York Times*, 1. November 1995)

Auch in Deutschland stagnierten in dieser Zeit die Löhne der abhängig Beschäftigten, während die Gehälter der Manager und die Unternehmensgewinne Schwindel erregende Höhen annahmen. Zwischen 1980 und 1995 z. B. legten die deutschen Unternehmensgewinne um netto 251 Prozent zu. Im gleichen Zeitraum stiegen die durchschnittlichen Arbeitseinkommen – inflationsbereinigt – gerade einmal um 3,1 Prozent. Nach Berechnungen der Deutschen Bundesbank »besitzen die oberen 19,5 Prozent der Geldvermögensbesitzer annähernd 74 Prozent des gesamten Geldvermögens, so dass auf die unteren 80,5 Prozent gerade einmal gut 26 Prozent entfallen«. Solche Umverteilung von unten nach oben schafft schon heute, so Norbert Reuter, Wirtschaftsprofessor an der Universität Aachen, die Ein-Fünftel-Gesellschaft.[4]

Auch in der Bundesrepublik gibt es also keine ausgewogene Verhältnismäßigkeit in den Lohnskalen mehr. Trotzdem drohen deutsche Manager, wie ihre amerikanischen Kollegen, immer häufiger und lauter mit »globaler Auslagerung« von Produktionsstätten und Verlegung von Arbeitsplätzen in so genannte Billiglohnländer. Der »Standort Deutschland« wird von ihnen als nicht konkurrenzfähiges »Hochlohnland« bewusst und fälschlich abqualifiziert, um die Gewerkschaften einzuschüchtern, die Sozialabgaben zu kappen und die Löhne niedrig zu halten bzw. senken.

Der vermeintliche Sachzwang »Globalisierung« gilt in allen postindustriellen Ländern als willkommene Begründung des gesellschafts- und sozialpolitischen Rollback, für die Kürzung der Lohnkosten und für die als unvermeidlich angesehenen Massenentlassungen. Zumeist wird eine fortgeschrittene weltweite Vernetzung der Produktmärkte ebenso umstandslos als gegeben unterstellt wie eine schier grenzenlose internationale Mobilität der Unternehmen. Das »global agierende Unternehmen«, der »transnationale Konzern«, gilt dabei als die einzige Organisationsform, die sich an den neuen »globalen Markt« anpassen kann.[5]

Erst vor dieser Kulisse können die Standort- und Wettbewerbshysterien der Wirtschaft richtig gedeihen: Lohnzurückhaltung, Sozialabbau und Regulierungsdumping erscheinen dann als permanent notwendige nationale Opfer in einem gnadenlos geführten weltweiten Kampf um den besten Standort, in dem einer aller Handlungsspielräume beraubten staatlichen Wirtschaftspolitik die Aufgabe zufällt, den Unternehmen möglichst kostenlos optimale (politische, ökonomische und rechtliche) Rahmenbedingungen zur Verfügung zu stellen.[6]

Empirische Untersuchungen der Wirtschaftsforschungsinstitute in Hamburg (HWWA), Berlin (DIW) und München (Ifo) zeichnen indes ein sehr anderes Bild: Ulrich Dolata, Direktor des Instituts für

Interdisziplinäre Technikforschung, zeigt auf, dass die Rede von der Globalisierung der Wirtschaft zwar »prägnant, aber irreführend ist«. Sicherlich nähmen die internationalen Handels- und Kapitalverflechtungen langfristig zu, doch sei das globale Zusammenwirken der großen Volkswirtschaften und Wirtschaftsblöcke (EU, NAFTA und Japan mit Süd- und Südostasien) längst nicht so weit fortgeschritten, wie die öffentliche Diskussion es vermuten lasse. »Nationale bzw. regionale Verflechtungsmuster«, insbesondere in der Europäischen Union, seien auch heute »in vielen Sektoren weitaus typischer und bedeutender als Weltbinnenmärkte mit global operierenden Unternehmen.«[7] Dolata weist darauf hin, dass bisher zwar nur wenige deutsche transnationale Konzerne, wie z. B. Bayer, Hoechst (Aventis), BASF, Siemens, VW und Daimler wirklich weltweit eine Rolle spielten, aber die technologische Leistungsfähigkeit und die Performance der deutschen Wirtschaft auf dem Weltmarkt nach wie vor exzellent sei.

Die »Globalisierung« deutscher Konzerne konzentriert sich momentan noch maßgeblich auf den Raum der Europäischen Union und Nordamerika. Erst in den letzten Jahren haben sich deutsche Investitionen über Joint Ventures in China und Indien entwickelt, und Unternehmensteile wurden wegen günstiger Fertigungsbedingungen in die neuen EU-Länder Tschechien, Polen, Ungarn ausgelagert. Die Rede von der Globalisierung der deutschen Wirtschaft, »mit der dann meist der *Abbau* finanzieller Leistungen für die Beschäftigten begründet wird«, sei die Standortdebatten-Inszenierung einer bestimmten Interessengruppe, so Dolata, die von den Fakten nicht bestätigt würde.[8]

Doch die vermeintliche Globalisierung der Wirtschaft ist in den Debatten dieser Tage eine feste, kaum noch hinterfragte Größe. Viele Autoren, Journalisten und vor allem Politiker sind der falschen Argumentation der Manager auf den Leim gegangen. Sie sind in die »Globalisierungsfalle« hineingestolpert und nun selbst davon überzeugt, dass die Globalisierung bereits eine vollendete Tatsache ist und die Wettbewerbsfähigkeit deutscher transnationaler Konzerne ohne Sozialabbau, Lohndumping, Massenentlassungen und Deregulierung nicht mehr gewährleistet werden kann.

In aller Öffentlichkeit machen sich deutsche Politiker zu Eigen, was die Managerelite ihnen seit einigen Jahren vorpredigt. »Wir sind zu teuer«, erklärte schon der ehemalige Kanzler Helmut Kohl. Doch dieses »wir« schloss nur die ein, die als abhängig Beschäftigte ihr Einkommen beziehen und schon heute vier Fünftel aller Steueraufkommen zahlen. Ein weiterer Begriff machte Ende der 90er Jahre die Runde: »Besitzstand«. Sachsens damaliger Ministerpräsident Kurt Biedenkopf entdeckte ein »ganzes Gebirge von Besitzständen«, das es zu »sprengen« gelte. Damit meinte er Lohnfortzahlung bei Krankheit, Kindergeld, Kündigungsschutz, Arbeitslosengeld, ABM-Maßnahmen, die Fünftagewoche, 30 Tage Jahresurlaub, eben das, was u.a. das Soziale an der deutschen Marktwirtschaft ausmacht.

Das Modell Deutschland hat für die Manager und viele Politiker ausgedient. Weil im High-Tech-Kapitalismus für die Bezahlung von Arbeit immer weniger übrig bleibt, sollen die Bezieher von Löhnen und Sozialleistungen den verbleibenden Rest so unter sich aufteilen, dass alle etwas erhalten und die Arbeitslosigkeit sinkt. Mit anderen Worten: Deutschland soll von den USA lernen, wo anteilig mehr Menschen durch billige »McJobs« Arbeit haben, aber dafür extrem niedrige Löhne, kaum Sozialleistungen, kaum brauchbare Krankenversicherung, keinen bezahlten Urlaub und schlechtere Arbeitsbedingungen in Kauf nehmen müssen.

Auch der CDU-Arbeitnehmerflügel CDA unter seinem damaligen Vorsitzenden Rainer Eppelmann forderte »mutige Schritte« in einem neuen »Arbeitsmarktkonzept«, das gespickt war mit Verzichtserklärungen der abhängig Beschäftigten. Ihr Rezept sah vor, mit »Niedriglöhnen und der Senkung der Realeinkommen« die Massenarbeitslosigkeit abzubauen. Das 30-Punkte-Programm, das der CDA-Vorsitzende am 1. April 1997 der Öffentlichkeit vorstellte, wollte der Erhaltung und Schaffung von Arbeitsplätzen »oberste Priorität« einräumen. Die Tarifpolitik müsse dafür »die durchschnittlichen Lohnzuwächse mittelfristig unter der Preissteigerungsrate« halten. (Die lag 1997 durchschnittlich bei zwei Prozent.) Eppelmanns CDA-Vize und späterer Nachfolger Hermann-Josef Arentz kommentierte: »Ohne eine Absenkung der

Löhne können die Arbeitsplätze in Deutschland nicht erhalten noch neue geschaffen werden.«[9]

Weiter plädierte der Arbeitnehmerflügel der CDU für »Niedriglöhne ohne Existenznot«. Dabei sollte unter anderem bei Neueinstellungen Teilzeitarbeit weit unter Tarif bezahlt werden, damit die »Unternehmer weiterhin Arbeitsplätze anbieten könnten«. Die »Differenz zum Existenzminimum« sollte dann der »Staat begleichen«, d.h. die öffentlichen Kassen.[10] In diesem Vorschlag spiegelt sich etwas wider, was man wohl am treffendsten als vorauseilenden Gehorsam der Politiker gegenüber der Wirtschaftselite bezeichnen muss.

Deutschlands Arbeitgeberpräsident und oberster Manager Dieter Hundt ging noch einige Schritte weiter: Die Tarifpartner sollten bei Neueinstellungen Einstiegslöhne vereinbaren, die »bis dreißig Prozent unter den Mindestlöhnen« liegen. Nach Hundt könnte die Einstellung von Arbeitslosen dann durch »staatliche Lohnzuschüsse«, die das »Existenzminimum abdeckten«, gefördert werden.[11] D.h. also: Der Staat sollte die Löhne zu einem erheblichen Teil übernehmen, weil die Unternehmer nicht mehr willens sind, die angemessenen vollen Löhne, vor allem die Lohnnebenkosten, zu zahlen. Deutlich klingt hier 1997 schon ein Vorschlag aus der Hartz-Kommission von 2002 an, nämlich neu eingestellte Leiharbeiter nur mit siebzig Prozent des Tariflohns zu bezahlen.

Einer der bekanntesten Verfechter für höhere Kapitalrenditen in Deutschland, Norbert Walter, Chef für Wirtschaftsforschung bei der Deutschen Bank, hatte das im Juni 1996 so ausgedrückt: 20 Prozent Bruttolohnabschlag wären notwendig, um wieder Vollbeschäftigung in Deutschland zu bekommen. Interessanterweise äußerte er diese Einschätzung just zu einem Zeitpunkt, als der Vorstand der Deutschen Bank gerade mit Aktienoptionen für seine besondere Wertsteigerung des Shareholder Value fürstlich belohnt wurde. Ganz nebenbei betonte Norbert Walter, dass zu viele deutsche Bürger einer »Vollkasko-Mentalität« frönten und lieber Arbeitslosenunterstützung bezögen anstatt zu arbeiten.[12]

Walter, Hundt und ihre Kollegen aus dem Management haben seit

1990 eine äußerst erfolgreiche Medienkampagne geführt, in der ihnen für die Durchsetzung der Rhetorik der Globalisierungsfalle keine Verdrehung, keine Fälschung zu plump war. Und so entstand die Mär vom Niedergang des Wirtschaftsstandorts Deutschland wegen vermeintlich zu hoher Lohnkosten.

Während der ersten rot-grünen Koalition von 1998 bis 2002 wiederholten Walter und Hundt ihre Forderungen nach Lohndumping und Sozialabbau bei jeder Gelegenheit. Als Teile der rot-grünen Regierung nach der Wiederwahl 2002 endlich darüber nachdachten, durch Körperschafts-, Grundbesitz- und Vermögenssteuer (z. B. Besteuerung der Veräußerungsgewinne von Kapitalgesellschaften, von Großvermögen, von Erbschaften, von Börsenspekulationsgewinnen) Konzerne, Vermögende und Spekulanten an der Sozialstaatsfinanzierung zu beteiligen, liefen die Arbeitgeberorganisationen dagegen Sturm. Dieter Hundt wiederholte im öffentlich-rechtlichen Fernsehen am 26. September 2002 die bekannten Argumente der Manager von der Wettbewerbsbenachteiligung deutscher Unternehmen auf dem Weltmarkt wegen zu hoher Lohnkosten, sollten diese Besteuerungspläne der Regierung Realität werden.[13]

Die Regierung ließ daraufhin ihre Vorschläge wieder in der Schublade verschwinden, obwohl solche Körperschafts- und Vermögenssteuern in den USA und Großbritannien der Normalfall sind. Stattdessen legte sie das offensichtlich konsensfähige Konzept einer Zinsabschlagssteuer vor, mit der die illegal am Fiskus vorbei ins Ausland (Luxemburg, Cayman-Inseln, Schweiz) transferierten Vermögen wohlhabender Staatsbürger nachträglich mit 25 Prozent besteuert werden. In dem Konzept wird reuigen Steuerhinterziehern Straffreiheit angeboten, wenn diese sich selbst anzeigen.

Auch die »Gruppe von Lissabon« (eine Gruppe von internationalen Wirtschafts- und Rechtswissenschaftlern, die sich mit der Globalisierung und der Zukunft der Menschheit befasst) reklamierte in ihrem Buch *Grenzen des Wettbewerbs* (1997), dass man noch lange nicht von einer Globalisierung der Wirtschaft sprechen kann, sondern eher von einer »tripolaren Weltherrschaftsstruktur« oder einer »Triadisierung der Welt«.[14] Mit »Triade« wird hier die EU, NAFTA und Japan mit Süd- und Südostasien bezeichnet. Diese Wirtschaftsblöcke teilen die Weltwirtschaft und den globalen Wettbewerb vorerst unter sich auf, und zwar mehrheitlich innerhalb ihrer eigenen Regionen. Die Gruppe von Lissabon charakterisiert den gegenwärtigen Prozess einer angeblich weltweiten Globalisierung der Wirtschaft als eine »Rumpfglobalisierung«, in der diese drei wesentlichen Wirtschaftsblöcke vorherrschend sind.

Triadisierung bedeutet auch, dass die technologischen, wirtschaftlichen und soziokulturellen Integrationsprozesse zwischen den drei entwickeltsten Regionen der Welt durchgängiger, intensiver und bedeutender sind als die Integration zwischen diesen drei Regionen und den weniger entwickelten Ländern oder zwischen den benachteiligten Ländern untereinander.[15]

Tatsächlich wurden 92 Prozent der zwischen 1990 und 1996 weltweit getätigten 4200 strategischen Kooperationsabkommen zwischen Unternehmen aus Japan, Westeuropa und Nordamerika abgeschlossen.[16] Laut verfügbaren UNO-Statistiken haben Japan (mit Südostasien), die USA und Westeuropa in den Jahren zwischen 1990 und 1996 verstärkt untereinander Direktinvestitionen vorgenommen. In dieser Zeit verbuchte die »Triade« über vier Fünftel aller internationalen Kapitalflüsse. Der Anteil der Entwicklungsländer fiel von 25 Prozent in den 70er Jahren auf unter 18 Prozent. Diese Tendenz zur Investition innerhalb der Triade bleibt maßgebend.[17]

Triadisierung findet auch in den Köpfen der Menschen statt. Japaner, Nordamerikaner und Europäer gehen offenbar davon aus, dass nur ihre eigene Welt zählt. Denn noch sind diese Regionen dem Rest der Welt technologisch und wirtschaftlich überlegen, sie besitzen immer noch die militärische Hegemonie, den wirtschaftlichen Wohlstand und damit schließlich die Fähigkeit, Weltwirtschaft und Weltgesellschaft zu steuern. Noch jedenfalls.

Wenn das Ziel der Triade der »Sieg im globalen Wettbewerb« ist, dann kann es nur wenige Gewinner geben. Die Verlierer werden ausgegrenzt und allein ihrer Lage überlassen. Die Gewinner werden weiter zusammenhalten und sich zunehmend auf wirtschaftlicher Ebene zusammenschließen. Die Notwendigkeit, zwischen den Ausgegrenzten und den Integrierten neue Brücken zu schlagen, verliert an Bedeutung. Damit entsteht Hand in Hand mit dem Globalisierungsprozess eine neue Spaltung der Welt.

Allerdings gibt es auch Ausnahmen. Lester C. Thurow vom Massachusetts Institute of Technology zeigt auf, dass zumindest einigen Ländern der Dritten Welt der Zugang zu den drei großen regionalen Wirtschaftsblöcken gesichert ist. Mexiko hat ihn als NAFTA-Mitglied bereits, und auch der Europäischen Union bleibt aus Gründen des strategischen Interesses und der Angst vor Masseneinwanderungen keine andere Wahl, als Osteuropa und Nordafrika in irgendeiner Form in ihr Wirtschaftsbündnis zu integrieren. Sollte dies nicht gelingen, so Thurow, dann wären die unausweichlichen Folgen eine nicht mehr steuerbare Einwanderung in die Europäische Union oder gar »kriegerische Auseinandersetzungen an ihren Grenzen«.[18] Inzwischen sind Tschechien, Slowakei, Polen, Ungarn, Slowenien und die baltischen Staaten Mitglieder der EU. Spanien und Frankreich haben bilaterale Verträge mit nordafrikanischen Nationen abgeschlossen, womit diese verdeckt zumindest Begünstigte der EU sind. Die Türkei soll in den nächsten Jahren in die EU aufgenommen werden. Das möchten auch Rumänen, Bulgaren und Ukrainer.

Die Länder, die hier in die drei großen Wirtschaftsblöcke eingebunden werden sollen, bringen etwas an den Verhandlungstisch mit, zumeist ihre geographische Lage, auch die Möglichkeit eines vorgeschobenen Bollwerks.

Die meisten anderen Länder aber werden außen vor bleiben. »Wer möchte schon die in die Außenseiterrolle gedrängten wirtschaftlichen Verlierer der Welt wie etwa das südlich der Sahara gelegene Afrika in seine Mannschaft aufnehmen?«[19], fragt Thurow. Dieser hier beschriebene Prozess der Abkoppelung von den technologisch und ökonomisch fortgeschrittensten Regionen der Welt wird durch die Statistik belegt: Die hoch entwickelten Länder der Triade haben in den 90er Jahren an die Länder südlich der Sahara nur noch 0,2 Prozent ihres Bruttosozialprodukts als Entwicklungshilfe gezahlt. Zu Beginn der 80er Jahre waren es noch 0,7 Prozent.

Statt am Prozess der zunehmenden wechselseitigen Integration einer globalen Welt teilzunehmen, bewegen sich viele Länder denn auch in die entgegengesetzte Richtung. Die Abkoppelung betrifft fast alle Länder Afrikas südlich der Sahara, große Teile Lateinamerikas und Asiens (mit Ausnahme Südostasiens und Chinas) und selbst Länder des ehemaligen Ostblocks. Nach Zahlen des Worldwatch Institute in Washington und der Gruppe von Lissabon belief sich der Anteil der 102 ärmsten Länder der Welt 1980 am Warenaustausch auf 7,9 Prozent der Weltexporte und 9 Prozent der Weltimporte. Zehn Jahre später, 1990, hatten sich diese Anteile auf 1,4 bzw. 4,9 Prozent reduziert. Umgekehrt ist in dieser Zeit der Anteil der drei wirtschaftlich vorherrschenden Regionen von 54,8 Prozent auf 64 Prozent der Weltexporte und von 59,5 Prozent auf 64 Prozent der Weltimporte angestiegen.[20] Verlässliche Zahlen für das Jahr 2000 und darüber hinaus liegen noch nicht vor. Aber nach UNO-Hochrechnungen haben sich die Zahlen im letzten Jahrzehnt noch zugunsten der Triade erhöht.

1990 betrug der intrakontinentale Handel innerhalb der Gebiete der EU, NAFTA und Japans mit Süd- und Südostasien 48,7 Prozent, der interkontinentale Handel der drei Gebiete untereinander stieg auf 24,9 Prozent. Der Anteil der Triade am Welthandel belief sich insgesamt also auf 73,6 Prozent. Die restlichen 26,4 Prozent teilten sich Russland und Osteuropa, der Nahe Osten, große Teile Asiens, Afrika und Lateinamerika. Wenn man diese Tendenz für die nächsten zwanzig Jahre hochrechnet, so wird der Anteil Afrikas, des Nahen Ostens, großer Teile Asiens, Lateinamerikas, Russlands und Osteuropas am Welthandel von 26,4 Prozent (1990) auf fünf Prozent (2020) absinken.[21] Mit anderen Worten: Die Armen werden noch ärmer, die Reichen noch reicher.

Doch wie globalisiert ist denn nun die deutsche Wirtschaft? Was ist das reale Ausmaß der Internationalisierung, was ist journalistische Sensationsmache oder politische Instrumentalisierung eines durchaus vorhandenen Trends zur Globalisierung? Die deutschen Direktinvestitionen im Ausland entfallen zu über 70 Prozent auf nur vier Branchen: die Chemie- und Pharmaindustrie, den Maschinenbau, die Autoindustrie und die Elektroindustrie. Von ihnen wiederum lässt sich nur die deutsche Chemie- und Pharmaindustrie als wirklich globalisierte Branche charakterisieren: Im Jahr 2000 wurden über zwei Drittel des Umsatzes der deutschen Chemie- und Pharmaindustrie im Ausland erwirtschaftet. Die Branchenführer (Hoechst/Aventis, Bayer, Schering, BASF) haben zudem Produktionsschwerpunkte in Nordamerika, Japan und Westeuropa aufgebaut und sind ebenfalls in Entwicklungsländern überdurchschnittlich mit Direktinvestitionen beteiligt.[22]

Die deutsche Automobil- und Elektroindustrie (VW, Daimler-Chrysler, BMW, Siemens, Bosch) produzierte im Jahr 2000 rund 35 Prozent vom heimischen Branchenumsatz im Ausland – zumeist in den drei Triaderegionen –, doch verfügen diese Konzerne noch nicht über »triadische Produktionsnetzwerke« wie die chemisch-pharmazeutische Industrie. Der Internationalisierungsgrad bzw. »Triadisierungsgrad« der meisten anderen Branchen des verarbeitenden Gewerbes (auch der des Maschinenbaus) liegt teilweise weit unter der 20-Prozent-Marke.[23]

Die immer wieder kolportierte Abwanderung deutscher Unternehmen und ihrer Produktionsanlagen aus dem deutschen »Hochlohnland« in »Niedriglohnländer« der Dritten Welt oder Osteuropas ist Propaganda. Die Auslagerung deutscher Unternehmen bzw. ihre industrielle Auslandsproduktion konzentriert sich zum weit überwiegenden Teil auf die Länder der EU und Nordamerikas, in denen ähnlich hohe Löhne gezahlt werden. Diese Aktivitäten dienen in erster Linie der Erschließung, Sicherung und Erweiterung von Märkten und gehen bislang kaum zu Lasten der heimischen Produktion und heimischer Arbeitsplätze, sind also nicht kostenorientiert. Auslagerungen deutscher Unternehmen in Niedriglohnländer der Dritten Welt und des nicht in die EU integrierten Teils Osteuropas, die man noch am ehesten als »kostenorientierte Produktionsverlagerung« deuten könnte, spielen zumindest bisher eine klare Nebenrolle. Nur in Ausnahmefällen lagerten deutsche Unternehmen zwischen 1995 und 2004 nach

Tschechien, Polen und Ungarn aus. Aber diese Länder sind inzwischen Mitglieder der EU und müssen sich mehr und mehr an die üblichen Lohnsätze und Richtlinien des »alten Europa« heranarbeiten, um von Brüssel nicht bestraft zu werden. Von einem erheblichen Export deutscher Arbeitsplätze in Niedriglohnländer zu sprechen ist Unsinn. Vor allem auch deshalb, weil u. a. die Infrastruktur (Transportwege, ausgebildete Arbeiter) und die Rechtssicherheit (Rechtsschutz ausländischer Produktionsanlagen) in vielen dieser Länder auf wackeligen Beinen stehen.

Daher hatte Hans-Olaf Henkel, Ex-Topmanager bei IBM Deutschland und danach Präsident des Bundesverbandes der deutschen Industrie, im Herbst 1995 in der Tat einen falschen Hasen aus dem Globalisierungshut gezaubert, als er uns wissen ließ: »Arbeitsplätze sind ein Exportschlager der Deutschen geworden.«[24] Henkel wusste ebenso gut wie andere vermeintliche Experten, dass die überwiegende Mehrzahl der deutschen Auslandsinvestitionen in andere hoch entwickelte, postindustrielle Länder fließt. Ein ähnliches Statement von Henkel sorgte kurz vor der Bundestagswahl im September 2002 für öffentlichen Aufruhr: In einer Fernsehrunde behauptete er, dass die rot-grüne Koalition einen Reformstau bewirkt und Deregulierungen gestoppt habe. Deshalb würden deutsche Firmen auch weiterhin ins billigere und standortfreundlichere Ausland ausweichen und eben das würde die Arbeitslosigkeit in Deutschland erhöhen. Eindeutiger kann man nicht versuchen, Wahlen durch die Medien zu manipulieren.

Trotz der notorischen Auslagerungsdrohung und der Dauerkritik am Wirtschaftsstandort Deutschland gibt es ausländische Unternehmen, die Deutschland als attraktiv und gewinnbringend einschätzen. So hat sich z. B. der US-Technologiekonzern Motorola zum zweiten Mal dafür entschieden, neue Produktionsanlagen in der Bundesrepublik aufzubauen. In Norddeutschland erweiterte das Unternehmen seine Handy-Fertigung, und in Dresden wurde gemeinsam mit Siemens eine neue Chip-Produktion errichtet. Der britische Mobilfunk- und High-Tech-Konzern Vodafone entschloss sich im Februar 2000, den deutschen Mannesmann-Konzern zu übernehmen, und zwar vor allem auch wegen der in der Welt führenden digitalen Mobilfunktechnik von Mannesmann, mit der bald ganz Europa mit einem digitalen Mobilfunknetz ausgestattet werden soll. Auch die angloamerikanischen Hedge- und Private-Equity-Fonds fallen seit 2000 über deutsche Unternehmen her, weil sie davon überzeugt sind, sie nach ein paar Jahren mit hoher Rendite wieder abstoßen zu können.

In der regionalen Struktur der deutschen Auslandsproduktion ist sogar eher eine intraeuropäische als eine transatlantische oder gar eine triadische Ausrichtung charakteristisch. Zwar stehen die USA unter den einzelnen Anlageländern deutscher Unternehmen an erster Stelle, nimmt man die Direktinvestitionen als Maß, unangefochten vor Frankreich, England, Österreich, Italien und Spanien. Schaut man sich jedoch die regionale Verteilung der deutschen Direktinvestitionen an, dann zeigt sich, dass auch in diesem Fall (und mit steigender Tendenz) schon 1995/96 über 55 Prozent aller ausländischen Direktinvestitionen deutscher Unternehmen auf Westeuropa entfielen, gefolgt von rund 28 Prozent in Nordamerika.[25] Die deutschen Direktinvestitionen in Japan und Südostasien waren ebenfalls mit weniger als zehn Prozent außerordentlich überschaubar. Der auf die Niedriglohnländer der Dritten Welt entfallende Anteil hat sich seit 1990 mehr als halbiert, eben weil hoch entwickelte Industrieländer nur ungern in die bereits heute abgekoppelten Verliererländer unseres Erdballs investieren.[26]

Erst von 2000/2001 ab investierten deutsche Unternehmen mehr als zuvor in den sich nun öffnenden, aufstrebenden kapitalistischen Markt Chinas. Insbesondere die deutsche Auto-, Elektro- und Anlagenindustrie (VW, BMW, Siemens) legte ihr Geld in sog. Joint Ventures an, vor allem um in China Marktanteile zu gewinnen. Allein VW will mit seinem Joint Venture mit dem chinesischen Hersteller First Automotive Works (FAW) angesichts sinkender Marktanteile in der EU und den USA in China einen neuen Markt eröffnen. Doch die große Gefahr besteht, dass die zukünftige Wirtschaftssupermacht China eines Tages beim Auslaufen der Joint-Venture-Verträge die Ausländer – wie schon in der Textilindustrie – hinauswirft und versucht, die ganze Welt selbst mit Autos made in China zu beliefern.

Diese Zahlen und Fakten sprechen eine klare Sprache gegen die vermeintlich bereits vollzogene umfassende »Globalisierung« der deutschen Wirtschaft. Die deutschen Topmanager operieren mit ihrem Investivkapital keineswegs total global, sondern ausgesprochen national und intraregional und nur in den erwähnten Branchen in den bereits hoch entwickelten drei Regionen der Welt und nun auch im neuen kapitalistischen Markt Chinas. Die Relationen sind in anderen High-Tech-Ländern sehr ähnlich.[27]

Zur Internationalisierung des High-Tech-Kapitalismus gehörte in den 90er Jahren auch eine stetige internationale Auffächerung der zuvor fast ausschließlich im Heimatland betriebenen industriellen Forschung und Entwicklung (FuE). Das hamburgische Weltwirtschafts-Archiv (HWWA) schätzt, dass die FuE-Aufwendungen deutscher Firmen im Ausland in den 90er Jahren auf rund 15 Prozent der FuE-Aufwendungen im Inland gestiegen sind. Auf diesem Gebiet zeichnet sich eine transatlantische Ausrichtung der deutschen Forschungstätigkeiten ab: Rund zwei Drittel aller FuE-Aufwendungen deutscher Unternehmen im Ausland entfallen auf die USA, so eine Untersuchung des *Wall Street Journal* vom März 2001, der Großteil des Restes entfällt wiederum auf europäische Nachbarländer.[28]

Der japanisch-südostasiatische Raum hingegen, ausgenommen die enormen FuE-Aktivitäten der biologisch-chemisch-pharmazeutischen Industrie, ist als Forschungsregion der deutschen Wirtschaft bislang kaum erschlossen worden. Die Billiglohnländer der Dritten Welt und Osteuropas, also die Länder außerhalb der Triade, spielen als FuE-Standorte für deutsche Unternehmen bisher faktisch keine Rolle.

Auch der deutsche Außenhandel, der in den Vorstellungen vieler Bundesbürger bis in die entferntesten Winkel der Erde reicht – gemäß der Propaganda vom »Globalen Dorf« –, ist in Wahrheit mehr durch eine nachhaltige Europäisierung als durch eine fortgeschrittene Globalisierung gekennzeichnet. In den 90er Jahren wurden deutlich mehr als zwei Drittel des deutschen Exports mit verarbeitenden Gütern innerhalb der Hochlohnländer der Europäischen Union abgewickelt. Rund 40 Prozent davon entfielen dabei auf die unmittelbaren Nachbarländer

Deutschlands. Das Handelsvolumen mit den transeuropäischen postindustriellen Hochlohnländern, vor allem den USA, dem japanisch-südostasiatischen Raum und Teilen des Nahen Osten, umfasste über 20 Prozent; der Rest entfiel auf die Entwicklungsländer und Osteuropa. Diese starke intraregionale Ausrichtung des Außenhandels ist keineswegs ein deutsches Phänomen. Über die Hälfte des Welthandels findet mittlerweile innerhalb der Triaderegionen statt – und in allen drei Regionen mit steigender Tendenz. Auch hier werden die Entwicklungsländer und selbst Osteuropa abgekoppelt.[29] Die so genannte Globalisierung der deutschen Wirtschaft und anderer hochentwickelter Ökonomien lässt also noch auf sich warten.

Mit anderen Worten: Die Globalisierung ist eher ein Produkt publizistischer Sensationsmacherei und gelenkter spektakulärer Informationen als ein beweisbares Phänomen. Die bedrohlichen Globalisierungsszenarien, die hier entworfen werden, sollen dem nationalen und intraregionalen High-Tech-Kapitalismus neue Profitmöglichkeiten durch Lohndumping, angedrohte Auslagerung und Sozialabbau eröffnen und die Politiker, die Arbeitnehmerschaft und ihre Gewerkschaften gefügig machen. In diesem Sinne sitzt Deutschland tatsächlich in einer »Globalisierungsfalle«, genau wie andere Länder der drei großen Weltwirtschaftsregionen.

2. Brot und Spiele

Nach dem Untergang der Sowjetunion und dem Zusammenbruch des real existierenden Staatssozialismus entsteht in den postindustriellen Ländern eine neue, noch menschenfeindlichere Form des Manchester-Kapitalismus. Solange die UdSSR als der »große Feind« unserer Gesellschaftsordnung existierte, spielten die Manager den Wolf im Schafspelz. Wirtschaftspolitik hatte immer auch einen ideologischen Impetus, nämlich ein menschliches Antlitz des Kapitalismus zu zeigen, etwa in seiner Spielart der sozialen Marktwirtschaft. So sollte demonstriert werden, dass das kapitalistische Wirtschaftssystem dem Staatssozialismus in jeder Hinsicht überlegen war.

Heute ist das anders. Die Manager müssen keine Rücksicht mehr nehmen auf Gewerkschaften, nationale Politik oder nationale Identität. Damit entwickelt sich eine neue Tyrannei: Statt des politischen sind wir heute mit einer Form des ökonomischen Totalitarismus konfrontiert.

Im keynesianischen Nachfragekapitalismus wurden Güter und Dienstleistungen vor allem aus zwei Gründen hergestellt und verkauft: um die Nachfrage zu befriedigen und um Gewinne zu erzielen. In konjunkturellen Krisenzeiten oder bei Massenarbeitslosigkeit erwies sich der Staat durch Interventionen als Korrektiv. Im grassierenden neoliberalen Angebotskapitalismus werden immer neue Bedürfnisse geweckt, um das Angebot anzukurbeln und häufig schlicht Überflüssiges abzusetzen. Damit sie in diesem absurden Wettlauf auf jeden Fall mit Riesenschritten vorwärts kommen, greifen die Manager den Politikern uneingeschränkt ins Ruder. Dabei wird der Staat als ausgleichender Regulator entmündigt und die Gesellschaft letztlich entmachtet.

Diese Deregulierungsprozesse gefährden natürlich auch die Sozialsysteme – nicht nur in Deutschland, sondern überall, wo die Benachteiligten und abhängig Arbeitenden sich lebensnotwendige Rechte und humane Arbeitsbedingungen erkämpft haben. Speziell die Bundesrepublik stellte sich mit dem Modell der sozialen Marktwirtschaft jahrzehntelang an der Nahtstelle des Ost-West-Konflikts als das Schaufenster des sozialen Fortschritts der kapitalistischen Welt für den ideologischen Gegner im Kalten Krieg der Systeme dar.

Heute dagegen muss die Wirtschaftselite nicht länger auf ihre Beschäftigten Rücksicht nehmen. Seit dem Ableben der UdSSR gibt es keinen Systemwettbewerb mehr, in dem man ständig auch den sozial Überlegenen herausstellen muss. Der Kapitalismus ist allein übrig geblieben und präsentiert sich vollmundig als »Sieger der Geschichte«. Der US-Politologe Francis Fukuyama behauptet gar, mit dem Untergang der Sowjetunion und dem Sieg des Kapitalismus sei das »Ende der Geschichte« eingetreten, die menschliche Gesellschaft habe endlich mit der neoliberalen Marktwirtschaft die »Höchststufe der Zivilisation« erreicht.[30]

Welch zynische These angesichts des rücksichtslosen Raubtierkapitalismus, der rasend schnell fortschreitenden High-Tech-Wirtschaft, die scheinbar unaufhaltsam auf uns zurollt.

Edward Luttwak, einst Falke der Reagan-Regierung und Anhänger der Angebotswirtschaft, heute Professor für Internationale Politik an der Georgetown University in Washington und nun Kritiker der neoliberalen Marktwirtschaft, bezeichnete diese »Beschleunigung des Prozesses der kreativen Zerstörung« als »das Neue am neoliberalen marktwirtschaftlichen Kapitalismus«. Er konstatierte, das »horrende Tempo der Veränderung« in Verbindung mit der augenscheinlichen »Besessenheit der Wettbewerbsfähigkeit« werde zum »Trauma für einen Großteil der Bevölkerung«. Noch zu unseren Lebzeiten würden wir durch diesen »Turbokapitalismus eine ungeheure Massenarbeitslosigkeit erfahren müssen«, deren Ausmaße wir uns heute kaum vorstellen könnten. Es würde nur »wenige Gewinner, aber Massen von Verlierern« geben.[31]

Nationale Kulturen und historisch gewachsene nationale Gemeinschaften lösen sich dabei auf, und den Menschen bedeuten demokratische Politik und Wahlen nichts mehr. Vielen ist klar geworden, dass die Politik sich gegen die Herrschaft der Manager nicht mehr auflehnen kann, dass es für sie keine positiven Veränderungen mehr gibt, dass politische Wahlen nichts mehr bewirken. »Deshalb«, so der US-Autor Gore Vidal, »gingen 51 Prozent der amerikanischen Wahlberechtigten im Jahr 1996 nicht zu den Präsidentschaftswahlen, weil es außer ›tweedle dee‹ und ›tweedle dum‹ doch nichts zu wählen gab. Ob Clinton oder Dole, sie mussten sich beide dem Diktat der Wirtschaftselite unterwerfen. Eigenständige Politik gibt es in den USA nicht mehr. Politik wird bei uns vom Topmanagement – und das ist viel weniger als ein Prozent aller Amerikaner – bestimmt.«[32] Und so war es auch bei der Präsidentschaftswahl 2000, weniger als die Hälfte der US-Wahlberechtigten gingen zu den Urnen. Bei den Kongresswahlen im November 2002 wählten nur 39 Prozent aller wahlberechtigten

Amerikaner, im Jahr 2004 nur knapp 51 Prozent aller wahlberechtigten US-Bürger.

Politische Abstinenz ist nicht länger bloß eine amerikanische Krankheit, auch die politischen Kräfte in westeuropäischen Staaten verlieren mehr und mehr ihre demokratische Legitimation. Die nationalen Schicksalsgemeinschaften werden aufgelöst durch den standort- und wettbewerbsfixierten Wirtschaftsinternationalismus der Manager. Die Manager sind die wirklichen »vaterlandslosen Gesellen«. Sie kümmern sich nur noch um ihre utilitaristischen Ziele, um den grenzen- und regellosen Wettbewerb. Sie besitzen keine Zugehörigkeit zu einer politischen Gemeinschaft mehr. Sie fühlen sich für deutsche, französische oder britische Politik oder Kultur nicht mehr verantwortlich. Sie teilen mit ihren Landsleuten keine gemeinsame Geschichte, keine gemeinsame Kultur, kein gemeinsames Schicksal mehr. Die internationale Managerelite ist dabei, die Politik »aufzufressen«. Ihr haben sie allenfalls eine Handlangerrolle zugedacht. Die neuen Herren formen nun ihren eigenen transnationalen Staat, den Staat der Manager.

Auch in der Europäischen Union geht die Politik der Wirtschaft bereits mit vorauseilendem Gehorsam bei der Zerstörung des Sozialstaats voran. Bis 1980 waren in den meisten Staaten Westeuropas zwischen 1 und 2,5 Prozent aller arbeitsfähigen Menschen arbeitslos. 1996 waren es schon durchschnittlich über 12 Prozent. Dass es in Westeuropa so viele »Drückeberger« oder »Freizeitparkbewohner« geben sollte, glaubte nicht einmal Helmut Kohl, der diese Begriffe in die Welt setzte. Allein in Deutschland fanden z. B. 1996 4,2 Millionen Arbeitsuchende keinen Job mehr – das war eine Arbeitslosenquote von fast zehn Prozent. Mit den Langzeitarbeitslosen und Sozialhilfeempfängern – die in den offiziellen Arbeitslosenzahlen nicht geführt werden – waren es gar über sechs Millionen. Das entspricht einer Quote von 15,68 Prozent. In Frankreich lag die (offizielle) Arbeitslosenzahl 1996 bei vier Millionen (13 Prozent) – inoffiziell lag die Zahl bei fünf Millionen. In Italien lag die offizielle Zahl bei drei Millionen (12,2 Prozent). Selbst in Großbritannien, wo – wie in den USA – Beschäftigung immer mehr durch Teilzeitjobs und so genannte McJobs geschaffen wurde, gab es offiziell 6,7 Prozent, inoffiziell 13,4 Prozent (4,4 Millionen) Arbeitslose. Die Briten hatten Ende 1996 z. B. einen Anteil von Teilzeitarbeit und Leiharbeit an der Gesamtbeschäftigung von über 24 Prozent zu verzeichnen (die USA 21 Prozent).[33]

Dazu kommt, dass diese Art von Zeitarbeit zumeist ohne Kranken- und Sozialversicherung für die Arbeiter und Angestellten abgeschlossen wird. Kein Arbeitsgesetz verpflichtet Manager in Großbritannien oder den USA mehr, für ihre Mitarbeiter Mindestlöhne, Kranken- oder Sozialversicherung zu zahlen. Tarifverträge gibt es auch nicht mehr, Kündigungsfristen schrumpfen auf wenige Tage. Lohnfortzahlung bei Krankheit existiert sowieso nicht. In den letzten Jahren ersetzten britische Firmen zehntausende gut bezahlter Vollzeitarbeitnehmer mit Anspruch auf Unternehmensbeteiligung an den Zahlungen für ihre Sozial- und Krankenversicherung durch weit unter Tarif bezahlte Leiharbeiter, die sie jederzeit feuern können und die weder Ansprüche auf Kranken- und Sozialversicherung noch auf Mindestlöhne haben. Über zwei Drittel der seit 1993 geschaffenen Stellen, das zeigt eine Studie der größten britischen Bankengruppe HSBC, sind solche Leiharbeiterjobs.[34] Deshalb sollte man korrekt nicht von Teilzeitjobs oder Leiharbeit sprechen, sondern von Tagelöhnerjobs ohne jede soziale Sicherheit. Der *Spiegel* bilanzierte diese britische Radikalkur wie folgt: Durch die Teilzeitjobs »schrumpften die Arbeitslosenzahlen. Die Investitionen legten zu. Doch der Preis des Jobwunders ist für viele Engländer sehr hoch … Jeder dritte Brite muss in Nachtschichten arbeiten, jeder zweite auch am Wochenende.«[35] Schon im Jahr 2001 war der Anteil von Teilzeitjobs an der Gesamtbeschäftigung in Großbritannien auf beinahe 30 Prozent gestiegen.

Je genauer man sich die Statistiken der vermeintlichen ökonomischen Musterländer anschaut, umso mehr regen sich Zweifel am Erfolg von deren wirtschaftlichen Strategien. Den Angaben der Tory-Regierung zufolge lag die Arbeitslosenquote 1996 bei 6,7 Prozent. Doch nicht nur die Labour Party, auch unabhängige Kritiker machten eine ganz andere Rechnung auf. Nach ihren Erkenntnissen lag die Zahl der Arbeitslosen bei 4,4 Millionen – doppelt so hoch, wie die offiziellen Zahlen auswiesen. Selbst Kabinettsmitglieder, so *The Independent*, räumten hinter vorgehaltener Hand ein, dass die Tory-Regierung sich ihre Zahlen schöngerechnet hatte. Über dreißig Mal wurden in den 80er und 90er Jahren die Statistiken mehr oder weniger willkürlich verändert.[36] Heute, unter der Labour-Regierung, gilt nur noch als arbeitslos, wer Hilfe aus der Arbeitslosenkasse bezieht, und das auch nur sechs Monate lang – wenn überhaupt. Denn wenn ein Familienmitglied den Arbeitslosen miternähren kann, gibt es für diesen gar nichts. So fallen Frauen erwerbstätiger Männer durch das Raster. In der Statistik glänzt Tony Blairs Vereinigtes Königreich deshalb mit einer weit unterdurchschnittlichen Frauenarbeitslosigkeit im Vergleich zu anderen Ländern der Europäischen Union.

Überhaupt nicht unter der Rubrik Arbeitslose erfasst werden arbeitsuchende Teilnehmer von Fortbildungskursen, Jugendliche unter 18 und Erwachsene über 60 Jahre. Kein Wunder, dass die offiziellen britischen Zahlen so »gut« aussehen. Auch in den USA ist das regierungsamtliche Frisieren der Arbeitslosenzahlen eine bekannte und beliebte Übung. So wurde z.B. die US-Arbeitslosenzahl Ende 1996 offiziell mit 5,6 Prozent beziffert. In Wirklichkeit, so die Berechnungen der unabhängigen Washingtoner Brookings Institution, lag die Zahl bei rund zehn Prozent.[37]

In Großbritannien nähert sich seit Maggie Thatchers Regierungszeit das Bildungs- und Sozialsystem konsequent dem Stand eines Entwicklungslandes an. Das hat sich auch unter Tony Blairs Labour-Regierung nicht viel geändert. Jedes dritte britische Kind wächst heute in relativer Armut auf. 1,5 Millionen Kinder unter 15 Jahren müssen mangels sozialer Unterstützung arbeiten, Schulbesuch oder Weiterbildung ist »out«. Während im kontinentalen Westeuropa vier Fünftel aller 18-Jährigen einer Ausbildung nachgehen, lernt in Großbritannien weniger als die Hälfte der Jugendlichen in diesem Alter noch etwas dazu. Zudem liegt das nationale Gesundheitswesen am Boden. Lord Dahrendorf, seit 1988 britischer Staatsbürger und Mitglied des Oberhauses, berichtete in einem *Spiegel*-Interview, dass für alte Menschen in den überfüllten englischen Krankenhäusern kein Platz mehr sei und sie »unter verheerenden Bedingungen« dahinvegetierten. Sie wären »die Ersten, die auf den Flur geschoben werden und dort langsam vor sich hinsterben«.[38]

Die britischen Sozialkassen sind leer, weil unter Tony Blairs New Deal in den letzten Jahren der britische Staat für neu eingestellte Leih- bzw. Teilzeitarbeiter einen überproportional großen Teil der Löhne aufbringen musste, den die Unternehmen nicht mehr willens waren zu zahlen. Dadurch fiel zwar die Arbeitslosigkeit in Großbritannien in 2002 auf einen bedeutend niedrigeren Stand, aber die Sozial- und Steuerkassen bluteten aus.

Als Blair vor acht Jahren Premierminister wurde, übernahm seine Regierung von den ultraliberalen Torys eine Erblast von hoher Arbeitslosigkeit, bitterer Armut, schwachen Gewerkschaften, niedrigen Löhne und minimalem Kündigungsschutz. Durch massive staatliche Lohnsubventionen schuf die Blair-Regierung Jobs für fast eine Million Arbeitslose. In den letzten Jahren wurde Blairs New-Deal-Programm mit dem so genannten »50plus«-Konzept gestartet. Danach erhalten eingestellte ältere Arbeitslose zu ihrem Billiglohn einen staatlichen Zuschuss von wöchentlich 60 Pfund (rund 100 Euro), jüngere Teilzeitjobber bekommen aus den Staatskassen wöchentlich 40 Pfund. Die britischen Unternehmen ziehen sich also von der vollen Lohnzahlung und damit aus ihrer sozialen Verantwortung zurück und fördern so auf dem Rücken der abhängig Beschäftigten ihre Wettbewerbsfähigkeit.

Ähnliches gilt auch für die US-Wirtschaft. Auch hier werden an eingestellte ehemalige Langzeitarbeitslose, Leih- und Teilzeitarbeiter Niedrigstlöhne ohne Kranken- und Sozialversicherung gezahlt. Aber der US-Staat zahlt keine Lohnsubventionen drauf und zwingt so viele Arbeitnehmer, mehrere »McJobs« gleichzeitig annehmen zu müssen.

In Deutschland lag die Arbeitslosenquote vor den letzten Bundestagswahlen 2002 bei 4,1 Millionen (das entspricht einer Quote von fast zehn Prozent – Langzeitarbeitslose nicht eingerechnet). Wir erinnern uns: Die rot-grüne Koalition war 1998 auch angetreten, um die Arbeitslosenzahl, die während der christliberalen Koalition zwischen 1994 und 1998 auf über 4,2 Millionen angewachsen war, auf

3,5 Millionen zu reduzieren. Sie verfehlte ihr Ziel. Daraufhin bat Bundeskanzler Gerhard Schröder im Frühjahr 2002 den damaligen Arbeitsdirektor des VW-Konzerns, Peter Hartz, mit einer »partei- und lagerübergreifenden Expertenkommission« Konzepte für eine »durchgreifende Arbeitsmarktreform« zu entwickeln. Mitte August 2004 legte Hartz seinen Abschlussbericht vor, den der Kanzler »eins zu eins« umzusetzen versprach.

Unter dem Stichwort »Job-Floater« erhalten Unternehmen, die Arbeitslose einstellen, staatlich abgesicherte günstige Kredite, außerdem beteiligt sich der Staat bei den Sozial- und Krankenversicherungsbeiträgen. Aber das eigentliche »Herzstück der Reform«, so Hartz in einem *Spiegel*-Interview im November 2002, ist das »Konzept der Leiharbeit«. Die Hartz-Kommission schlug vor, dass über so genannte Personal-Service-Agenturen Arbeitslose wie in den USA zu niedrigeren Verdiensten als die Stammbelegschaft an Unternehmen ausgeliehen werden sollten. Die Leiharbeiter sollen dabei nach der »Kommissionsfaustformel« zu Löhnen arbeiten, die 30 Prozent (!) unter dem Tariflohn der Stammarbeiter liegen, um so die Unternehmen durch diese Kostensenkung »wettbewerbsfähiger« zu machen. An der Zahlung der Sozial- und Krankenversicherungsbeiträge solle der Staat sich beteiligen.

Hatten Gewerkschafter in der Kommission diese Vorschläge noch widerstrebend mitgetragen, so wandten sich Gewerkschaftsführer wie DGB-Chef Michael Sommer und IG-Metall-Chef Klaus Zwickel im Nachhinein gegen dieses Leiharbeiter-Billiglohnkonzept und verlangten »gleichen Lohn für gleiche Arbeit«. Hartz konterte im *Spiegel*-Interview: Das Prinzip »gleicher Lohn für gleiche Arbeit« sei heute »keine realistische These« mehr, sondern »Wunschdenken«. Es würde in vielen Ländern Europas und auch in den USA nicht mehr angewandt und schränke nur die Wettbewerbsfähigkeit deutscher Unternehmen ein.

In der ZDF-Sendung »Berlin Mitte« vom 19. Dezember 2002 signalisierte dann DGB-Chef Sommer erste Kompromissbereitschaft in der Frage der Entlohnung der Leiharbeiter. Er bestand nicht mehr auf dem gleichen Tariflohn für alle Leiharbeiter, sondern zeigte sich willens, bei der »Einstellung von Langzeitarbeitslosen als Leiharbeiter« einen niedrigeren Verdienst von 10 bis 20 Prozent unter Tariflohn zu akzeptieren.

Mit dem Konzept der Leiharbeit wird eine Arbeitnehmerschaft zweiter Klasse geschaffen, ohne wirkliche soziale Absicherung, ohne Kündigungsschutz. Leiharbeiter können meist sofort entlassen werden. In Deutschland gibt es erst seit 2004 einen (auch von den Gewerkschaften mitgetragenen) Tarifvertrag für Zeitarbeitnehmer, der ihnen ähnliche Rechte wie Festangestellten zusichert.

Aber das ist ja nichts Neues. Solche Modelle existieren bereits länger in den USA und Großbritannien. Sie werden dort ganz ungeniert angewandt, um die Lohnkosten der Unternehmen zu minimieren, eben um wettbewerbsfähiger zu sein. Oft werden dabei – insbesondere in den USA – tariflich entlohnte *(union wage)* Stammbeschäftigte von den Managern entlassen und dafür die »billigen«, untertariflich bezahlten Leiharbeiter eingestellt. Mit anderen Worten: Die Stammbelegschaft mit Tariflohn wird gegen Billiglohn-Leiharbeiter ausgetauscht, zum Wohle der Wettbewerbsfähigkeit der Unternehmen. Man nennt das in den USA den »Swingdoor Effect«. So könnte es auch bald in Deutschland kommen, setzte man Hartz' Herzstück der Reform des Arbeitsmarktes, also die Vermittlung und Einstellung von Leih- und Teilzeitarbeitern, »eins zu eins« durch.

Der kanadische Wirtschaftswissenschaftler Michel Chossudovsky warnt in seinem Buch *The Globalisation of Poverty* (2001) vor einem immer größer werdenden Lohndumping. Der globale High-Tech-Kapitalismus wird sich in naher Zukunft geradezu aus billiger Leih- und Teilzeitarbeit speisen, prophezeit er. Leiharbeiter werden – wie jetzt schon in den USA – zwei und drei Teilzeitjobs ausführen müssen, um zu überleben, und das ohne soziale Absicherung. Die »globale Armut ist dabei ein Input auf der Angebotsseite«. Aus der Sicht der globalen Spieler gehören die nationalen Teilzeit- und Leiharbeitskräftereserven zu einem einzigen internationalen Reservepool, so Chossudovsky, innerhalb dessen diese recht- und tariflosen Arbeitnehmer aus verschiedenen Ländern in offene Konkurrenz zueinander gebracht werden und zu jeder Zeit geheuert und gefeuert werden können, denn Kündigungsschutz existiert nicht mehr. Die so entstehende globale Arbeitslosigkeit (die unter dem Stichwort »Überschussbevölkerung« verhandelt wird) wird zu einem Katalysator der globalen Kapitalakkumulation, welche die Lohnkosten in jeder der nationalen Wirtschaften nach unten drücken wird.[39]

Weil auch im deutschen High-Tech-Kapitalismus für die Bezahlung der Arbeit immer weniger übrig bleibt, sollen zumindest vorerst die Bezieher von Löhnen den verbleibenden Rest so unter sich aufteilen, dass viele etwas erhalten. Deutschland soll von den USA lernen, wo viele Arbeitnehmer schon Leih- und Teilzeitarbeit verrichten, aber dafür extrem niedrige Löhne, kaum Sozialleistungen, kaum brauchbare Krankenversicherungen, keinen Kündigungsschutz in Kauf nehmen müssen. Das ist die eigentliche Botschaft der Hartz-Kommission. So schafft man nach und nach ein Heer von beinahe rechtlosen Leiharbeitern mit Billiglöhnen, während die Manager das Recht auf ihrer Seite haben, ihre Riesengehälter und opulenten Aktienoptionen einzusacken.

Irgendwann platzt angesichts dieser absurden Verhältnisse den Politikern auch einmal der Kragen. Im März 2005 war es bei Kanzler Schröder so weit. Die Arbeitslosigkeit war in seiner zweiten Legislaturperiode weiter angestiegen, trotz der Agenda 2010 und der Hartz-IV-Reformen, von 4,2 Millionen in 2003 auf 5,2 Millionen. Die Politik, so wird Schröder in der *BamS* am 27. März 2005 zitiert, »habe mit den Reformen der Agenda 2010 einen Rahmen geschaffen, der für die Unternehmen in Deutschland allerbeste Voraussetzungen bietet«. Unternehmenssteuern seien gesenkt, Lohnnebenkosten verringert, Bremsfaktoren für neue Arbeitsplätze abgebaut, investitionsfeindliche staatliche Regeln und Gesetze abgeschafft (Deregulierung), neue Möglichkeiten für mehr Jobs durch Hartz IV (Jobvermittlung von Langzeitarbeitslosen mit staatlichen Lohnzuschüssen) geschaffen worden. Nun sei die Wirtschaft gefordert, endlich etwas für den Aufschwung und die Abschaffung der hohen Arbeitslosigkeit zu tun.

Es solle »endlich das ständige Gerede von der Verlagerung der Betriebsstätten und Arbeitsplätze in das billigere Ausland aufhören und in Deutschland investiert werden«. Das war eine mutige Aufforderung des Kanzlers an die Wirtschaft. Er bekam am Tag darauf auch sofort eine Retourkutsche vom Gesamtmetall-Chef Martin Kannegiesser, der wissen ließ: »Gegen wirtschaftliche und technologische Fakten helfen keine Beschwörungsformeln.«

Zu diesen Fakten gehört auch das Investitionsverhalten großer Konzerne – egal, ob deutsche, britische, amerikanische –, die nicht mehr so sehr in menschliche Arbeitskraft investieren wollen, sondern vielmehr in die modernen Produktionsmittel des High-Tech-Kapitalismus wie Computer, Roboter, Glasfaservernetzung, da diese schon kurzfristig weniger Kosten verursachen als die menschliche Arbeit. So wird Wirtschaftswachstum dann durch die oben genannten modernen Produktionsmittel des Technokapitalismus geschaffen und nicht mehr durch menschliche Arbeitskraft. Amerikanische Wirtschaftswissenschaftler wie der Nobelpreisträger Joseph Stiglitz nennen diese Entwicklung dann folgerichtig »jobless growth« (Wirtschaftswachstum ohne menschliche Arbeit).

Die modernen technischen Produktionsmittel des Turbokapitalismus ersetzen mehr und mehr die menschliche Arbeit. Ziel dieser geplanten gewaltigen Umwälzungen im transnationalen Konkurrenzkampf der Triade-Konzerne ist die schnellste Minimierung von Kosten (an erster Stelle Lohn- und Lohnnebenkosten) und die sofortige Maximierung der Profite und der Aktienoptionen. Die Manager nehmen dafür bewusst Massenarbeitslosigkeit in Kauf, beschleunigen ihren Anstieg sogar.

Denn der vorwärts rasende Turbokapitalismus des 21. Jahrhunderts benötigt nur noch einen Bruchteil der heute Beschäftigten. Zu diesem Schluss kam schon der Präsident des Washingtoner Worldwatch Institute, Lester Brown, in einem »News Letter« seines berühmten Instituts aus dem Jahr 1995, ebenso wie die *Spiegel*-Redakteure Hans-Peter Martin und Harald Schumann in ihrem Buch *Die Globalisierungsfalle* (1996). Sie alle hatten im September 1995 eine Konferenz in San

Francisco besucht, auf der führende Konzernmanager, Top-Banker, Politiker und Wissenschaftler sich ein Stelldichein gaben und die unmittelbare Zukunft von Arbeit, Wachstum und Wettbewerb diskutierten. Lester Brown und die *Spiegel*-Reporter hörten dort erschüttert, wie »die Machtelite der Welt« eine zukünftige Welt beschrieb, in der eine ungeheure Massenarbeitslosigkeit herrsche, weil es nur noch für ein Fünftel der Menschen Beschäftigung geben würde.[40] Bereits einige Jahre zuvor hatten die US-amerikanischen Wirtschaftswissenschaftler Jeremy Rifkin und Robert Reich auf die gleiche Sachlage mit den gleichen »Schreckenszahlen« hingewiesen.[41] Auch Edward Luttwak hatte schon 1994 in seinem Werk *Weltwirtschaftskrieg* vor dieser Entwicklung gewarnt.

Trotzdem verblüfft die Kaltschnäuzigkeit der Direktoren aus den Chefetagen und ihrer hilfswilligen Wissenschaftler und Politiker selbst Eingeweihte: Die neuen Weltlenker verkündeten im Fairmont Hotel von San Francisco unmissverständlich, dass 20 Prozent der arbeitsfähigen Bevölkerung im 21. Jahrhundert ausreichen würden, um die High-Tech-Weltwirtschaft in Gang zu halten. Mehr Arbeitskraft werde nicht benötigt. Ein Fünftel aller Arbeitswilligen genüge dann, um die Waren zu produzieren und Dienstleistungen anzubieten, welche die neue Weltgesellschaft zum Wohle der Manager verbrauchen und in Anspruch nehmen könnte. Mehr Jobs wären auf den technologisch aufwendigen Wachstumsmärkten und bei den High-Tech-Zukunftsbranchen nicht erforderlich.[42]

Die »überflüssigen«, wirtschaftlich nicht relevanten 80 Prozent, also vier Fünftel der Weltbevölkerung, sollten aber deswegen nicht auf dumme Gedanken kommen. Durch »Tittytainment«, d.h. mit einer Mischung aus betäubender Unterhaltung (›entertainment‹) und ausreichender Ernährung am Busen (›tits‹) der wenigen Produktiven soll die frustrierte Bevölkerung der Welt bei Laune gehalten werden.[43] Der Ausdruck »Tittytainment« wurde von Zbigniew Brzezinski, dem ehemaligen nationalen Sicherheitsberater von US-Präsident Jimmy Carter, auf der besagten Konferenz in Umlauf gebracht.

»Tittytainment« kennen wir aus Aldous Huxleys *Schöner Neuer Welt* und auch aus der Geschichte des antiken Rom, wo die Massen mit »Brot und Spielen« besänftigt wurden. Allerdings wird den Massen der globalen Gesellschaft das Brot wohl fehlen, welches das Imperium Romanum an seine Bürger verteilte. Die Rolle der alten Zirkusspiele hat heute u. a. das so genannte Unterschichtenfernsehen übernommen mit Sportübertragungen, seichten Serien, Action-Filmen, Talk- und Sexshows, mit denen sich die arbeitslose Bevölkerung täglich 24 Stunden lang berieseln lassen kann.

Dieser Funktion sind sich die Fernsehmacher sehr bewusst. Die Programme des mexikanischen Medienmoguls Emilio Azcarraga, Eigentümer des transnationalen mexikanischen Medienkonzerns Televisa, werden via Mexiko-Stadt in ganz Lateinamerika ausgestrahlt. Azcarraga umriss seine kommunikative »Betäubungsmission« folgendermaßen: »Mexiko ist ein Land mit einer breiten, verarmten Klasse von Verlierern, die Verlierer bleiben werden. Das Fernsehen ist verpflichtet, diese Leute zu unterhalten und sie aus ihrer tristen Realität und schwierigen Zukunft herauszuholen … Die gehobene und obere Mittelschicht, die Reichen wie ich, wir sind keine Kunden, weil wir diesen Dreck nicht kaufen. Kurz gesagt, unser Markt in diesem Land ist klar die breite Masse.«[44]

So wie Azcarraga den lateinamerikanischen Medienmarkt mit seinem »Dreck« beherrscht, regiert Rupert Murdoch den asiatischen und australischen Medienmarkt. In der europäischen Medienszene herrschen gegenwärtig zwei dominierende transnationale Blöcke: einer, der sich um Bertelsmann, Frankreichs Canal Plus und die British Sky Broadcasting zentriert, und ein anderer, der sich um Überbleibsel der deutschen Kirch-Gruppe, Berlusconis italienische Fininvest und Hollands NetHold gruppiert. Beide Blöcke haben eine Kooperation vereinbart. Sie wollen gemeinsam die Autobahnen für das digitale Fernsehen in Deutschland und Europa bauen. Sie werden uns bald einheitlich mit ihren Programmen berieseln.

In den USA und Kanada haben eine Hand voll transnationaler Medienkonzerne ebenfalls ihre Medienmacht durch Fusionen verstärkt und liefern nun 24-stündige Unterhaltungsprogramme, von denen sich die Zuschauer betäuben lassen können. Beispiele dafür sind der Zusammenschluss der drei wichtigsten Kabelfernsehgesellschaften New Yorks (ComCast, Cox Cable Communications und Tele Communications) mit der US-Telekommunikationsgesellschaft Sprint, dazu kommt noch der Erwerb von 29 der 99 Lizenzen der Personal Communication Systems. Durch den 19-Milliarden-Dollar-Aufkauf von Capital Cities/ABC durch die Walt Disney Company und die Fusion von AOL, Time Warner Inc. und Turner Broadcasting System Inc. wurden die größten Medienkonzerne der Welt geschaffen. Dabei setzten die Disney-Manager durch, dass Goofy und Donald Duck und die amerikanischen Soap Operas nun weltweit auf all ihren Kanälen zu sehen sind. Ted Turner sendet seit der Fusion mit Time Warner weltweit Talkshows, Ärzte- und Krimiserien und immer im Abstand von dreißig Minuten die CNN-Weltnachrichten aus Atlanta. Das ist echte »Globalisierung im Cyberspace«, wie es der nordamerikanische Linguist und Philosoph Noam Chomsky ausdrückte.[45]

Wie das Tittytainment allerdings das Problem der Kaufkraft von vier Fünfteln der Weltbevölkerung lösen soll, bleibt ein Rätsel. Soll das eine Fünftel der Beschäftigten der »Informations- und Wissensgesellschaft« alles kaufen, was die transnationalen Konzerne produzieren? Oder sollen nur noch Luxusgüter für diese 20 Prozent hergestellt werden?

Der amerikanische Ökonomieprofessor Rustum Roy meinte während der Konferenz der »Machtelite« in San Francisco, man könnte ehrenamtliche Tätigkeiten der Arbeitslosen für freiwillige Gemeinschaftsdienste, Krankenhäuser, bei der Nachbarschaftshilfe, im Umweltschutz, bei der Straßenreinigung, in Kirchen, Sportvereinen oder für Vereine aller Art »durch eine bescheidene Bezahlung aufwerten und so die Selbstachtung von Millionen Bürgern fördern«.[46] So sind wir denn unterwegs zu einer neuen Zivilisation, die vier Fünftel der Weltgesellschaft mit Almosen abspeist und mit Brot und Spielen im Zaum hält – die Zivilisation der Manager.

Diese Entwicklung bedeutet nicht nur die Entmündigung der Gesellschaft, sondern »das Ende der Arbeit schlechthin«. So bewertet Jeremy Rifkin die sich abzeichnende »Globalisierung der Massenarbeitslosigkeit«.[47] Jacques Attali, ehemals französischer Forschungsminister und leitender Technologieberater von Präsident François Mitterrand, beschrieb in seinem Buch *Millennium* (1991) ebenfalls »das Ende der Ära der arbeitenden Männer und Frauen«.[48]

Das *Wall Street Journal* verkündete bereits am 16. März 1993, dass durch das »Re-Engineering« (Ersatz menschlicher Arbeit durch Roboter und Computer) der US-Konzerne schon in der vorhersehbaren Zukunft jährlich bis zu 2,5 Millionen Vollzeitjobs eliminiert würden und viele der Arbeiter nur noch durch Teilzeitjobs (höchstens 10 bis 14 Stunden die Woche) beschäftigt werden könnten. »Doch wenn die erste Stufe des Re-Engineering abgeschlossen ist, dann sehen unsere wissenschaftlich untermauerten Szenarios voraus, dass es in den nächsten zwanzig Jahren bis zu 25 Millionen Arbeitslose im privaten Sektor der US-Wirtschaft geben wird, die momentan noch 90 Millionen Voll- zeit- und Teilzeitjobs zur Verfügung stellt.«[49]

Im selben Artikel äußerte sich der amerikanische Unternehmensberater John C. Skerritt folgendermaßen: »Ich sorge mich um die sozialen Konsequenzen des Re-Engineering. Ich kann viele, viele Wege erkennen, wie die Jobs zerstört werden, aber ich sehe keinen, wie wir neue Jobs schaffen.« John Sculley, damals Topmanager von Apple Computer, erklärte dazu, dass am Re-Engineering und der Re-Organisation der Arbeit kein Weg vorbei führe. »Dennoch könnte«, so Sculley, »die auf uns zukommende Re-Organisation der Arbeit so massiv und destabilisierend sein wie der Beginn der industriellen Revolution. Das wird die größte soziale Herausforderung der nächsten 20 Jahre sein.«[50] Mittel und Wege, wie man dieser Herausforderung entgegentreten kann, konnte der erfahrene Manager nicht aufzeigen.

Der US-Ökonom Richard D'Aveni behauptet in seinem Buch *Hypercompetition* (1994) sogar, dass sich das unaufhaltsame Verschwinden des Produktionsfaktors Arbeit als die letzte große, völlig systemimmanente Aufgabe der kapitalistischen Gesellschaft erweisen würde.[51] Nach D'Aveni ist es geradezu die Pflicht der Topmanager, durch schnelle, immerwährende Rationalisierung und Technologieerneuerung zum Ausklang der nationalen kapitalistischen Ökonomien auf eine beschleunigte Verdrängung von Arbeit durch Maschinen hinzuarbeiten. Die heute entstehende »globale Wissensgesellschaft«, so D'Aveni, müsse durch den immer schnelleren Einsatz modernster und kostengünstigster High-Tech-Produktionsmittel vom viel zu kostspieligen Produktionsfaktor Arbeit befreit werden. Denn nur so könnten die transnationalen High-Tech-Konzerne sich im internationalen Wettbewerb behaupten.[52]

In den Plänen der Manager sind wir dazu ausersehen, die globale Wettbewerbsgesellschaft der 20 Prozent mitzuschaffen und die 80 Prozent Überflüssigen mit Tittytainment bei Laune zu halten. Aber vielleicht kann in der Zukunft doch noch eine Gesellschaft erhalten werden, an der sich alle oder zumindest sehr viele Menschen sinnvoll beteiligen. Im dritten Teil des Buches werde ich darauf zurückkommen.

3. Das Haifischbecken der neuen Manager-Mafia

Seit dem Zusammenbruch der UdSSR und dem Niedergang des Staatssozialismus bietet sich zum ersten Mal in der Geschichte die Möglichkeit einer globalen Wirtschaft, in der alles überall jederzeit produziert und verkauft werden kann. Für Konzernmanager bedeutet das, so Lester Thurow, »dass alle Produkte und Dienstleistungen jeweils dort hergestellt werden können, wo die dafür entstehenden Kosten am niedrigsten sind. Die so entstandenen Produkte und Dienstleistungen können dann in den Teilen der Welt verkauft werden, in denen die Preise und Gewinne am höchsten sind.« »Sentimentale Bindungen« an ein bestimmtes Land, eine bestimmte Kultur, eine bestimmte Nation sind nach Thurow dabei nicht vorgesehen,[53] wie es ja ähnlich schon der schwedische Topmanager Percy Barnevik ausdrückte.

Durch die rasante Technologieerneuerung sind die Kosten für Transport und Kommunikation rapide gesunken. Gleichzeitig stieg die Geschwindigkeit, mit der heute kommuniziert und transportiert werden kann, entsprechend an. Im Unternehmensbereich entstehen völlig neue Kommunikations-, Befehls- und Kontrollsysteme. »Forschungs- und Konstruktionsgruppen lassen sich in verschiedenen Teilen der Welt koordinieren. Bauteile werden in dem Teil der Welt hergestellt, in dem es am kostengünstigsten ist, und anschließend zur Montage an einen anderen Ort transportiert. Die Gesamtkosten werden immer minimiert. Die Bauteilgruppen werden mit ausgeklügelten ›Just-in-Time‹-Luftfrachtsystemen an ihren Bestimmungsort gebracht. Verkauft werden die Endprodukte oft in der ganzen Welt«, schreibt Thurow.[54]

Die auf uns zukommende Globalisierung der Wirtschaft treibt einen Keil zwischen die nationalstaatlichen politischen Institutionen und deren Bemühungen, wirtschaftliche Entwicklungen und internationale Wirtschaftskräfte in bestimmte Bahnen zu lenken. Schon heute entscheidet nicht mehr die nationale Politik über wirtschaftliche Entwicklungen, sondern »es entsteht eine globale Wirtschaft, in der außerhalb jeder nationalen Einflusssphäre angesiedelte geo-ökonomische Kräfte die nationale Wirtschaftspolitik eines Landes diktieren«.[55] Mit der Internationalisierung verlieren die einzelnen Regierungen ihre national begrenzten politischen Druckmittel, mit deren Hilfe sie die Wirtschaft bisher kontrollieren und sozialer gestalten konnten.

Die Ära, in denen der Staat den Unternehmen Regeln vorschreiben konnte, ist vorbei. »Die Geschäftstätigkeit wird sich immer dahin verlagern, wo sie keiner Aufsicht und keiner Regulierung unterliegt. Europäische Unternehmen expandieren in anderen Teilen der Welt, wo ›hire and fire‹ einfacher und billiger ist.«[56] Daimler z. B. ging nach Alabama, BMW nach South Carolina, weil gerade in diesen US-Bundesstaaten die Zahl der staatlichen Vorschriften und Regulierungen am geringsten ist und zudem die niedrigsten Sozialleistungen und Steuern gezahlt werden. Außerdem sind beide Bundesstaaten gewerkschaftsfrei. »Unsere Arbeitskosten«, so bestätigte der Daimler-Vorstandsvorsitzende Schrempp in einem ARD-Interview, »sind in Alabama um 25 Prozent geringer.«[57]

Da die Manager der transnationalen Konzerne ihre Standorte stets nach diesen Kriterien suchen werden, entsteht unter den nationalen Regierungen ein verschärfter Wettbewerb um Unternehmensansiedlungen. Wenn z. B. europäische Firmen Standorte in Südostasien wählen, sichern sie sich zugleich auch einen Marktanteil in den aufstrebenden Ländern dieser Triade-Region. Doch dem europäischen Staat fehlen die Steuereinkommen, mit denen er die von seinen Wählern nach wie vor erwarteten Sozial- und Dienstleistungen bezahlen könnte. Dadurch, dass sie ihre neuen Produktionsstätten in die USA auslagerten, reduzierten Daimler und BMW ihren Anteil an der Finanzierung der staatlichen deutschen Rentenversicherung.[58] Außerdem reduzieren viele Regierungen die Unternehmens- bzw. Körperschaftssteuern erheblich, um die Firmen im Lande zu halten, was wiederum die Steuereinkommen des Staates senkt und die staatlichen Sozialleistungen kappt. In Deutschland sind, wie schon ausgeführt, die Körperschaftssteuern für Unternehmen und die Besteuerung von Veräußerungsgewinnen im Jahre 2002 auf null gesunken.

In den vergangenen fünfzehn Jahren sind weltweit eine Vielzahl neuer potenzieller Standorte für die globale Weltwirtschaft eröffnet worden. Nicht nur die Länder Osteuropas einschließlich Russlands, auch China und ein Großteil der Dritten Welt ist zu einer kapitalistischen Wirtschaftsform übergegangen. Das bedeutet, dass der Turbokapitalismus umfassender und sein Wettbewerb grenzenloser wird. Gleichzeitig werden dabei alle nationalen oder auch überstaatlichen Regelwerke zur Lenkung und Humanisierung des weltweiten Kapitalismus obsolet. Hier beginnt der »globale Staat der Manager«, es entsteht – zugespitzt formuliert – das globale Haifischbecken der neuen Manager-Mafia. Nationale Kultur, Sozialstaatlichkeit und richtungweisende Verfassungen spielen keine Rolle mehr. Der technologisch-ökonomische Krieg der transnationalen Konzerne um globale Führung, um günstigste Standorte, um höchste Wettbewerbsfähigkeit, das brutale Niederkonkurrieren anderer globaler Unternehmen oder Wirtschaftsblöcke wird zu einem universellen Credo[59] (siehe auch die Auseinandersetzung zwischen Boeing und Airbus). In der schönen neuen Welt – geführt und beherrscht von den Triade-Regionen – lösen die Topmanager der transnationalen Konzerne den Staat und seine Instanzen bei der Gestaltung von Wirtschaft, öffentlichem Leben, Forschung und Entwicklung, Bildung, Medien und Unterhaltung und Kultur ab. Der Staat ist in den Augen der Manager nur noch der willfährige Erfüllungsgehilfe der Konzerne, dessen einzige Legitimation darin besteht, diesen die Möglichkeit zu verschaffen, erfolgreich auf dem Weltmarkt zu agieren.

Und so bauen Staat und Manager Hand in Hand den Sozialstaat ab, reduzieren Unternehmenssteuern auf null, senken die Löhne, kreieren Leih- und Teilzeitarbeit ohne Kündigungsschutz. Der Sozialstaat wird umgewandelt in einen allein von der Wirtschaftselite beherrschten Standortstaat. Dabei betonen die Manager kontinuierlich, dass diese Entwicklung quasi naturgegeben und unaufhaltsam sei. »Jeder, der denkt, dass die Globalisierung unterbrochen werden könnte, sollte uns sagen, wie er den ökonomischen und technologischen Fortschritt einfrieren will. Das wäre, als versuchte man, die Rotation der Erde zu stoppen«,[60] verkündete Renato Ruggiero, ehemaliger Chef der Welthandelsorganisation (WTO) im Mai 1996. Und sein Kollege Michel Camdessus, Banker und damaliger Direktor des Internationalen Währungsfonds (IWF), hob im Juni 1996 die erzieherischen Kompetenzen des globalen Marktes hervor: »Wenn die Wirtschaftspolitik der Regierung solide ist, werden Investitionen im Lande bleiben und wachsen. Doch wenn sie nicht richtig konzipiert wird und die ökonomische Ordnung gefährdet, dann geht das Kapital natürlich weg. Diese Tatsache, und das sollte uns nicht überraschen, lastet auf den Regierungen wie ein Gewicht, damit sie sich korrekt verhalten.«[61] Deutlicher kann man es kaum sagen.

Das ist die Lektion, welche die »Kellner des Kapitals«, wie im *Spiegel* die Beziehung zwischen Regierungen und Managern transnationaler Konzerne charakterisiert wurde, lernen müssen.[62] Ein Topmanager der US-Mobil Oil Corporation formulierte es folgendermaßen: »Einige Märkte sind profitabler als der US-Markt. Globale Investoren gehen dann dahin, wo die Profitraten höher sind und die Regierungen ein gastfreundschaftliches Geschäftsklima garantieren.«[63]

Die Ausbreitung dieser neuen Managermentalität geht auch in Deutschland rapide voran, wie ein Kommentar von Daimler-Chef Schrempp zeigt. »Profit, Profit, Profit« sei sein Ziel, verkündete der Nachfolger von Edzard Reuter gleich nach seinem Amtsantritt im Mai 1995. Und beinahe im gleichen Atemzug erklärte der Rambo der deutschen Autoindustrie: »Zwölf Prozent Rendite auf das eingesetzte Kapital bleibt die Vorgabe für alle Geschäftsfelder.« Bereiche, die das Ziel nicht schaffen, werden verkauft oder geschlossen.[64] Mit dieser Politik wurden allein zwischen 1990 und Ende 1995 bei Daimler 87 000 Mitarbeiter entlassen.

Jürgen Schrempp legte aus profitorientierten Gründen die Daimler-Töchter Fokker (Flugzeugbau) sowie den AEG-Konzernteil still und verkündete 1996, der Konzern werde in den nächsten Jahren noch zusätzliche zehntausende Mitarbeiter entlassen. Allein die Ankündigung dieser angestrebten neuen Massenentlassung trieb den Kurs der Daimler-Aktie um 20 Prozent in die Höhe und machte die Aktionäre von Daimler um 10 Milliarden Mark reicher.[65] Das nennt man seitdem auch in Deutschland Shareholder Value. Schrempp wurde vom *Wall Street Journal* und *Business Week* 1996 als »Revolutionär« gefeiert, der den »Schmusekurs der deutschen Manager mit den Arbeitnehmern« nun endlich beendet und die »Struktur des Konzerns am Wohl der Aktionäre ausgerichtet« hatte.[66]

Nach der Lobpreisung durch die amerikanische Wirtschaftspresse ließ Schrempp sich und 170 weiteren Managern im Aufsichtsrat von Daimler von den Aktionärsvertretern Aktienoptionen als besondere Leistungsvergütung für den 20-prozentigen Kursanstieg zuteilen – ein Zusatzeinkommen von jeweils über einer Million Mark.[67] Das »harte Durchgreifen« in Form von Massenentlassungen lohnt sich also für Aktionäre und für Manager, während damals, im Jahr 1996, die Massenarbeitslosigkeit in Deutschland bei über vier Millionen stand und die durchschnittlichen Löhne häufig unter dem Tarifvertrag lagen.

Der Würzburger Wirtschaftsprofessor Ekkehard Wenger wollte den Aktienoptionsplan für Manager von Daimler damals verhindern.

In seiner Anfechtungsklage gegen den entsprechenden Beschluss der Aktionärsvertreter im Aufsichtsrat und der Daimler-Hauptversammlung vom 28. Mai 1997 geißelte er das Vorhaben als gesetzwidriges »Selbstbedienungsmodell«. Der Ökonom kritisierte, dass die Daimler-Manager selbst dann persönliche Gewinne einstreichen könnten, wenn der Aktienkurs hinter der allgemeinen Börsenentwicklung zurückbleibe. Außerdem sähe das deutsche Aktienrecht die Ausgabe von »Gratisoptionen für Vorstände« nicht vor.[68]

Doch Wengers Anfechtungsklage wurde bisher nicht stattgegeben, und zwar eben auch deshalb, weil Aktienoptionen ein akzeptables Verfahren des High-Tech-Kapitalismus geworden sind. Zu sehr haben sich auch schon in Deutschland diese zusätzlichen Bonuszahlungen an Manager als Bestandteil unserer »Wirtschaftskultur« durchgesetzt und werden von der Rechtsprechung einfach hingenommen.

Vorbild dieser Kultur des Shareholder Value sind wie gesagt die USA, wo die Manager noch großzügiger mit Aktienoptionen bedacht werden. Das zusätzliche, an die Kurswerte der Aktien gekoppelte Entlohnungssystem verführt die Manager dazu, den Aktienkurs durch »lean production«, also durch Massenentlassungen und schnellste Technologieerneuerung, in die Höhe zu treiben. Spektakuläre Massenentlassungen und die Schließungen unrentabler Fabriken werden von der Börse belohnt. Und so werden dann Massen von Arbeitnehmern durch die Schrempps dieser Welt »auf dem Altar kurzfristiger Kursgewinne« geopfert.[69] Die deutschen Topmanager haben – dank massivem Einsatz neuer Technologie und Massenentlassungen – ihre Firmen straff durchrationalisiert. 1996 schon waren in Deutschland 60 Prozent mehr Industrieroboter am Werk als 1992.

Nicht nur in den USA, auch in Deutschland boomten die Börsen Mitte der 90er Jahre mit Rekordkursen: Daimler plus 75 Prozent, Bayer plus 55 Prozent, Hoechst/Aventis plus 48 Prozent, Veba plus 44 Prozent – jeweils im Zeitraum von nur einem Jahr. Der Wertzuwachs erreichte allein 1996 für die Anleger in Deutschland 207 Milliarden Mark – eine Summe, so groß wie die Landeshaushalte von Hessen, Bayern, Hamburg und Nordrhein-Westfalen zusammen.[70]

Die Nebenwirkungen dieses Börsenwunders waren allerdings schwerwiegend. Viele Firmen, die das hochgesteckte Renditeziel nicht erreichten, wurden ausgeschlachtet, verkauft oder ins Ausland verlagert. Hunderttausende von Jobs wurden so bis 2000 abgebaut: 80 000 in der Chemieindustrie, 190 000 im Maschinenbau, über 200 000 in der Automobilindustrie. Die Arbeitslosigkeit erreichte im Februar 1997 den neuen Nachkriegsrekord von mehr als 4,2 Millionen. Zwischen 1997 und 2000 pendelte sie zwischen 4,1 bis 4,2 Millionen (9,4–10 Prozent).[71]

Das Börsenwunder hielt bis Januar 2001 an, als die Kursbetrügereien und Bilanzfälschungen aus den USA bekannt wurden und die Börsenkurse auch in Deutschland zum Einsturz brachten. Doch nach dem Börsencrash der Jahre 2001/2002 geht heute nach einer kurzen Pause an den Börsen wieder alles so weiter wie zuvor.

Jeden Tag gibt es einen neuen Börsengang an der New York Stock Exchange und ihrer High-Tech-Schwester Nasdaq, das Geschäft mit den Neu-Emissionen boomt, Internet-Firmen verzeichnen enorme Kursgewinne. Die US-Finanzmärkte finden nach Crash und Käuferstreik zu ihrem »normalen Tempo« zurück. Der US-Markt für Börsengänge ist auf Wachstum eingestellt, als hätte es nie einen Crash gegeben. Ein Ranking zählt die Top 100 unter den Brokern und Investmentbankern auf: Danach kommt der Spitzenverdiener Steve Cohen auf 500 Millionen Dollar im Jahr. Der High-Tech-Kapitalismus lässt sich selbst durch Börsencrashs nicht aufhalten.

Die von den US-amerikanischen Topmanagern vorgegebene »Corporate Culture« wurde auch hierzulande spätestens 1996 mit der Akzeptanz von Aktienoptionsplänen und Shareholder Value angenommen. Immer mehr transnationale Konzerne des »alten Europa« imitieren den »American Way of Business«, handeln trotz der wirtschaftskriminellen Vorgänge in den USA ihre Aktien an der New Yorker Börse, übernehmen US-Buchführungs- und Bilanzstandards, bedienen sich der US-Consultingfirmen und Investmentbanken, restrukturieren ihre Unternehmensorganisationen nach amerikanischem Vorbild (»Just in Time« – Transport-und-Lagerung) und öffnen ihren

Aktienbesitz ausländischen – vor allem amerikanischen – Investoren und ihren Hedge- und Private-Equity-Fonds.

Der Staat ist nach dem Credo der weltweiten Wettbewerbsfähigkeit nur noch als Servicebetrieb für die Topmanager der transnationalen Konzerne vorgesehen, als Vollstrecker der Interessen des Big Business. Rousseaus Gedanke vom *contrat social*, die demokratische Einflussnahme der Staatsbürger, die Souveränität der Volksmehrheit, Schranken gegen ruinösen wirtschaftlichen Wettbewerb, das sittliche und moralische Korrektiv der Gesetzgebung zum Schutze der Mehrheit gegen die Machtanhäufung einer Minderheit, die »checks and balances« der US-Verfassung – all das gibt es nicht mehr in den Herrschaftsvorstellungen der globalen Spieler.

Die Wettbewerbsfähigkeit der Konzerne zu verbessern ist in den meisten Ländern der Triade zu einer der wichtigsten Regierungsaufgaben geworden. So wurden in Großbritannien, Japan, den Niederlanden und in den USA regierungsamtliche Arbeitsgruppen eingerichtet, um die Wettbewerbsfähigkeit der heimischen transnationalen Konzerne und der nationalen Standorte zu bemessen und zu erhöhen. In den USA wurde von der Regierung unter George Bush senior das »Policy Council for Competitiveness« ins Leben gerufen. Die Präsidenten Clinton und Bush junior haben diesen Rat noch erweitert, der seitdem jährlich einen Bericht für den Präsidenten und den Kongress erstellen muss, in dem analysiert wird, wie der Standort USA wettbewerbsfähiger werden kann. Einer der letzten Berichte trug den bezeichnenden Titel »A Competitive Strategy for America«.

Die EU ließ sich nicht lumpen, zog nach und erarbeitete eine Analyse über die Wettbewerbsfähigkeit europäischer Unternehmen mit dem Titel »The Competitiveness of Europe and its Enterprises«.[72]

Der Wettbewerbsfähigkeitskult der Manager hat sein eigenes internationales Instrumentarium inauguriert: den »World Competitiveness Index« (WCI). Der WCI wird von einer Schweizer Stiftung und dem Weltwirtschaftsforum gemanagt, die den Index jährlich veröffentlichen. Der Grad der technologischen Aggressivität eines Landes ist bei seiner Berechnung ein Hauptindikator. So überrascht es kaum, dass die USA und Japan in dieser Rangliste seit langem Spitzenreiter sind.

Die »Global Competitive Reports« von 1996 bis 2001, herausgegeben vom Weltwirtschaftsforum in Genf, enthalten eben den WCI und einen »Standortkatalog« für OECD-Länder. Beide Quellen sind aus empirischen Daten und Interviews mit Topmanagern aus aller Welt zusammengestellt worden. Beurteilt wird u.a. nach folgenden Kriterien: Marktoffenheit für Außeninvestitionen und Welthandel; die Ausgaben-, Steuer- und Regulierungspolitik der Regierung; Qualität der Finanzmärkte und der Infrastruktur; wissenschaftlich-technologische und Management-Qualität; Flexibilität des Arbeitsmarktes und Qualität der juristischen und politischen Institutionen, d.h., ist das »Rechtssystem effizient und brauchbar, werden Verträge respektiert und sind Eigentumsrechte gesichert?«.[73] Die »Global Competitive Reports« stellen eine Art Welt-Richtlinie der globalen Spieler dar. Ihr reiner auf Profitmaximierung und Wettbewerbsfähigkeit ausgelegter Utilitarismus zeigt sich darin offenkundig. Rechte, wie das Grundrecht auf Arbeit etwa, würden sich in solchen Richtlinien als störende Fremdkörper erweisen.

4. Vom Sozialstaat zum Standortstaat

Im Jahr 1996 stimmte die überwiegende Mehrheit der Abgeordneten und Senatoren im US-Kongress für ein Gesetz, welches das von Franklin Delano Roosevelt vor über sechzig Jahren im Rahmen des New Deal eingeführte System sozialer Sicherheit und Wohlfahrt *(Social Security and Welfare System)* praktisch eliminierte.

Zu den Maßnahmen des Gesetzes zählen unter anderem:

(1) Das Recht, staatliche Unterstützung *(welfare)* zu beanspruchen, wird einer Lebenszeit-Begrenzung *(lifetime limit)* von fünf Jahren für alle Familien unterworfen. Im Wahlkampf hatte der damalige Präsident Bill Clinton mit vorauseilendem Gehorsam angeboten, diese Frist

sogar auf zwei Jahre herunterzusetzen, um »Arbeit und Verantwortung zum Gesetz des Landes zu machen« und den Sozialhilfeempfängern – zumeist allein stehenden jungen schwarzen Müttern mit ihren Kindern und älteren Langzeitarbeitslosen – klar zu machen, dass sie »in zwei Jahren Lohnempfänger sein müssen, nicht Sozialhilfeempfänger«.

(2) Die Behörden haben das Recht, Sozialhilfeempfänger nach zwei Monaten zu Gemeindediensten zu verpflichten. Die Garantie Washingtons, den einzelnen Bundesstaaten die notwendigen Finanzmittel zur Unterstützung der Armen zuzuteilen, entfällt dabei. Bundesstaaten, die nicht die »vorgesehene Transformationsrate von Sozialhilfeempfängern in Arbeitende erfüllen, verlieren progressiv die Unterstützung aus den Bundesmitteln«.

(3) Das neue US-Gesetz sieht außerdem eine Reduzierung der Lebensmittelmarken für Langzeitarbeitslose und andere Bedürftige vor. Finanzielle Hilfe für allein stehende Mütter unter 18 Jahren wird nur gewährt, wenn sie die Schule besuchen und/oder mit einem Erwachsenen leben. Gleichzeitig wurden erhebliche Einschnitte im Programm der öffentlichen Krankenversicherung für Leih- und Teilzeitarbeiter, für Bedürftige und Arbeitslose (»Medicaid«) vorgenommen, nicht zuletzt auch weil die US-Unternehmen ihre Beiträge zu dieser sowieso minimalen Krankenversicherung nicht mehr zahlen wollten.

Das von Clinton unterzeichnete Gesetz traf die Mehrheit der 13 Millionen Sozialhilfeempfänger und den größten Teil der 26 Millionen Amerikaner, die versuchen, mit Lebensmittelmarken zu überleben.[74] In den Worten von Robert Reich, Arbeitsminister und persönlicher Freund Bill Clintons: »Präsident Clinton hat aus wahltaktischen Gründen und auf Druck von Wall Street eine Position nach der anderen geräumt, bis er schließlich dieses republikanische Sozialhilfegesetz unterschrieb.«[75] Folgerichtig verabschiedete sich Reich als Arbeitsminister aus der Clinton-Regierung.

Nach der Unterzeichnung des Gesetzes, dessen Inspiration unverkennbar von der Arbeitshaus- und Armenhaus-Gesetzgebung und Ideologie des Manchester-Kapitalismus im frühen 19. Jahrhundert herrührt, betonte Präsident Clinton, dass dieses Gesetz »ein wirklicher Schritt nach vorn ist, für unser Land, für den Wirtschaftsstandort Amerika, für unsere Wettbewerbsfähigkeit, unsere Werte und für die Sozialhilfeempfänger ... Wir müssen Wege finden, um den Teufelskreis der Abhängigkeit, der die Leute hinabzieht, zu durchbrechen.«[76]

Einer von Clintons republikanischen Gegenspielern, der damalige Vorsitzende des Finanzausschusses des Repräsentantenhauses, John R. Kasich, untermauerte diesen Zynismus noch und erklärte, dass diese Maßnahmen »den Leuten, die in der Wirtschaft zählen, in den nächsten sechs Jahren 55 Milliarden Dollar ersparen werden«. Denjenigen, die durch das Gesetz ihren Anspruch auf Sozialhilfe verloren, hatte er nur Ideologie zu bieten. »Das einzige Recht, das den Menschen zusteht, ist die Verwirklichung ihrer Chancen. Sie können nicht über Generationen hinweg von der Wohlfahrt leben.«[77]

Sechs Jahre später erlebten die Vereinigten Staaten auch wegen dieser Gesetzgebung wieder eine steigende Armutsquote. Über 35 Millionen Staatsbürger waren laut der US-Behörde für Statistik offiziell von Armut betroffen, das waren 1,4 Millionen mehr als zu Beginn der Präsidentschaft von George W. Bush im Januar 2000. Damit kletterte der Anteil der Armen von 11,3 auf 11,8 Prozent der Gesamtbevölkerung. Als arm galt 2002 in den USA z.B. eine vierköpfige Familie, die mit weniger als 18 104 Dollar im Jahr auskommen muss. 45 Millionen US-Bürger besaßen in 2002 keine Krankenversicherung.[78]

George W. Bush, vom Obersten Bundesgerichtshof der USA mit fünf zu vier Richterstimmen[79] nach einem unter seinem Bruder in Florida betrügerisch geführten Wahlgang zum Präsidenten bestimmt, führte Bill Clintons Abbau des Sozialstaats rigoros fort. Im Juli 2001 brachte er die internationale Politik gegen sich auf, weil er das Kyoto-Abkommen gegen die globale Klimaerwärmung und Luftverschmutzung ablehnte, das damals bereits von 178 anderen Staaten unterzeichnet worden war. Bis heute hat die Bush-Administration das Kyoto-Abkommen nicht unterzeichnet.

Problemlos lassen sich lange Listen des verheerenden Sozialabbaus der Regierung George W. Bushs aufstellen. Ich will hier nur einige der massiven Kürzungen von sozialen Programmen aus den ersten beiden Jahren von Bushs Amtszeit nennen:

- Das »Community Acces Program«, das die ärztliche Versorgung von Menschen ohne Krankenversicherung durch öffentliche Krankenhäuser und andere Gesundheitsdienstleister ermöglicht, wurde um 86 Prozent gekürzt.
- Die Mittel für Weiterbildungsmaßnahmen für Arbeitslose wurden um 200 Millionen Dollar gekürzt.
- Die Mittel für das »Childcare and Development Program«, das Sozialhilfeempfängern, die zur Arbeit gezwungen werden, die Kinderbetreuung finanziert, wurden um 200 Millionen Dollar gesenkt.
- Die Bundesausgaben für öffentliche Bibliotheken wurden um 40 Millionen Dollar gesenkt. Die Zuschüsse für Reparatur- und Instandsetzungsarbeiten an öffentlichen Gebäuden, Schulen und öffentlichem Wohnungsbau wurden um 700 Millionen Dollar gekürzt. Das Programm »Reading is Fundamental«, durch das Kinder mittelloser Eltern umsonst Bücher erhalten, wurde abgeschafft.
- Die Mittel für Programme gegen den Missbrauch und die Vernachlässigung von Kindern wurden um 15,7 Millionen Dollar gekürzt.
- Der Haushalt der »Environmental Protection Agency«, der US-Umweltschutzbehörde, wurde um 500 Millionen Dollar gekürzt.

Zudem wurde ein Steuersenkungsprogramm von 1,35 Billionen Dollar durch den Kongress geboxt, das zu 43 Prozent dem reichsten einen Prozent der Gesellschaft zugute kommt.

Wenn man alle Programme und Kürzungen durchrechnet, die derzeit vom Weißen Haus durchgesetzt werden, dann gehen 66 Prozent der dadurch bewirkten Vergünstigungen an die oberen fünf Prozent der Bevölkerung, und fast 100 Prozent gehen an die oberen zehn Prozent, also an die Wirtschaftselite und die wohlhabenden Investoren. In den Worten des US-Ökonomen Paul Krugman: »Es ist genau dieses Ungleichgewicht zu Gunsten der Reichen, das charakteristisch ist für alles, was die Bush-Regierung tut. Sie repräsentiert, was man gemeinhin Plutokratie nennt, eine Koalition der Eliten, einen crony capitalism.«[80]

Nicht im selben verheerenden Umfang wie in den USA, aber doch mit derselben Tendenz wird in Deutschland der Sozialstaat Stufe um Stufe abgebaut. Die Abschaffung staatlich-öffentlicher Verpflichtungen vollzieht sich unter dem Banner von Effizienz, Sachzwängen und Demokratie, Deutschland soll zu einem »Standortstaat« werden, in dem die Interessen der Manager oberste Richtlinie sind.

Deshalb wird die Mär vom zu teuren Sozialstaat lanciert. Zusammengenommen kosteten z. B. im Jahre 1995 alle Sozialleistungen der Bundesrepublik Deutschland rund 33 Prozent des Bruttosozialprodukts. Doch auch schon zwanzig Jahre vorher kostete der Sozialstaat (damals nur in Westdeutschland) exakt genauso viel, nämlich 33 Prozent im Jahr 1975. Ohne die immensen Zahlungen aus den Sozialkassen an Ostdeutschland wäre diese Quote um über drei Prozent geringer gewesen.[81] Diese Zahlen haben sich heute nur unbedeutend geändert, auch weil sich gleichzeitig das gesamte Volkseinkommen vermehrt hat.

Geändert hat sich in Wirklichkeit die Finanzierung der Soziallasten – und das dramatisch. Wegen der steigenden Arbeitslosigkeit muss ein stetig schrumpfender Teil der Bevölkerung die ganze Last der Sozialversicherungen tragen. Eine Minderheit, im Jahr 2002 war es nur noch ein Drittel der Gesellschaft – nämlich die verbleibenden durchschnittlichen Lohn- und Gehaltsempfänger –, kommt für alles auf: für die Renten, für die Krankenkassen, für Arbeitslosengeld, Sozialhilfe, für Fort- und Weiterbildung, für die Pflegeversicherung.

Zudem plünderte die Kohl-Regierung unter dem Fanal »Aufbau Ost« seit 1989 die Sozialkassen jährlich um über 50 Milliarden Mark für Zahlungen, die mit dem eigentlichen Versicherungszweck nichts zu tun hatten. Dazu zählten u. a. Ausgleichszahlungen für die Opfer der SED-Diktatur, Subventionen für die von der Treuhand durchgeführte Privatisierung der DDR-Wirtschaft bis zu Vorruhestandsgeldern für gefeuerte DDR-Beamte. Wenn man die Renten-, Arbeitslosen- und

Krankenkassen von diesen »systemfremden Leistungen« befreit hätte, für die sie gar nicht eingerichtet worden waren, hätten die Sozialabgaben sofort um vier Lohnprozente gesenkt werden können.[82]

1957 betrugen die Beitragssätze für unser Sozialsystem insgesamt 23,8 Prozent vom Bruttolohn. Bis 2002 hatten sie sich nahezu verdoppelt – auf über 41 Prozent,[83] im Jahr 2004 waren sie weiter auf 42 Prozent geklettert.

Diese Sozialbeiträge stammen aus den Lohnnebenkosten, und je höher sie steigen, desto mehr wirken sie auf den Produktionsfaktor Arbeit wie ein Strafsystem. Lohnnebenkosten zahlen der Arbeitnehmer und der Arbeitgeber bekanntermaßen zu gleichen Teilen; was dem einen vom Bruttolohn abgezogen wird, legt der andere nochmals obendrauf. Das scheinbar Widersprüchliche an den ewigen Beitragserhöhungen ist nun, dass der Beschäftigte immer weniger netto in seiner Lohntüte hat, aber für seinen Arbeitgeber dennoch immer teurer wird. Kein Wunder, dass die Gewerkschaften genau wie Arbeitgeberverbände eine Senkung der Lohnnebenkosten auf unter 40 Prozent fordern.

Da der Anteil der vollbeschäftigten Lohn- und Gehaltsempfänger am Sozialprodukt infolge steigender struktureller Arbeitslosigkeit und damit sinkender Realeinkommen stetig nach unten driftet, mussten die Lohnnebenkosten in den letzten Jahren enorm angehoben werden, um Renten, Pflegeversicherung, Arbeitslosengeld, Sozialhilfe, Krankenhausaufenthalt/medizinische Behandlung etc. zu finanzieren. 4,2 Millionen Arbeitslose und über 1,5 Millionen Langzeitarbeitslose bzw. Sozialhilfeempfänger bedeuteten allein für die Rentenkassen jährliche Verluste von über 18 Milliarden Mark. Anfang März 2005 lag der Rentenkassen-Verlust bei 5,2 Millionen Arbeitslosen noch um ein Vielfaches höher, so dass die Rürup-Kommission vorschlug, die Renten, die in 2003 und 2004 bereits eine Nullrunde gefahren waren, erheblich zu kürzen. Solche Maßnahmen treffen die ganz kleinen Leute, die Rentner, die jetzt zur Kasse gebeten werden.

Trotz der Lohnnebenkosten-Explosion wurden Lohnfortzahlungen bei Krankheit bis 2002 noch zu 80 Prozent vorgenommen, sie sollen in naher Zukunft ganz abgeschafft werden. Urlaubsgeld und andere

Sozialleistungen werden nach den Vorbildern USA und Großbritannien nach unten gedrückt bzw. gestrichen. Die finanzielle Selbstbeteiligung beim Kauf von Medikamenten, bei Krankenhausaufenthalten oder Arztbesuchen (10 Euro pro Quartal) und bei anderem mehr ist enorm angestiegen. Arbeitslosenunterstützungen wurden gesenkt und durch Hartz IV zeitlich begrenzt wie nie zuvor. Danach erhält z. B. ein 55-jähriger Arbeitsloser, der vierzig Jahre in die Sozialkassen eingezahlt und über 60 000 Euro angesammelt hat, nur für ein knappes Jahr Arbeitslosenunterstützung. Danach fällt er unter die Sozialhilfe, von der er kaum existieren kann.

Darüber hinaus erreichen die Einnahmen des Fiskus aus den Lohn-, Mehrwert- und Umsatzsteuern zu Lasten abhängig Beschäftigter jedes Jahr immer neue Höhen, während unternehmenstypische Steuern und die Besteuerung großer Vermögen auf stets neue Rekordtiefen sinken. Inzwischen tragen die abhängig Beschäftigten trotz stagnierender Realeinkommen vier Fünftel *aller* Steuerlasten, während die Konzerne und die Besitzer großer Vermögen nur einen kleinen Rest übernehmen müssen.[84] Deutschland ist heute zum Lohnsteuerstaat verkommen. Großzügig verteilen Bund und Länder jedes Jahr mehr Steuererlasse für Unternehmen und Vermögende, um ihnen, wie sie behaupten, Deutschland als Standort zu erhalten. Gleichzeitig wird die zunehmende Verschiebung von Vermögen in die bekannten Steueroasen Luxemburg, Schweiz und die Cayman-Inseln einfach toleriert.

Die Wirtschaft verabschiedete sich auf diese Weise nach und nach aus ihrer Sozialstaatsverantwortlichkeit. Während der Anteil an Unternehmenssteuern (Gewerbe- und Körperschaftssteuern) am Gesamtsteueraufkommen im Jahr 1980 noch bei 13,5 Prozent lag, so lag er in 2003 nur noch bei 5,7 Prozent. [85]

Schon im Frühjahr 1996 verkündete Daimler-Chef Jürgen Schrempp, sein Unternehmen werde »in Deutschland bis zur Jahrtausendwende keinen Pfennig Ertrags- und Körperschaftssteuern zahlen«.[86] Die ob dieser Ankündigung wohl etwas peinlich berührten Haushaltsexperten des Bundestages erfuhren nun endlich, wem ihre Gesetze dienen, die sie auf den Weg bringen.

Es ist kein Wunder, wenn sich die Bürger angesichts dieser Situation fragen, wozu wir eigentlich überhaupt noch einen Staat brauchen. Die nach dem 18. September 2005 gewählte neue Regierung, welche es auch immer sein mag, sollte sich dazu entschließen, die großen Vermögen, Grundbesitz (natürlich nicht Oma ihr klein Häuschen), hohe Einkommen und Erbschaften durch höhere Besteuerung zu belasten. Dadurch würden die Sozialkassen entlastet, die Lohnnebenkosten in der Folge sinken und eine »gerechtere soziale Symmetrie« zumindest angestrebt, in der sich alle – Bürger wie Unternehmen – am Sozialstaat beteiligen.

Ebenso wäre es an der Zeit, den schon lange geplanten Zugriff bei der Körperschaftssteuer für Unternehmen endlich zu verwirklichen. Nach den Statistiken der OECD vom Februar 2001 beliefen sich die US-Vermögens- und Erbschaftssteuern am Gesamtsteueraufkommen 2000 auf 14 Prozent, die von Großbritannien auf 14,2 Prozent, Japan auf 16,3 Prozent und Frankreich auf 10,5 Prozent. In Deutschland verzeichnete die Vermögens- und Erbschaftssteuer am Gesamtsteuervolumen 2000 nur 3,6 Prozent. Würde der deutsche Fiskus Erben, Vermögende und Grundbesitzer entsprechend dem US-Niveau besteuern, könnte er jährlich bis zu 40 Milliarden Euro zusätzlich einnehmen und die Sozialkassen damit entlasten.

Das gilt auch für eine Neubewertung der Körperschaftssteuer bzw. »Mindestbesteuerung großer Kapitalgesellschaften«, die Finanzminister Eichel Anfang Oktober 2002 in der Koalitionsrunde aufbrachte. Unternehmensgewinne und Körperschaftssteuern sollten in Zukunft eine größere Rolle bei der Sozialstaatsfinanzierung spielen, formulierte Eichel mutig. Doch schon am 7. Oktober ließ BDI-Präsident Michael Rogowski daraufhin durch die Presse mitteilen, »die Regierung solle die deutschen Unternehmen nicht noch weiter verunsichern«, das schade nur der Wettbewerbsfähigkeit des Standortes Deutschland.

Und nachdem sich die rot-grüne Koalition zur »Mindestbesteuerung von Kapitalgesellschaften« beinahe durchgerungen hatte, erklärte der Chefvolkswirt der Deutschen Bank, Norbert Walter, am 16. Oktober, dies sei eine »gute Methode, die Konkursanfälligkeit von deutschen Unternehmen zu erhöhen« und Investoren vom Standort Deutschland fernzuhalten. Diese gebetsmühlenhaften Reaktionen auf Vorschläge jeglicher Unternehmensbesteuerung und das Heraufbeschwören des »gefährdeten Standortes Deutschland« ist die inzwischen bekannte Standardrhetorik der Manager. Mit einem ernsthaften Dialog zwischen Politik und Wirtschaft, wie die Probleme Deutschlands zu lösen sind, hat sie nichts zu tun.

Doch die Politik ist dieser Rhetorik auf den Leim gegangen. Aus Furcht, die Wettbewerbsfähigkeit des Standortes Deutschland zu gefährden, werden in Deutschland Kapitalgesellschaften kaum oder gar nicht besteuert. Bei vielen Konzernen zahlt der Staat sogar Körperschaftssteuern zurück. So erstattete der Fiskus in den Jahren 2001 und 2002 mehr Körperschaftssteuern an deutsche Konzerne zurück, als er einnahm.

Grund dafür sind Buchführungs- und Bilanztricks, die mit den kriminellen US-Machenschaften durchaus vergleichbar, aber von unserem Gesetzgeber abgesichert sind. Gemeint sind die so genannten »Verlustvorträge«, deren sich deutsche Kapitalgesellschaften bedienen dürfen. Macht ein Unternehmen in einem oder mehreren Jahren Verluste, darf es nach deutschem Recht diese Verluste »ansammeln« und in zukünftige Jahre »vortragen«. Fallen dann wieder Gewinne an, dürfen sie mit den vorjährigen Verlusten steuermindernd verrechnet werden. Mit solchen Verlustvorträgen können Konzerne selbst bei hohen Gewinnen ihre Steuerschuld auf Null oder unter Null rechnen. In den letzten Jahren haben sich rund 130 Milliarden Euro »Altverluste« angesammelt, und sie wachsen jährlich weiter. Man kann das auch als eine Art legale Steuerhinterziehung bezeichnen, wobei dem Staat Steuereinnahmen gleich doppelt entgehen, einmal in den Jahren, in denen ein Unternehmen wirklich Verlust machte, aber dann auch in den darauf folgenden Jahren, in denen das Unternehmen seine tatsächlichen und besteuerbaren Gewinne mit den Verlusten der Vorjahre gegenrechnet und ebenfalls keine Steuern zahlt. Auch das sind Summen, durch die die Sozialkassen entlastet werden könnten. Schließlich stellt der Staat den Unternehmen die Infrastruktur des Standortes Deutschland zur Verfügung.

Auch die Legende vom Standort Deutschland als einem Hochlohnland, aus dem deutsche Unternehmen Produktionsstätten und Arbeitsplätze in ausländische Billiglohnländer auslagern müssten, hält sich hartnäckig. Doch verglichen mit anderen hoch entwickelten Industrienationen ist Deutschland eher ein Niedriglohnland. Das Münchner Ifo-Wirtschaftsinstitut, eines der sechs berühmten deutschen Wirtschaftsforschungszentren, ermittelte schon 1996, dass Deutschland – gemessen an den Lohnstückkosten, die der relevante internationale Konkurrenzfaktor sind – keineswegs zu den Hochlohnländern zählt. Das liegt, so das Ifo-Institut, an der hohen Kapitalintensität und der entsprechenden Produktivität der deutschen Wirtschaft. Setzt man z. B. die deutschen Löhne von 1970 gleich 100, so stiegen die Lohnstückkosten in Deutschland bis 1995 auf 250, die seiner wichtigsten Handelspartner, der OECD-Länder, aber auf 481.[87]

Professor Gerhard Bosch, Vizepräsident des Instituts für Arbeit und Technik im Wissenschaftszentrum Nordrhein-Westfalen, drückte den Sachverhalt unmissverständlich aus: »Die Lohnstückkosten, die das Verhältnis zwischen Löhnen und Produktivität (und damit die wahre Lohnhöhe) ausdrücken, haben … seit Beginn der 70er Jahre in Westdeutschland um 94 Prozent, dagegen in den USA und Japan, den Vorbildern wirtschaftlicher Zukunftsfähigkeit, um sage und schreibe 270 Prozent zugenommen.«[88]

Diese Erkenntnisse machen noch einmal deutlich, dass die deutschen Manager ihren eigenen Standort schlechtreden, um durch Lohndumping ihre Profite noch mehr zu erhöhen. Auf jeden Fall zeigen diese Zahlen, dass die deutsche Effizienzmaschine gut funktionierte und dass die deutschen Unternehmen auch wegen dieser für sie günstigen Lohnstückkosten die Nase vorn hatten, vor allem auch in der Exportwirtschaft.

In einem Gutachten für das Wirtschaftsministerium ermittelte das Ifo-Institut ebenfalls im Jahre 1996, dass »das durchschnittliche Realeinkommen je Arbeitnehmer nirgendwo weniger gestiegen ist als in

Deutschland«. Ähnliche Werte ergaben sich nur für die USA. Die im Gutachten aufgezeichneten Daten beweisen auch, dass »hohe Stundenlöhne bei kurzen effektiven Arbeitszeiten durch die Produktivität gerechtfertigt sind«.[89]

Der ehemalige Leiter des Hamburger Weltwirtschaftsarchivs (HWWA), Erhard Kantzenbach, bezeichnete das Gerede über den gefährdeten Wirtschaftsstandort Deutschland denn auch als »pures Interessengeschwätz«. Schon gar nicht könnten in diesem Zusammenhang die hohen Lohnnebenkosten als Argument herhalten. Dass die Kosten der deutschen Einheit seit 1989 mit Beiträgen aus der Renten- und Arbeitslosenversicherung finanziert werden, nannte Kantzenbach eine »regierungsamtlich betriebene Plünderung des Sozialstaates«.[90] Eine »Mindestbesteuerung großer Kapitalgesellschaften« und angemessene Vermögens- und Erbschaftssteuern könnten auch die weiteren Kosten für den »Aufbau Ost« mit übernehmen.

Die Debatte um den Standort Deutschland, um die deutsche Wettbewerbsfähigkeit, um die Globalisierung der deutschen Wirtschaft wird also geprägt von bewussten Falschmeldungen und Täuschungen der Öffentlichkeit. Es ist nicht der zu teure Sozialstaat der Deutschen, es sind nicht die kostspieligen deutschen Arbeitnehmer, nicht die Wohlstandsmentalität der Deutschen (oder der Amerikaner, Engländer, Franzosen, Japaner); vielmehr ist es der von den Managern immer schneller vorangetriebene Turbokapitalismus, der immer größere Massenarbeitslosigkeit und daher leere Sozialkassen schafft und den Staat nur noch als Standortbeschützer benutzt.

Selbst in Japan löst sich inzwischen die einst viel bewunderte, lebenslange Arbeitsplatzsicherheit und Loyalität der Arbeitnehmer in und zu »ihrem« Unternehmen unter der Politik des »downsizing« (Gesundschrumpfens) zunehmend auf. Auch Japan verzeichnet eine wachsende strukturelle Arbeitslosigkeit, doch das Land verfügt über kein nennenswertes soziales Netz, um Arbeitslosigkeit aufzufangen. Bei einer Umfrage des japanischen Arbeitsministeriums stellte sich heraus, dass 63,4 Prozent der befragten Angestellten und Arbeiter nicht mehr daran glaubten, dass sie im 21. Jahrhundert einen festen Arbeitsplatz

»auf lange Zeit oder gar Lebenszeit« haben oder bei Arbeitslosigkeit von einem sozialen Netz aufgefangen werden.[91]

Nach repräsentativen Umfragen im September 2002 bezeichneten auch über die Hälfte der US-Bürger die wirtschaftliche und soziale Entwicklung ihres Landes als »schlecht« und »gefährlich« und glaubten an keine Besserung für die nahe Zukunft. Ein derartig niederschmetterndes Ergebnis hatte es bei solchen Umfragen in den USA noch nicht gegeben.

5. Der Staat der Manager

Wenn der Staat seine lenkenden und beschützenden Funktionen im Interesse aller Bürger und Bürgerinnen verliert bzw. abgibt und sich in ein simples Exekutionsinstrument einer übergeordneten Gruppe oder Instanz verwandelt, ist der Schritt zum Totalitarismus nicht mehr weit. Der einzelne neoliberale Staat stellt das aktuelle Herrschafts- und Ausbeutungsinstrument der transnationalen Manager dar. Sie verfügen bereits über die wesentlichen internationalen Instanzen für ihre globale Machtkonzentration, um ihre Ziele im 21. Jahrhundert zu verwirklichen. Die Gruppe der G-7 plus Russland, die NATO, die Welthandelsorganisation (WTO), der Internationale Währungsfonds, die Weltbank und das Weltwirtschaftsforum sind wesentliche globale Wirtschaftsinstitutionen, die über die nationalen Regierungen hinweg im Interesse der transnationalen Konzerne handeln, als eine Art Weltorganisation der Global Player.

Kurioserweise hat der Internationalismus, einst Programm der Sozialisten gegen nationale kapitalistische Ausbeuter und Kriegstreiber, heute die Seite gewechselt. Weltweit spielen rund vierzigtausend transnationale Konzerne die Beschäftigten ebenso wie die einzelnen Staaten gegeneinander aus. In der Konsequenz werden aus Staaten Standorte, aus den Beschäftigten Tagelöhner. Je mehr Produktion und Kapital in Zukunft ausgelagert werden, umso mächtiger und unkontrollierbarer werden die zumeist riesigen Unternehmen, und desto mehr sinkt der Einfluss der nationalen Regierungen und Gesellschaften. Die vierzigtausend transnationalen Konzerne, die in mehr als drei oder vier Staaten über Produktionsstätten verfügen, so stellte die UN-Handelsorganisation UNCTAD fest, betreiben heute mehr als zwei Drittel des gesamten Welthandels. Fast die Hälfte dieses Austausches erledigen sie dabei innerhalb der unternehmenseigenen Netzwerke.[92] Sie sind die Vorreiter der Weltorganisation der globalen Spieler.

Der fortschreitende Prozess der Globalisierung sprengt die Regeln der nationalen Volkswirtschaften und unterminiert die sozialen und kulturellen Werte der Nationalgemeinschaften: Zum einen beschleunigt er das Zusammenspiel von Technologieerneuerung und Rationalisierung maßlos. Niemand versucht bisher ernsthaft, die Bremse gegen diesen Turbokapitalismus zu ziehen. Die Produktivität wächst dabei schneller als die Wirtschaftsleistung insgesamt. Zwangsläufige Folge ist ein Wirtschaftswachstum, das keine zusätzlichen Arbeitsplätze hervorbringt. Zum anderen zerstören die Kräfte, die den Globalisierungsprozess entfacht und den High-Tech-Kapitalismus forciert haben, die gewachsenen Bande unserer nationalen Kultur und Identität, unserer gesellschaftlichen Solidarität, unser Gefühl von Zusammengehörigkeit, aus dem heraus soziale Verantwortung erwächst.

Christopher Lasch führt den Erosionsprozess der Demokratie in den wohlhabenden Ländern – ganz besonders in den USA – darauf zurück, dass für die Führungsschicht die Vision einer annähernden Gleichheit der Chancen und Lebensbedingungen aller und soziale Werte nicht mehr zählen. »Die neuen Eliten, zu denen nicht nur die Führungsspitzen großer Unternehmen gehören, sondern alle jene Berufsstände, die Informationen – den Lebenssaft des globalen Marktes – produzieren und manipulieren, sind weitaus kosmopolitischer … als ihre Vorgänger.« Der »Sirenengesang der Aufstiegsmöglichkeiten« verleite sie zu einem mobilen Lebensstil. Diese Schicht »lebt in einer eigenen Welt mit privaten Schulen, privaten Sicherheitsdiensten, privaten Krankenversicherungen«. Die neuen Eliten seien ständig auf Konferenzen, Vernissagen, Geschäftsreisen, in unentdeckten Ferienparadiesen; isoliert in ihren Vorortvillen sei »ihre Weltsicht im Wesentlichen touristisch. Eine Perspektive, die nicht gerade geeignet ist, leidenschaftliches Engagement für die Demokratie hervorzubringen.«[93]

Lasch nennt diese internationale Führungsschicht eine »Gefahr für die Demokratie«, weil sie offensichtlich den Glauben an das Wertesystem der westlichen Welt verloren hat, was sich durch ein gesellschaftlich verantwortungsloses Verhalten und Geschäftsgebaren manifestiert.[94] Robert Reich stimmt mit Lasch überein, dass die amerikanische Wissens- und Informationselite sich in aller Stille aus der Öffentlichkeit in »homogene Enklaven« zurückgezogen hat, »innerhalb derer ihr Einkommen nicht an Menschen umverteilt werden muss, die vom Schicksal weniger begünstigt sind als sie selbst«. Mit jeder der begehrten Steuererleichterungen entzieht die US-Elite ihre Dollars der Finanzierung öffentlicher Einrichtungen, die allen zugänglich sind, und widmet sie privaten Einrichtungen, die nur Mitgliedern aus ihrem eigenen Kreis offen stehen. So bleiben schon jetzt vier Fünftel der Amerikaner durch diese elitäre Sezession vom Wohlstand der Wissens- und Informationselite ausgegrenzt.[95] »Im wirklichen Leben«, warnt Reich, »gibt es die traditionelle Gemeinschaft der Amerikaner nicht mehr … Die beste Definition von Gemeinschaft besteht nunmehr in der gemeinsamen Postleitzahl.«[96]

Wer je die Innenstädte von Los Angeles oder Detroit besucht hat, kennt die heruntergekommenen öffentlichen Parks und Spielplätze, die entvölkerten Straßenzüge und Viertel. In den Vorstädten dagegen breiten sich neben noblen Wohnanlagen und privaten Schulen private Golf-, Tennis-, Rollschuh- und Eislaufclubs und jede Menge anderer Freizeitzentren aus. Wer es sich leisten kann, zieht dorthin, auch wenn die Bewohner der Vorstädte für den Unterhalt der öffentlichen Infrastruktur aus eigener Tasche aufkommen müssen. Denn die öffentlichen Kassen sind leer. Entsprechendes gilt auch für andere Großstädte, deren Kommunalverwaltungen längst bankrott sind. Die in den »Wohnkolonien« der Vorstädte lebende Elite teilt die Kosten für Privatverwaltung, Reparaturen und Instandhaltung unter sich auf.

Vor allem aber stellt sie Wachpersonal ein, »um Leben und Eigentum vor der wachsenden Kriminalität zu schützen«.[97] Anfang der 90er Jahre waren schon 2,6 Prozent des amerikanischen Arbeitskräftepotenzials als privates Wachpersonal beschäftigt, was bedeutet, dass es in den Vereinigten Staaten mehr privaten Sicherheitsdienst als Polizeibeamte gibt. Mit einem Realwachstum von 62 Prozent der zehn größten Wachgesellschaften war der private Sicherheitsdienst eine der am schnellsten wachsenden Branchen der USA der 90er Jahre.

Auch John Kenneth Galbraith warnte »vor dem Weg ins Verderben«. »Ganze amerikanische Ballungszentren« lebten wie auf einem Pulverfass in dauernder Furcht vor »gewalttätigen sozialen Explosionen«. Die »abgeriegelten Reichen-Ghettos« sieht er als Ausdruck einer »ökonomischen Apartheid und eine logische, wenngleich verwerfliche Folge der unverantwortlichen Einkommensgegensätze« im High-Tech-Kapitalismus. Doch die Sicherheit der Reichen-Vorstädte und der eingezäunten Wohnviertel (der so genannten »gated communities«) hält Galbraith für »blanke Illusion«. Zäune, Eisentore und Wachmannschaften nützen nur begrenzt etwas, würde es wegen der krassen sozialen Ungerechtigkeiten zu Gewalttätigkeiten gegen die Reichen kommen.[98]

Der grüne Cheftheoretiker Joschka Fischer erkennt in dieser sich immer weiter öffnenden Schere der Eigentumsverhältnisse eine »Legitimationskrise des sozialen Kapitalismus«. Er verweist auf die von dem französischen Ökonomen Michel Albert aufgeworfene Systemfrage innerhalb des Kapitalismus: Es gelte sich zu entscheiden zwischen dem angelsächsisch-amerikanischen Modell der unverfälschten freien Marktwirtschaft, das dem Manchester-Liberalismus und der Angebotswirtschaft der Chicago-Schule nacheifert, und dem westeuropäischen oder »rheinischen« Modell der auch noch bis vor kurzem in Japan bevorzugten sozialen Marktwirtschaft in einer Konsens-Gesellschaft, in der der Staat als ausgleichendes Korrektiv einschreitet.[99]

Wer sich zur sozialen Marktwirtschaft und zum Sozialstaat bekennt, so Fischer, gelte hierzulande heute bestenfalls als altmodisch, »als jemand, der geistig einer nicht mehr rettbaren Vergangenheit anhängt«.

Die soziale Marktwirtschaft, der Sozialstaat seien »out«, ungezügelter Wettbewerb und Niederkonkurrieren in allen Lebenslagen seien »in«. »Wir erleben die Verkehrung von Reaktion und Revolution! Die Arbeiter und Angestellten als die neue ›konservative Klasse‹, die ihre Besitzstände mit Klauen und Zähnen zu verteidigen versuchen, und die Manager als die neuen ›Revolutionäre‹, die eben diese Besitzstände zertrümmern und dabei die neue Welt des Globalismus erschaffen.«[100]

Der im Wettbewerb der transnationalen Konzerne forcierte technologische Wandel macht immer mehr Arbeit überflüssig. Nicht die Billiglohnarbeiter der Dritten Welt und in Osteuropa sind schuld an Arbeitslosigkeit und Lohndumping in den postindustriellen Ländern der Triade. Sie sind allenfalls Schmiermittel und Bedrohungspotenzial, um die Spirale aus Rationalisierung und Senkung der Arbeitskosten innerhalb der Länder des High-Tech-Kapitalismus noch zu beschleunigen.

Aus der Sicht der globalen Spieler sind die Arbeitslosen und ihre Kinder ein überflüssiger, wirtschaftlich irrelevanter Teil der Nationen (»Überschussbevölkerung«), dessen Grundbildung den Wirtschaftseliten keine Gewinne mehr einbringt, sondern lediglich Kosten verursacht. Sie bilden im günstigsten Fall gerade noch eine Reservearmee von »Wegwerfarbeitern« (Chossudovsky). Folglich vermindert sich die Bedeutung der allgemeinen formalen Bildungssysteme auch in der Ersten Welt, einschließlich Westeuropas. Vom Staat wird immer weniger Geld für das allgemeine Bildungswesen bewilligt, es werden immer weniger Lehrer eingestellt. Die allgemeine Unwissenheit nimmt zu, ebenso das niedrige Bildungsniveau an unseren Schulen. Die Pisa-Studien haben das gezeigt.

Der Protest der »Verlierer« gegen den Trend zur 20:80-Gesellschaft wird – so scheint es im Moment – auf ohnmächtige Regierungen und Politiker stoßen, denen die Managereliten den Willen und die Macht zum Handeln schon lange entrissen haben. Doch die Verlierer kann man zwar im Wirtschaftsleben wegrationalisieren und wegautomatisieren, man kann sie aber nicht so einfach vom Erdboden verschwinden lassen.

Das nämlich ist die größte Schwachstelle in der menschenverachtenden Milchmädchenrechnung der Manager: Die Verlierer ihres globalen Weltwirtschaftssystems werden irgendwann rebellieren, sie werden aufstehen gegen die Wirtschaftselite, die sich schon jetzt in Vorstädten und Wohnkolonien hinter Mauern und Gittern verschanzt und von schwarzen Sheriffs beschützen lässt. Sie werden von unten gegensteuern, Gegenstrategien gegen den Turbokapitalismus entwickeln und durch Massenproteste – siehe Seattle, Genua, Florenz – und gewaltfreien zivilen Ungehorsam alles tun, um den Trend zur 20:80-Gesellschaft aufzuhalten.

Sie werden neue Formen der Arbeit und Organisation entdecken. Denn trotz den Pisa-Studien haben unsere modernen Erziehungs- und Bildungssysteme doch für genügend Aufklärung gesorgt, die zur Verteidigung einer humanen Gesellschaft und eines funktionsfähigen Sozialstaats eingesetzt werden kann. Zu diesem Widerstand gibt es keine Alternative.

Der amerikanische Sozial- und Wirtschaftswissenschaftler und Direktor des Washingtoner »Council on Foreign Relations«, Ethan B. Kapstein, beschreibt die aktuelle Situation so: »Die Welt bewegt sich möglicherweise unerbittlich auf einen dieser tragischen Momente zu, der künftige Historiker fragen lassen wird, warum wurde nicht rechtzeitig etwas unternommen. Haben die ökonomischen und politischen Eliten nicht bemerkt, zu welch tiefgreifenden Verwerfungen dieser rasende ökonomisch-technologische Wandel führte? Und was hat sie davon abgehalten, die notwendigen Schritte zu unternehmen, um eine globale Sozialkrise zu verhindern?«[101]

Es gilt, völlig losgelöst von parteipolitischen Präferenzen der Herrschaft der globalen Managerkaste weltweit ein demokratisches Gesellschaftsmodell entgegenzusetzen. Doch wird man zu Beginn des 21. Jahrhunderts auf solche Kassandrarufe hören?

Der französische Soziologe Pierre Bourdieu hat als Antwort darauf die Bildung einer »Europäischen Sozialunion«, getragen von Parteien, Gewerkschaften und Nicht-Regierungs-Organisationen, vorgeschlagen, in der die europäischen Institutionen eines humanen, fürsorglichen Staates mit seinen Hilfsleistungen für die Kranken, Bedürftigen, Alten, Arbeitslosen, Kinder, Jugendlichen nach dem Prinzip »einer für alle, alle für einen« gegen eine ausbeuterische Wirtschafts- und Gesellschaftsordnung verteidigt und ausgebaut werden sollen. Statt den Sozialstaat in seinen europäischen Ursprungsländern zu eliminieren, kommt es heute darauf an, seine Errungenschaften durch ein von der Politik und den Organisationen der zivilen Gesellschaft gesteuertes, kooperatives übernationales Sozialsystem über den gesamten Erdball zu verbreiten.[102] Der Neoliberalismus stellt mit dem Sozialstaat all das in Frage, was am Staat fortschrittlich und universell (im Sinne Hegels) ist. Im Zuge des Niedergangs eines menschenwürdigen, fürsorglichen Staatswesens müssen nicht nur die soziale Integration und Solidarität schwinden, der Staat wird sich dann endgültig zu einem Herrschaftsinstrument der Manageroligarchie entwickeln.

Historisch gesehen ist der Staat um Armee und Polizei herum entstanden – als physisches Gewaltmonopol, als Unterdrückungsinstrument der Herrschenden. Erst am Ende eines langen Entwicklungsprozesses hat sich ein Kultur- und Sozialstaat herausgebildet, der in der Lage ist, Umverteilung, Fürsorge, Solidarität und gerechtere Lebens- und Berufschancen durch Schule und Bildung zu verwirklichen. Das, was uns die globalen Spieler nun als neuen Staat präsentieren wollen, ist eine Regression auf den alten Unterdrückungsstaat, ein auf die Polizeifunktion der Repression reduzierter, verstümmelter Staat – eben ein von Managern und ihren Interessen kontrollierter Staat.

Es ist deshalb notwendig, mit der Hilfe globaler Nicht-Regierungs-Organisationen (NRO) wie Greenpeace, Attac, Global Trade Watch, Friends of the Earth, Civicus und W.E.E.D. weltweit Massenbewegungen zu schaffen, die durch gemeinsames Handeln den Kampf gegen die Topmanager der transnationalen Konzerne aufnehmen. Was wir brauchen, ist mehr internationale Zusammenarbeit innerhalb der bestehenden Wirtschaftsblöcke anstelle des ruinösen Standortwettbewerbs der Nationen gegeneinander. Wir müssen dabei in den einzelnen Ländern und deren Ökonomien neue Organisationsformen entwickeln, vor allem eine neue Form direkter Partizipation der abhängig Arbeitenden in den wirklichen Entscheidungsgremien: den Vorständen der Großunternehmen, Großbanken und transnationalen Konzerne.

Die Beschäftigten müssen an den Sachwerten, am Gewinn der Konzerne, am Produktivvermögen durch Miteigentum (Eigentumszertifikate, Belegschaftsaktien – also *Workholder* statt *Shareholder* Value) beteiligt werden. Nur so können wir die unkontrollierte und sich auf alle Lebensbereiche ausdehnende Tyrannei der Manager in den Griff kriegen.

Die profitmaximierenden Manager, Investoren, Spekulanten und Banker von General Motors, Ford, IBM, Coca-Cola, DaimlerChrysler, Siemens, Bayer, Toyota, Mitsubishi, Nissan, Deutsche Bank, Bank of Tokyo, UBS und Citigroup und die Hedge- und Private-Equity-Fonds werden alles tun, um uns durch Massenarbeitslosigkeit, »feindliche Übernahmen«, durch von Großbanken lancierte Fusionen, Auslagerung von Produktionsstätten, beschleunigte Rationalisierung und Automatisierung und das Dogma des grenzenlosen Wettbewerbs in die Knie zu zwingen. Ihre Herrschaft – abseits jeder demokratischen Kontrolle – stellt heute Wissenschaft und Technologieerneuerung über den Menschen, dem sie doch eigentlich dienen sollten. Frederick Taylor, der Erfinder der modernen Arbeitsorganisation am Fließband, brachte es schon zu Beginn des 20. Jahrhunderts auf den Nenner: In der Vergangenheit drehte sich alles um den Menschen, in der Zukunft muss das Wirtschaftssystem im Mittelpunkt stehen.

Genau das ist die Welt, in der wir heute leben. Nur die weltweite Bewegung einer »Globalisierung von unten« kann sich dem entgegenstellen.

III. Der Aufstand gegen die Manager-Oligarchie

»Es sollen die sozialstaatlichen Errungenschaften, die – was auch immer behauptet werden mag – zu den höchsten Errungenschaften der Zivilisation zählen, abgeschafft werden. Wo es darauf ankäme, sie zu universalisieren, sie über den ganzen Erdkreis zu verbreiten, wird stattdessen die Konkurrenz der wirtschaftlich und sozial weniger fortgeschrittenen Länder als Vorwand benutzt, diese Errungenschaften grundsätzlich in Frage zu stellen. Ihre Verteidigung ist nicht nur völlig legitim … sie ist eine Notwendigkeit, eine Pflicht für alle Männer und Frauen in Europa und anderswo.«

Pierre Bourdieu auf einem Forum des Hessischen DGB am 7. Juni 1997 in Frankfurt am Main

1. Gegen den wirtschaftlichen Sozialdarwinismus

Am 9. August 2004 beteiligten sich zehntausende Menschen in über vierzig Städten in den alten und den neuen Bundesländern an den Montagsdemonstrationen gegen die Hartz-IV-Gesetze. Mit den legendären Montagsdemonstrationen der Jahre 1989/90 hatte die Bevölkerung der damaligen DDR auf friedlichem Wege ihre demokratischen Rechte eingefordert und erfolgreich ein totalitäres Regime zum Teufel gejagt.

Schon Ende der 90er Jahre hatten Bürger mit Transparenten demonstriert, auf denen stand: »Wir wollen arbeiten, schickt die Manager zum Stempeln.« Damals war die Arbeitslosigkeit in den neuen Bundesländern auf katastrophale 18 Prozent gestiegen. Heute protestieren Menschen in ganz Deutschland mit dem Ruf »Hartz IV muss weg!«

Sie haben Recht. Wir müssen uns nicht gefallen lassen, was die Manager mit uns machen. Aber was können wir tun? Wer schickt die Manager endlich zum Stempeln? Wie wollen wir den Trend zur

20:80-Gesellschaft aufhalten, wie verblödendes »Tittytainment« bekämpfen, wie den Sozialstaat erhalten? Wie soll die »globale Wettbewerbsfähigkeit« mit ihren Exzessen reguliert werden und von wem? Was können wir international tun, was national, was lokal? Können wir eine »Globalisierung von unten« entwickeln? Haben Seattle, Pôrto Alegre, Genua und Bombay uns einen Weg gezeigt?

Der amerikanische Wirtschaftswissenschaftler Paul Krugman schrieb in seinem berühmt gewordenen Essay »Competitiveness: A Dangerous Obsession« (Wettbewerbsfähigkeit: Eine gefährliche Besessenheit), der Kampf der transnationalen Konzerne um die Wettbewerbsfähigkeit in der globalen Ökonomie sei das am meisten debattierte wirtschaftliche Problem unserer Zeit. Manager, Politiker, Ökonomen, Finanzmagnaten und Technologen hätten die Rhetorik der Wettbewerbsfähigkeit zu ihrem Credo erhoben. Die treibende Kraft dabei sei, das eigene Überleben durch den Sieg über den anderen zu sichern. Dieser Kampf aller gegen alle veranlasse Nordamerikaner, Europäer und Japaner, den »exzessiven Wettbewerb« auch zu Lasten der sozial schwachen Menschen in ihren eigenen Ländern zu führen, indem sie den Sozialstaat abbauen und aushöhlen und Massenarbeitslosigkeit forcieren. Die Obsession der Wettbewerbsfähigkeit sei nicht nur falsch, sondern gefährlich, da sie »die Innenpolitik verzerrt, das internationale Wirtschaftssystem gefährdet«. Schließlich zerstörten transnationale Monopole die für den »Wettbewerb notwendige Vielfalt«. Die einseitige, extreme Ausrichtung des Manager-Kapitalismus auf Wettbewerbsfähigkeit, so prophezeit Krugman, ende in Einseitigkeit. Sie nimmt nur einen Aspekt der Menschheitsgeschichte wahr – nämlich den Geist des Wettbewerbs. Der Geist der Kooperation und der Solidarität haben in dieser Ideologie keinen Platz.[1]

Eine solche Ideenlehre reduziere die gesamte Conditio humana auf die Verhaltensformen des Homo oeconomicus. Zudem werde der exzessive globale Konkurrenzkampf nicht mit außerordentlichen Problemen fertig, die jetzt auf die Menschheit zukämen, wie z. B. das enorme Bevölkerungswachstum, die Umweltzerstörung und die Klimakatastrophe. Im Gegenteil: Die globale Wettbewerbsfähigkeit heize diese

Probleme größtenteils noch an. Außerdem führe die Überbetonung des Wettbewerbs unweigerlich zu globalen Wirtschafts- und Technologiekriegen. Krugman kommt am Ende seines Essays zu der Überzeugung, nur eine »kooperative Steuerung« der globalen Wirtschaft bringe Abhilfe.

Auch die Gruppe von Lissabon konstatiert in ihrem »Überlebensszenario« eine »Zersplitterung der Welt im Kontext einer beinahe durchgehend privatisierten, deregulierten und liberalisierten Marktwirtschaft«. Treibende Kraft bei der »Verteidigung und Förderung der eigenen relativen Vorteile« sei für jedes transnationale Unternehmen, jede Region, jede soziale Gruppe das »eigene Überleben«, und zwar durch den »Sieg über die anderen ...«. Der Wettbewerbsimperativ beherrscht individuelle und kollektive Verhaltensweisen und Strategien. Technische Innovationen mit dem Ziel einer Verbesserung der Arbeitsproduktivität (also der Reduzierung der Arbeitskosten und einer aus ihr folgenden Verringerung von Arbeitsplätzen) gelten als »effektivste Waffe zur Eliminierung von Marktkonkurrenten«.[2] Immerhin halten die Lissaboner noch an der »Puffer«-Funktion internationaler Organisationen wie des Internationalen Währungsfonds (IWF), der Weltbank und der World Trade Organization (WTO) einerseits und nationaler Behörden andererseits in den künftigen technologischen Wettläufen und Technologiekriegen fest.

Wie jede einseitige Ideologie beruht das Dogma der globalen Wettbewerbsfähigkeit auf wenigen simplen Hypothesen. Das Hauptziel der von den postindustriellen Staaten unterstützten transnationalen Konzerne besteht darin, stark genug zu werden, um die Konkurrenten zu schlagen. Für die amerikanischen Konzerne sind die Hauptkonkurrenten japanische und westeuropäische Konzerne. Für die Japaner sind es die USA und Westeuropa. Für die westeuropäischen Länder sind es die USA und Japan. Für Südkorea sind es die Japaner, Singapur, Taiwan und zunehmend auch China. Die Überzeugung, dass diese Gesellschaften vollständig in einen gnadenlosen wirtschaftlichen Wettbewerbskrieg verstrickt sind, hat sich nach dem Ende des Kalten Krieges immer mehr durchgesetzt. Diese »Logik« eines kriegerischen Wettbewerbs wird besonders in den USA zunehmend zum einzig denkbaren wirtschaftlichen Diskurs und selbst von der Bevölkerung mehr und mehr als naturgegeben internalisiert. Dabei werden das Gemeinwohl und alle anderen Interessen der Gesellschaft auf die Interessen der siegreichen transnationalen Konzerne reduziert, die in technologische und wirtschaftliche Kriege eingebunden sind und deshalb jegliche Unterstützung von ihren Gesellschaften verlangen können.[3]

Um solche Wirtschaftskriege vor den Bevölkerungen rechtfertigen zu können, braucht es kollektive Feindbilder, nationale und/oder regionale Antagonismen, mit denen sich ein Wirtschaftsblock von einem anderen absetzen, hervorheben und unterscheiden kann. Robert Reich erklärt in seinem Buch *Die neue Weltwirtschaft* (1991), wie der Untergang der Sowjetunion die USA in eine ernste Krise stürzte. Denn seit dem Ende des Zweiten Weltkriegs beruhte ein großer Teil der US-amerikanischen Identität auf dem Gegensatz ihres Landes zur UdSSR. Die USA – die »Stimme der Vernunft« und die »einzige Hoffnung auf tatsächlichen Wohlstand« – verkörperten das Licht, die UdSSR die Dunkelheit. Der Sowjetkommunismus lockte die Armen und Naiven auf dem Erdball »mit falschen Versprechungen eines irdischen Paradieses«.[4] Die Amerikaner richteten fünfundvierzig Jahre lang ihre Kräfte vornehmlich darauf, der UdSSR Widerstand zu leisten. »Für uns war es wie eine mythische Schlacht … ausgetragen auf der Weltbühne unter der immerwährenden Drohung eines apokalyptischen Endes.« Ohne die Bedrohung aus dem »Reich des Bösen«, ohne die Rüstungsspirale und den Kalten Krieg, ohne einen »Wettkampf um die Zukunft der Menschheit« werde es kein »Gefühl staatlicher Zusammengehörigkeit« mehr geben, und Amerika wäre seiner moralischen Autorität, gar seiner Identität beraubt.[5]

Natürlich müsse es nicht so sein, so Reich, Amerika könne sich einen neuen Feind suchen, der die Stelle der Sowjetunion einnimmt. Es müsste eine starke äußere Macht sein, um die USA in der postsowjetischen Welt zusammenzuhalten, eine, die ihr wieder Identität verleiht, am besten eine Macht, »so grundverschieden von den USA«, dass sie »die Amerikaner eben wegen dieses totalen Gegensatzes« ständig daran erinnert, wer sie sind. Reich hatte damals an Japan als neuen Feind gedacht. Doch Wirtschaftskriege können sich als ebenso kostspielig und destruktiv erweisen wie der Kalte Krieg gegen die Sowjetunion. Daher sah Reich die Amerikaner vor die Grundfrage gestellt, ob sie imstande sein würden, »unsere Identität zurückzugewinnen, ohne uns ein neues Feindbild schaffen zu müssen«?[6]

Über die Antwort auf diese Frage kann es seit dem 11. September 2001 keinen Zweifel mehr geben. Die Bush-Regierung hat die islamischen »Schurkenstaaten« Afghanistan, Irak, Iran, Libyen, Jemen und Syrien als perfektes Feindbild der amerikanischen Kultur ausgemacht. Der wahnsinnige Terrorangriff der fundamentalistisch-islamischen Al-Kaida-Gruppe auf die beiden Türme des World Trade Center in New York, eines Symbols des globalen Kapitals, wird von Washington instrumentalisiert, um ihre militärischen Kriege in Afghanistan und Irak ebenso wie die Wirtschaftskriege der Manager zu legitimieren.

Betrachtet man die Szenarien und Warnungen von Krugman, der Gruppe von Lissabon und Reich, so kann man nur konstatieren, dass die heutigen Wirtschaftseliten mit ihrer Besessenheit von der Wettbewerbsfähigkeit, mit ihrer Logik von erbarmungsloser Konkurrenz und ihren instrumentalisierten Feindbildern einen globalen Wirtschafts- und Technologiekrieg kultivieren, der an Primitivität nicht zu überbieten ist. Hier wird die menschliche Gesellschaft zu einem Haifischbecken, wo der größere Fisch den kleineren auffrisst, hier gibt es tatsächlich nur noch den »Kampf ums Dasein«.

Wettbewerbsfähigkeit, Freihandel und die Prinzipien der Marktwirtschaft haben ihre philosophischen Wurzeln in Adam Smiths Werk *The Wealth of Nations* (1776). Nach Smith ist die Arbeit die Quelle des Wohlstands. Wenn allen am Markt beteiligten Akteuren gestattet wird, ungehindert ihr Eigeninteresse zu verfolgen, führe das naturgemäß für alle zu den besten Resultaten. Denn dann entsteht auf dem freien Markt durch das Auftreten der »Unsichtbaren Hand« (des Preises) beim Zusammentreffen von Angebot und Nachfrage – also dem

»freien Spiel der Kräfte« – die größte Menge verteilbaren Wohlstands. Smith nannte das den »vollkommenen Wettbewerb«.[7] Doch diesen Wettbewerb hat es so nie gegeben.

83 Jahre nach Erscheinen des *Wealth of Nations* präsentierte Charles Darwin in dem berühmten Werk *On the Origin of Species* (1859) seine Thesen von der biologischen Evolution allen Lebens. Er stellte dabei eine dem Denken von Smith verwandte Hypothese auf: Danach verfolgt jede Art beim »Kampf ums Überleben« ihren Eigennutz. Wer sich am besten »anpassen« könne *(survival of the fittest)*, überlebe. Es ging Darwin keineswegs darum, dass der »Beste« oder gar der »Stärkste« immer im Daseinskampf als Sieger hervorgehe. Im Gegenteil, Evolution im Sinne Darwins bedeutet, dass der, der sich am besten an die Umstände und Gegebenheiten anpasst, im evolutionären Prozess überlebt. Der Begriff des »Sozialdarwinismus« wurde erst Ende des 19. Jahrhunderts von Herbert Spencer geprägt, der Darwins vor allem auf die Tier- und Pflanzenwelt bezogenen Thesen direkt und verfälschend auf menschliche Gesellschaften übertrug. Die Lehren Spencers sind heute obsolet, während Darwins Evolutionslehre immer noch grundsätzlich die Entstehung des Menschen und die Entwicklung von Leben zu erklären vermag.

Die Manager, die sich gerne als moderne Sozialdarwinisten geben und ihr Tun als evolutionäres Prinzip darstellen, haben aus den Einsichten Darwins die falschen Schlüsse gezogen und die Grundgedanken der Evolution nicht verstanden. Stattdessen haben sie aus den klassischen Ideen von Adam Smith sowie den Erkenntnissen Charles Darwins und den neoklassischen Gedanken Milton Friedmans ein ideologisches Gebräu entwickelt, das ihre Interessen untermauern soll. Zu den Grundprinzipien der Managerideologie gehört, dass es letztlich gut für alle sei, wenn sich der Stärkste im globalen Wirtschaftswettbewerb durchsetzt und die anderen vom Markt wirft und in den Bankrott treibt.

Eine solche Programmatik greift auch auf Gedanken des österreichisch-amerikanischen Ökonomen Joseph Schumpeter zurück, der behauptete, im wirklichen Kapitalismus gehe von der neuen Technologie, dem neuen Produkt, dem neuen Angebot, dem neuen Organisationstyp, der zu immer größeren Kontrolleinheiten hin tendiere, ein Wettbewerb aus, der entscheidende Kosten- oder Qualitätsvorteile erkämpfe. Dieser Wettbewerb greife nämlich nicht bloß die Profitmargen oder den Output der bestehenden Konkurrenten an, sondern gleich die Grundfesten ihrer Existenz. Diese Dynamik der »industriellen Mutation« revolutioniere die ökonomische Struktur von innen, so Schumpeter.[8]

Das tatsächliche Resultat solch »kreativer Zerstörung« des Bestehenden sind Monopolgebilde in der globalen Wirtschaft. Mit dem »vollkommenen Wettbewerb« eines Adam Smith und der »Vielfalt«, von der Charles Darwin sprach, hat das nichts zu tun. Darwin erklärte, wie die »Artenvielfalt« im Verlauf der Evolution zunimmt. Gnadenloser globaler Wettbewerb vernichtet gerade solche Vielfalt und schafft eine einseitige Einfalt, wie Paul Krugman es formuliert.

Die missbräuchliche Interpretation der Darwin'schen Lehre durch die Apostel der »quasi-sozialdarwinistischen« Wirtschaftstheorie ist mehr als fahrlässig, zumal wenn sie fälschlich als das »Recht des Stärkeren« uminterpretiert wird, »schwächere«, d.h. für die Manager unrentable und nicht wettbewerbsfähige Unternehmen zu zerstören. Darwin erklärte den evolutionären Prozess als eine fortwährende Auslese der Überlebenstüchtigen, doch dabei wies er auch das »ständige Zusammenspiel zwischen Variation und Selektion« nach und zeigte anhand vieler Beispiele, dass dieses Zusammenspiel zu einer fortschreitenden Spezialisierung, zur »Zunahme der Vielfalt« und zur optimierten und naturverträglichen Nutzung der knappen Ressourcen führt.[9]

Vielfalt, sowohl von Unternehmen wie Produkten, ist für die modernen Wettbewerbsökonomen wie Richard D'Aveni nur akademisches Gerede und Human-Duselei. Wirtschaftlicher Wettbewerb sei Krieg mit anderen Mitteln, proklamiert er in seinem Buch *Hypercompetition* (1994), das sich in den USA lange auf der Bestsellerliste für Sachbücher hielt. Wirtschaftskrieg liegt für ihn im Wesen der menschlichen Natur. Nur der Stärkste überlebe und habe dann das Recht, seine Organisation dem Unterlegenen durch »feindliche Übernahme« aufzudrängen oder ihn gar zu zerstören. Ohne dieses Prinzip gibt es nach Meinung D'Avenis keinen Fortschritt.

Dass der globale Wettbewerb die transnationalen Konzerne zu immer schnellerer Technologieerneuerung und zu immer größerer »technologischer Massenarbeitslosigkeit« antreibe, hält D'Aveni für unvermeidlich und systemimmanent. Wer nicht innovativ genug ist, nicht schnell genug rationalisiert – nicht schnell genug Arbeit durch modernste Technologie ersetzt –, sei eben »nicht lebensfähig«.[10] Dabei gibt er offen zu, dass sich aus einer solchen Programmatik internationale Spannungen ergeben könnten, die an latenter Gefährlichkeit denen des Kalten Krieges kaum nachstehen – vom Schicksal der immer größer werdenden Reservearmee der Arbeitslosen ganz abgesehen.

Wettbewerb und Kooperation, Aggressivität und Solidarität sind koexistierende, häufig konfligierende Dimensionen unserer sozialen Existenz. Die Ideologie der obsessiven Wettbewerbsfähigkeit ignoriert oder entwertet Kompromiss, Kooperation und Solidarität. Für die Wirtschaftselite und ihre wissenschaftlichen Apologeten zählen sie als künstliche, wenn nicht gar kranke Hirngespinste intellektueller »Do-Gooders« (Gutmenschen) und unrealistischer, romantischer Weltverbesserer. Im falsch verstandenen Sozialdarwinismus lassen sich Wissenschaftler wie D'Aveni von der Prämisse leiten, der Mensch und seine Taten seien rein egoistischer, aggressiver und eigennütziger Natur. Dabei hat die zoologische Forschung Thomas Hobbes' berühmte These, der Mensch sei dem Menschen ein Wolf, längst widerlegt. Inzwischen ist bekannt, dass Wölfe eine »fast unüberwindliche Beißhemmung« gegenüber schwächeren Artgenossen haben.[11]

Egoismus und Aggression sind erst recht kein unabänderliches oder gar von Genen diktiertes Wesensmerkmal des Menschen. Und moderne Konflikt- und Kooperationsforscher bestätigen, dass eine von gegenseitiger Achtung geprägte Kooperation häufig motivierender und befriedigender als Wettbewerb sein kann. Auch das Lösen wissenschaftlicher Probleme und die schöpferische Innovation werden durch Konkurrenz oft behindert, aber durch Teamwork gefördert.[12]

Die Studien vieler renommierter Wissenschaftler und Theoretiker[13] kommen zu dem Resultat, das in der menschlichen Natur vorhandene Potenzial für Aggression basiere auf einer Art unbewusstem Überlebenswillen. Dieser äußere sich dann in Gewaltanwendung und kriegerischen Auseinandersetzungen, wenn man Einzelnen, Gruppen oder Völkern die Mittel zum Überleben entzieht. Wird den Menschen z.B. die Nahrungsmittelgrundlage genommen, wird ihre Existenz von sozialer Ungerechtigkeit, Hungersnot und Ausbeutung bedroht, dann werden sie kämpfen bzw. zum Kämpfen gezwungen, erst dann sind die Menschen bereit, Gewalt auszuüben. Dieser Angriff auf den menschlichen Überlebenswillen kann auch so aussehen, dass politische oder wirtschaftliche Machtgruppen aus Eigeninteresse heraus »ihren Staatsbürgern« durch bewusste Manipulation einen »äußeren Feind« aufdrängen, der dann scheinbar das eigene Gemeinwohl angreifen und zerstören will. Oder wenn ein Volk durch seine Machthaber in einen rassischen, kulturellen oder religiösen Überlegenheits- oder Auserlesenenwahn getrieben wird, der nur zu oft zum Ausgangspunkt für die Unterdrückung anderer Völker oder für Weltherrschaftsziele wird.[14]

Der Wille zur Konkurrenz und Aggression ist ohne Zweifel ein kräftiger Antrieb für Handlungen, Motivationen und Innovationen. Aber er hebt weder andere Potenziale des Menschen auf, die aus dem gleichen Überlebenstrieb resultieren, noch die Notwendigkeit der Kooperation und der Solidarität. Sind die Grundbedürfnisse – Ernährung, Kleidung, Behausung, Aufziehen der Nachkommenschaft, Bildung – gesichert, kann es soziale Gerechtigkeit geben, so die Wissenschaftler, kann einer massenpsychologischen Manipulation und totalitären Ideologien wie dem Faschismus entgegengesteuert werden. Generell wird der Mensch dann versuchen, Konflikte auf friedlichem Weg, durch Kooperation und Kompromiss zu lösen. Und ein angeblich evolutionäres Interesse am Krieg, der den Menschen ja zerstören könnte, steht dem Überlebenswillen total entgegen.[15]

Womit wir zurück zu Paul Krugmans Warnung kommen, dass die Obsession der Manager mit Wettbewerbsfähigkeit unweigerlich zu weltweiten Wirtschafts- und Technologiekriegen führt, wenn wir nicht rechtzeitig die globale Wirtschaft durch »kooperative Steuerung« in den Griff bekommen. Solch einen »Steuerungs«-Vorgang können nur Menschen und Organisationen beginnen, die sich der Wettbewerbsfähigkeitslogik der Manager verweigern und andere menschliche Potenziale ausschöpfen wollen als nur den bloßen Überlebenswillen.

2. Gegen die Besessenheit von der Wettbewerbsfähigkeit und vom grenzenlosen Wachstum

Scheinbar unaufhaltsam breitet sich der Turbokapitalismus aus und beginnt schon jetzt, unser Sozialgefüge durch Sozialabbau und Massenarbeitslosigkeit zu zerstören. Doch auch die Umweltzerstörung, die durch die Automatisierung der Wirtschaft und die Wettbewerbsbesessenheit der Manager ausgelöst wird, nimmt inzwischen dramatische Formen an.

Die jährlichen Kohlenstoffemissionen, die das im Zusammenhang mit dem Treibhauseffekt gefährlichste Gas, nämlich Kohlendioxid, produzieren, haben nach der ersten UN-Konferenz über »Umwelt und Entwicklung«, die 1992 in Rio de Janeiro stattfand, einen neuen Höchststand erreicht und verändern schon jetzt Atmosphäre und Temperaturgleichgewicht der Erde. Dreizehn Jahre nach der historischen Umweltkonferenz zeigt sich, dass die Welt beträchtlich hinter dem damals gesteckten Hauptziel einer dauerhaft überlebensfähigen und umweltgerechten globalen Wirtschaft zurückbleibt. Der Grund dafür ist nicht mehr allein im kapitalistischen Diktat des fortwährenden Wachstums zu suchen, sondern auch in der Wettbewerbsfähigkeits-Obsession eines zum Turbokapitalismus ausgearteten Systems.

Seit 1992 hat die Weltbevölkerung um über 500 Millionen Menschen zugenommen. Das ist mehr als die Anzahl der Einwohner der USA und Russlands zusammengenommen. Zur gleichen Zeit haben die Welt-Anbauflächen für Nahrungsmittel wegen industrieller Nutzung, Abholzung und Erosion erheblich abgenommen. Hungersnot, Massenarmut und Migration von Millionen von Flüchtlingen in der

Dritten Welt nehmen mit exponentieller Geschwindigkeit zu. Nach Untersuchungen der UNO konnten schon 1996 in Entwicklungsländern rund 1,3 Milliarden Menschen ihre Grundbedürfnisse an Nahrungsmitteln und Unterkunft nicht decken.[16]

Die postindustriellen Staaten unternehmen kaum etwas gegen diese menschliche Tragödie. Die UNO ist sowieso machtlos. Sie forderte in der »Rio-Agenda 21« eine Entwicklungshilfe von mindestens 0,7 bis 1 Prozent vom Bruttosozialprodukt der reichen Länder. Doch diese zahlten z. B. im Jahr 2003 durchschnittlich nur zwischen 0,1 und 0,2 Prozent ihres Bruttosozialprodukts an die Armen dieser Welt. So wenig Entwicklungshilfe wurde seit 1973 nicht gezahlt, es ist ein Tropfen auf den heißen Stein. Damit koppeln sich die Länder der Triade von der Dritten Welt ab, und der Grund dafür ist klar: In den EU- und NAFTA-Staaten ebenso wie in Japan braucht man alle finanziellen und technologischen Ressourcen für sich selbst, für den mörderischen Wettbewerb untereinander.[17]

Auch die biologischen Reichtümer der Erde (die Artenvielfalt, von der Charles Darwin sprach) sind in den vergangenen Jahren größtenteils durch Raubbau rapide und irreversibel vermindert worden. Vor allem in Brasilien, Malaysia, Indonesien, USA, Russland und Kanada wurden riesige Gebiete mit alten Waldbeständen, die »grüne Lunge der Menschheit«, dezimiert oder ganz abgeholzt, wodurch tausende von Tier- und Pflanzenarten ausgerottet wurden. Feuchtgebiete und Korallenriffe mit großer biologischer Vielfalt erlitten ein vergleichbar katastrophales Schicksal.[18]

Globale grenzenlose Wachstums- und Wettbewerbsfähigkeits-Besessenheit ruinieren nicht mehr nur einzelne Regionen der Erde, sondern gleich den ganzen Globus. Wenn z. B. das Abbrennen und Abholzen der Regenwälder in Brasilien, Südostasien und Nordwest-Kanada sich immer mehr zu einem weltweiten Prozess der Waldvernichtung auswächst, dann kann man das nicht mehr als einen sentimentalen Verlust schöner alter Wälder bezeichnen. Dann geht es um die Gefahr eines Zusammenbruchs der irdischen Ökosphäre, dann steht die Bewohnbarkeit des Planeten insgesamt auf dem Spiel. Denn ohne die

Existenz großer Waldflächen werden sich die Bedingungen auf der Erdoberfläche grundlegend ändern, und zwar in einer Weise, die das Überleben unserer Zivilisation nicht mehr möglich macht. Wälder sind unverzichtbarer Kohlenstoffspeicher dieser Welt, sie sind lebenswichtig für die menschliche Existenz auf dem Planeten Erde.[19]

So führten z. B. das Abholzen und die Brandrodungen auf den indonesischen Inseln Sumatra, Kalimantan und Irian Jaya im August und September 1997 im Auftrag von japanischen Konzernen zu einem ökologischen GAU in den südostasiatischen Staaten Thailand, Malaysia, Philippinen und Indonesien. Beißender, tödlicher Smog breitete sich über dieser Region aus. Hunderttausende litten unter akuter Atemnot, tausende starben an Emphysemen.[20]

1990 veröffentlichte der Club of Rome eine Studie mit dem Titel »Die Herausforderung des Wachstums«, an deren Zusammenstellung Experten vieler Länder beteiligt waren. Sie kamen zu dem Ergebnis, dass sich die für unsere Industrien wesentlichen mineralischen Rohstoffe bei fortdauernden jährlichen Nachfrage- und Verbrauchszuwachsraten von durchschnittlich drei bis fünf Prozent zwischen 2000 und 2050 dem Ende zuneigen werden.[21] Zu diesem Schluss gelangten auch die Autoren der ersten Club-of-Rome-Studie (»Grenzen des Wachstums«, 1972) und Donella und Dennis Meadows und Jorgen Randers in ihrem Buch *Die Neuen Grenzen des Wachstums* (1993). Sie demonstrierten, dass exponentielles Wachstum in andauernde Nachhaltigkeit umgelenkt werden muss, um einen globalen Zusammenbruch zu verhindern.[22]

Von den Apologeten des real existierenden Turbokapitalismus wird jede Frage nach einer übergeordneten Verantwortlichkeit, jeder Zweifel, ob wir nicht auf Kosten nachfolgender Generationen leben, im Keim erstickt, ja als Verstoß gegen Vernunft und so genannte ökonomische Sachzwänge gebrandmarkt. Der Grund ist klar: Ohne das tragende Netz dauerhafter Wachstumsraten in allen Bereichen droht diese Perversion einer Wirtschaftsordnung ins Bodenlose zu stürzen. Sie duldet keinen Stillstand, weder ein Absinken der Zuwachsraten noch ein System vernünftigen selektiven Wachstums.

Weil in der Ideologie der Manager die Wirtschaft auf ständiges Wachstum angewiesen ist, wollen sie (und können sie innerhalb ihrer Logik und ihres Systems) die ungezügelte Wettbewerbsfähigkeit nicht bremsen. Doch im obsessiven Wettbewerb gibt es nicht nur für Verlierer kein Pardon. Dieser gnadenlose Kampf zerstört das ganze System von innen, denn die lebensnotwendige Vielfalt wird immer mehr und schneller reduziert.

Auf die weltweite Herausforderung, Strategien gegen unbegrenztes Wachstum, Zerstörung und Verschwendung umzusetzen sowie den globalen ruinösen Wettbewerb zwischen den transnationalen Konzernen durch internationale kooperative Maßnahmen zu bremsen, ist bis heute nicht reagiert worden. Der Umweltgipfel 1992 war letztlich ein Flop. Die Spaltung der Welt in reiche Nutznießer aus dem Norden und Habenichtse aus dem Süden verhinderte konkrete Beschlüsse. Die Nation mit dem größten Kohlendioxid-Ausstoß und weltweit höchsten Pro-Kopf-Energieverbrauch, die USA, blockierten mit ihrem Vetorecht noch den letzten schwachen Kompromissversuch. Auch folgende UN-Konferenzen und -Vorschläge zur Regulierung des unbegrenzten Wachstums, der Klimaerwärmung und der Wettbewerbsideologie scheiterten an der Macht und dem Veto der mächtigsten Industrieländer. Das Scheitern des Kyoto-Abkommens (zur Eindämmung des Treibhauseffektes) war dafür ein eindrucksvolles Beispiel.

Gigantische »Marshall-Pläne«, die der ehemalige US-Vizepräsident Al Gore in seinem Buch *Earth in the Balance* für die ausgegrenzten ärmsten Nationen fordert,[23] werden diese weltweiten Probleme ebensowenig lösen helfen wie die von der Gruppe von Lissabon vorgeschlagene »allmähliche Umwandlung der UNO-Generalversammlung in einen Weltsenat oder Weltbundesrat« oder gar in eine »globale Bürgerschaftsversammlung«.[24] Solche Institutionen sind einfach zu groß, zu bürokratisch – und deshalb zu ohnmächtig, zu entscheidungsunfähig. Sie besitzen weder genügend Macht noch Gewaltmittel *(law enforcement)*, um ihre Ideen, Pläne und Maßnahmen durchzusetzen. Sie sind letztlich impotent.

Denn sie müssten sich gegen die weltweit, aber außerhalb dieser

UN-Organisationen agierenden Topmanager der transnationalen Konzerne durchsetzen. Diese sind die Einzigen, die für die globale Wettbewerbswirtschaft gerüstet sind. Gerade das aber ist das fundamentale Problem der heutigen Globalisierung: die schnell fortschreitende Abkopplung der global organisierten, agierenden, vernetzten wirtschaftlichen Macht der Industrie-, Finanz- und Dienstleistungsunternehmen von den politischen Institutionen, von der repräsentativen Demokratie, von den sozialstaatlichen Errungenschaften, die allesamt national beschränkt bleiben.

Die Lissabonner Forscher propagieren einen runden Tisch »der tausend größten Unternehmen der Welt«. Sie hoffen zudem auf eine sich entwickelnde »globale Zivilgesellschaft«, in der sich die rund vierzigtausend transnationalen Konzerne – unter paternalistischer Führung der tausend mächtigsten – »Weltverträgen« beugen werden, die vom neuen »Weltstaat« (besetzt von Weltpolitikern der erneuerten UNO) ausgearbeitet würden. Mit Hilfe dieser »Weltverträge« sollen arme Nationen, die »ausgegrenzten Verlierer des globalen Wettbewerbs«, Mittel von reichen Staaten erhalten und so die »Grundbedürfnisse« der Ärmsten der Welt befriedigt werden.[25] Sie nennen das auch ihre »globale Steuerung«.

So viel Weltfremdheit und auch Naivität muss erstaunen, haben die Autoren doch – auch in ihrem »Überlebensszenario« – ausführlich dargestellt, wie aggressiv, gar räuberisch die transnationalen Konzerne miteinander umgehen. Die Lissabonner Autoren wissen ja genau, dass die Manager bewusst eine wirtschaftliche Entwicklung forcieren, die durch den Wettbewerbsexzess zu immer weniger Großkonzernen, zu immer mehr Einfalt, zu immer höherer Arbeitslosigkeit und einer gezielten Verarmung derer führt, die noch einen Job haben. Nun glauben sie plötzlich, dass die »tausend größten Unternehmen« als »globale Partner« friedlich an einem runden Tisch alles auf einer humanitären Basis lösen, kooperativ handeln und solidarisch agieren könnten?

»Weltpläne«, globale Vorstellungen und ganzheitliche Ideen sind zwar unabdingbar, um eine gerechtere Verteilung der Erdgüter zu erwirken, um den »ausgegrenzten Verlierern« in der Dritten und in der

Ersten Welt zu helfen, um grenzenloses Wachstum und Wettbewerbskriege zu regulieren, Massenarbeitslosigkeit und »Tittytainment« zu bekämpfen. Doch es erscheint nicht sinnvoll, auf eine Initialzündung durch Ideen zu warten, die Aktionen gegen die Globalisierung von »oben« auslösen und bündeln könnte. Stattdessen sollten wir mehr nach dem Motto »Global denken, lokal handeln« von »unten« vorgehen und in kleinen Einzelschritten Organisationsformen, Tätigkeiten und Aktionen für ein menschenwürdiges Leben ohne Raubtierkapitalismus entwickeln.

Eine solche schrittweise Globalisierung von unten passiert schon und könnte z. B. so aussehen:

- in Großunternehmen neue Formen von Arbeitnehmer-Mitbestimmung in den Vorständen, den eigentlichen Entscheidungsträgern, durchsetzen;
- das nationale Gewerkschaftswesen modernisieren, stärken und europäisieren;
- durch zivilen Ungehorsam von Bürgerinitiativen, Nicht-Regierungs-Organisationen und Gewerkschaften (wie Umweltschützer und Friedensbewegung es vorgemacht haben) Auslagerungs- und Lohndumping-Maßnahmen blockieren;
- durch die Einsetzung von Ökoräten nachhaltiges, überlebensfähiges Wirtschaften ermöglichen;
- durch Mitarbeit in Nicht-Regierungs-Organisationen wie Attac, Greenpeace, Global Trade Watch, W.E.E.D. eine Globalisierung von unten entwickeln;
- durch Zusammenarbeit der Universitäten, Gewerkschaften und Kirchen mit den NRO größeres Verständnis und Öffentlichkeit für die genannten Probleme erreichen. Dann könnten wir dazu übergehen, diese neuen Formen der Mitbeteiligung, Mitbestimmung, des Protests und des zivilen Ungehorsams auf größere Organisationen wie z. B. die Europäische Union zu übertragen.

Auch Pierre Bourdieus Vorschlag einer »Europäischen Sozialunion« verdient es, aufgegriffen und umgesetzt zu werden.[26] Die Idee eines Europa, das nicht nur von Markt und Profit gekittet wird, sollte ernsthaft diskutiert werden. Auch der Bremer Wirtschaftswissenschaftler Ulrich Dolata vertritt die Position, eine Europäische Sozialunion »ließe sich mit entsprechenden politischen Mehrheiten« – vor allem mit einer aufgeklärten europäischen Arbeitnehmerschaft und dem immer größer werdenden Heer der Arbeitslosen – konkretisieren. Und zwar so, dass weder die innereuropäischen Handels-, Wirtschafts- und Forschungsbeziehungen darunter leiden noch mit einer größeren Auslagerung von Produktionsstätten aus Europa zu rechnen wäre.[27]

Die genannten außerstaatlichen, außerparlamentarischen Organisationsformen könnten von anderen Wirtschafts- bzw. Weltregionen wie NAFTA, asiatischer Freihandelszone, Mercosur, Maghreb übernommen werden und so schließlich übergreifend wirken. Selbstverständlich könnte auch eine andere Region der Europäischen Union beispielhaft vorangehen. Dies erscheint mir ein vernünftiger, realistischerer Weg als der von der Gruppe von Lissabon vorgeschlagene Plan.

Die organisierte Verteidigung sozialer Rechte ist völlig legitim – auch wenn die Manager-Oligarchie dies immer wieder als eine Form von »Archaismus« hinstellt. Niemand verfiele auf den Gedanken, die Verteidigung geistiger Reichtümer der Nationen als Archaismus zu verurteilen und z. B. die Werke eines Kant, Goethe und Hegel oder Mozart, Beethoven, Voltaire oder Rousseau, Picasso oder van Gogh zu negieren. Soziale Sicherheit und Recht auf Arbeit sind zumindest ebenso große und kostbare Güter wie Philosophie, Dichtung, Musik und Kunst, sie zählen nicht umsonst zum Katalog der menschlichen Grundrechte.

Der Mythos »Globalisierung« erweist sich unter diesen Gesichtspunkten als zentrale Waffe der Manager. Sie instrumentalisieren ihn skrupellos, um sämtliche Schranken für den freien turbokapitalistischen Markt und die internationalen Finanzkräfte zu beseitigen. Dabei ist eine ihrer Hauptstrategien das Ausspielen der Opfer der Globalisierung gegeneinander. Dieses Muster liegt z. B. den Argumentationen zugrunde, die alle wirtschaftlichen und sozialen Übel in den europäischen Ländern der Konkurrenz der Entwicklungsländer zuschreiben. Der Wettbewerb mit Regionen, wo man keinen Mindestlohn kennt, wo die

Beschäftigten zwölf Stunden pro Tag für ein Viertel oder ein Fünftel des in Europa gezahlten Lohns arbeiten, wo es keine Gewerkschaften gibt und Kinderarbeit an der Tagesordnung ist, zwinge die Unternehmer dazu, den Arbeitern hierzulande mehr »Flexibilität« und Verzicht aufzuerlegen – eine in vielerlei Hinsicht wohlfeile Rechtfertigung, mit der dann die Notwendigkeit der Durchsetzung von schlechteren Arbeitsbedingungen und niedrigeren Löhnen erklärt wird.

Dass sich an der ersten Arbeitslosenrevolte der europäischen Sozialgeschichte, die Anfang Dezember 1997 in Frankreich begann, nur eine Minderheit der Langzeitarbeitslosen beteiligte und keine Leute, die noch eine Arbeit hatten, ist ein beredtes Beispiel für die Entpolitisierung und Entsolidarisierung der Arbeitenden in Europa. Diesen mit dem ökonomischen Fatalismus und der sozialen Polarisation einhergehenden Prozess haben die Gruppe von Lissabon und andere Kritiker der Globalisierung in richtungweisenden Reflexionen angeprangert.[28] Aber sie vermochten keine praktischen Gegenstrategien zu initiieren.

Die Globalisierung stellt mit dem Sozialstaat all das in Frage, was am Staat bisher fortschrittlich war. Im Zuge des Niedergangs eines menschenwürdigen fürsorglichen Staatswesens schwindet nicht nur die soziale Integration und Solidarität, der Staat entwickelt sich auch endgültig zu einem Herrschaftsinstrument der Manager.

Wir könnten versuchen, das europäische Erbe des fürsorglichen Staates mit Hilfe der Gewerkschaften – wie Bourdieu vorschlägt – durch eine Europäische Sozialunion zu retten. Die Nationalstaaten und die Parteien sind mangels einer solchen Zukunftsvision außerstande, im Sinne des allgemeinen Interesses der europäischen Gemeinschaft mit den Gewerkschaften gemeinsam zu agieren. Die Bürger müssten in Zukunft mit Hilfe der NRO lautstark und konsequent von ihren Regierungen Programme fordern, die die fortschrittlichsten sozialen Errungenschaften der verschiedenen europäischen Staaten in sich vereinen und dem Aufbau einer Europäischen Sozialunion Priorität einräumen.

Vielleicht hat der Vorsitzende des schwedischen Gewerkschaftsbundes, Bertil Jonsson, einen Weg aufgezeigt, wie eine Gegenkraft zur Globalisierung, eine Europäische Sozialunion im Sinne Bourdieus, auch praktisch zu verwirklichen ist. Auf einer internationalen Fachtagung der Friedrich-Ebert-Stiftung in Bonn im Jahre 1998 stellte er ein »Gedankenexperiment« vor, das er den »Zweiten Kampf um die Demokratie« nennt. Vor einem solchen Kampf stünden die europäischen Völker nun. Der erste Kampf habe »der Machtfrage in der Politik« gegolten, nämlich »das allgemeine und gleiche Wahlrecht, die politischen Freiheiten ... das Recht auf die Bildung gewerkschaftlicher Organisationen« zu erreichen. Nunmehr gehe es um die »Machtfrage in der Wirtschaft«, und das »auf globaler Ebene«.[29] Das erfordere einen Einsatz an vielen Fronten, vor allem auch um »internationale Sozialabkommen« und die »Besteuerung des beweglichen Kapitals« etc. zu verwirklichen.

Worauf wir uns in Europa aber zuerst konzentrieren sollten, so Jonsson, sei die Frage, ob und wie wir die eigenen Finanzmittel der Arbeitnehmer einsetzen können. Schließlich bilden die Renten- und Pensionsfonds der Arbeitnehmer keinen geringen Teil des globalen Kapitals. Wäre es z. B. denkbar, dass »die Gewerkschaftsbewegung auf der Grundlage ihres Wertesystems eine eigene Kapitalanlagephilosophie« erarbeitet, die mit diesen Fonds zur Gegenkraft der globalen Spieler nicht nur auf den Finanzmärkten werden kann? Jonsson fragt: »Oder bedenken wir doch: In Europa gibt es über 150 Millionen Arbeitnehmer. Wenn diese nur ein halbes Prozent ihrer Lohnsumme eines Jahres einsetzen würden, entspräche dies ... etwas über 200 Milliarden Mark. Würde man daraus eine Gegenkraft machen können?«[30]

Das schwedische Gedankenexperiment zeigt meiner Ansicht nach in die richtige Richtung, nämlich auf die Stärken, die auch die Beschäftigten den Managern entgegensetzen können.

Ähnliches gilt für Europa, das auch unter den Bedingungen der Globalisierung ein umfassender, ressourcenreicher, wirtschaftlicher Großstandort bleibt, der sich in den nächsten zwanzig Jahren entweder politisch als Vorreiter eines sozialen und ökologischen Umbaus oder als Spielwiese der Manager und transnationalen Großkonzerne gestalten lässt – wenn wir es wollen.

3. Der Dritte Sektor

Die Welt befindet sich in einer mächtigen Technologierevolution, die so große soziale Veränderungen mit sich bringt wie noch nie zuvor in der Geschichte der Menschheit. Die dritte industrielle Revolution, die für die ominösen 20 Prozent der Gesellschaft, die »neue Klasse der elitären Wissensarbeiter«, gut bezahlte High-Tech-Jobs zur Verfügung stellen wird, bedeutet zugleich für vier Fünftel, den großen Rest, technologische Arbeitslosigkeit. In der Arithmetik der Manager sind 80 Prozent nicht mehr länger wichtiger als 20 Prozent. Sie werden diese Revolution unbarmherzig und mit rasanter Geschwindigkeit vorantreiben. Dass die klassische Erwerbsarbeit schließlich nicht mehr »unsere wichtigste Quelle sozialer Identität« sein kann, ist gewiss, aber die sich daraus für die Gesellschaft und den Einzelnen ergebenden Konsequenzen zwingen uns, endlich neue Formen der Arbeitszeitverteilung, der Beschäftigung und ihrer Entlohnung zu finden.[31]

Die High-Tech-Revolution hat nämlich durchaus auch ein ungeheuer positives Potenzial. Sie könnte zum ersten Mal in der modernen Geschichte für eine große Zahl der Arbeitenden durch erhebliche Arbeitszeitverkürzung (20- bis 25-Stunden-Woche) anstatt Massenentlassungen eine Befreiung von stupiden Arbeitsabläufen und langen Arbeitszeiten und damit mehr Freizeit bedeuten, Zeit für die Selbstverwirklichung – sei es für Kultur, Sport, Muße, Talentförderung, das Nachgehen eigener Begabungen oder die Arbeit in Nicht-Regierungs-Organisationen, um nur einige Beispiele zu nennen.

Der französische Philosoph und Soziologe André Gorz schlug vor, alle sollten »weniger arbeiten … damit alle besser leben und ihren Lebensunterhalt durch Arbeit verdienen können«. Er empfahl sowohl eine »fortschreitende und massive Arbeitszeitverkürzung ohne Lohnausgleich« (tausend Stunden im Jahr) als auch »eine faire Aufteilung der unbezahlten Arbeit in der Privatsphäre«. Dabei dürfe man die Verkürzung nicht auf unqualifizierte Berufe beschränken, da sonst die Segmentierung der Gesellschaft nur verlagert werde. »Auf der einen Seite«, so Gorz, »stünden die … professionellen ›Eliten‹, die alle

Macht- und Verantwortungspositionen monopolisieren; auf der anderen Seite stünde eine Masse von … dequalifizierten und an den Rand gedrängten machtlosen Arbeitern mit reduzierter Arbeitszeit«[32] und von Arbeitslosen, die von der elitären Minorität dann als billige Dienstboten oder als Tagelöhner missbraucht werden. Die Neubewertung der Arbeit und die steigende Massenarbeitslosigkeit erfordern ein erhebliches Umdenken, auch von den Gewerkschaften. Sie müssen nicht nur für die Humanisierung der Produktionsarbeit und für Arbeitszeitverkürzung eintreten, sondern auch für eine Aufwertung von sozialer Arbeit wie z. B. familiäre Krankenpflege, Jugendbetreuung, Hausarbeit und Umweltschutz, deren Belohnung Gorz für unabdingbar hält.

»Ob uns eine utopische oder dystopische Zukunft bevorsteht«, so der US-Autor Jeremy Rifkin, »hängt größtenteils davon ab, wie wir die Produktivitätszuwächse des Informationszeitalters verteilen.«[33] Eine faire und angemessene Verteilung der zukünftigen Produktivitätszuwächse würde nach Rifkin eine erhebliche Verkürzung der Wochenarbeitszeit für alle Beschäftigten erfordern und ebenso konzertierte Aktionen von wiedererstarkten, sich um soziale Belange kümmernden Regierungen, um die aus der Marktwirtschaft ausgegrenzten Massen mit alternativen Jobs und neuen Entlohnungsformen in einem »Dritten Sektor«, der »sozialen Wirtschaft«, zu versehen.[34] Ob es möglich sein wird, alle aus der Marktwirtschaft »freigesetzten« Menschen in diesem Dritten Sektor zu beschäftigen und zu bezahlen, bleibt dahingestellt. Aber hier bietet sich zumindest eine Möglichkeit, um das Problem der Massenarbeitslosigkeit in der Zukunft zu bewältigen.

Der Dritte Sektor – auch »Freiwilligen-Sektor« genannt – umfasst eine Vielzahl neuer Beschäftigungsmöglichkeiten in Bereichen wie Umweltschutz, Kranken- und Altenfürsorge, Recycling-Aktivitäten, Stadtteilpflege, Aufnahme elternloser Kinder, Arbeit in Gemeindezentren, Heimen, Sportvereinen, Jugendorganisationen, Tier- und Artenschutzorganisationen. Dies sind alles für die Gesellschaft elementar wichtige Aufgaben, die nicht allein freundlichen Dilettanten überlassen bleiben dürfen. Die Frage ist: Wer soll diese bisher häufig rein ehrenamtlich ausgeführten Arbeiten bezahlen und wie? Wegen der ständig sinkenden Steuereinnahmen und der daraus folgenden, schon heute unglaublichen Staatsverschuldung werden die Regierungen kaum noch in der Lage sein, größere Investitionen in den öffentlichen Sektor (»Zweiter Sektor«) zu leiten, um Arbeitsplätze zu erhalten oder zu schaffen. Außerdem werden die staatlichen Behörden nicht mehr die nötigen Finanzmittel besitzen, um für den großen Rest Arbeitslosenunterstützung, Krankengeld, Sozialfürsorge und Kindergeld zu zahlen. Der Staat kann von Arbeitslosen schließlich schlecht Arbeitslosenabgaben verlangen. Die High-Tech-Marktwirtschaft (»Erster Sektor«) braucht die Produktivkraft der meisten Arbeiter nicht mehr, aber diese können wegen Mittellosigkeit nicht kaufen, was die Marktwirtschaft herstellt. Wer schafft dann die notwendige Kaufkraft der arbeitslosen Massen, wenn auch der Staat dieses nicht mehr vermag?

Der Volkswagen-Konzern hat gezeigt, wie High-Tech-Produktivitätszuwächse für Arbeitszeitverkürzungen genutzt werden können. Schon im Jahre 1993 führte Europas größter Autohersteller die Vier-Tage-Woche mit insgesamt 30 Arbeitsstunden ein. Dadurch wurden 31 000 Arbeitsplätze gerettet. Zwar sanken die Löhne durch 12 bis 15 Prozent Lohnverzicht, doch auch die Lohnsteuer für die VW-Arbeiter sank. Zudem wurden Weihnachts- und Urlaubsgratifikationen auf das ganze Jahr aufgeteilt, um die bisherige monatliche Kaufkraft und den Besitzstand der Arbeiter in etwa zu halten. Gingen überraschend Großaufträge ein, wurde die Wochenarbeitszeit durch »Überstunden« wieder erhöht. Diese Flexibilität der Arbeitszeit wurde mit der Gewerkschaft tariflich vereinbart.[35]

Dass die Beschäftigten sich grundsätzlich auf solche Modelle einlassen wollen, zeigen auch andere Beispiele in Europa. So forderten in Italien die Auto- und Metallgewerkschaften unter dem Slogan »Lavorare meno, lavorare tutti« (weniger arbeiten, und jeder hat Arbeit) eine Arbeitszeitverkürzung auf 32 Wochenstunden. Der Vorschlag wurde jahrelang im Parlament diskutiert und 2001 von der Berlusconi-Administration unter den Teppich gekehrt. Eine ähnliche Forderung erhoben 1993 die Gewerkschaften in Frankreich. Sie wollten mit der

Unterstützung der damaligen Mehrheit im Parlament die allgemeine Arbeitszeit von 39 Stunden pro Woche auf 33 senken, beginnend 1996. Die Regierungsumbildung und die Managerlobby machten diesen Vorschlag zunichte. Er hätte die Beschäftigung in Frankreich um 10 Prozent erhöht, zwei Millionen neue Jobs geschaffen bei einer Lohnsenkung von 5 Prozent.[36] Die folgende »Kohabitations«-Regierung mit dem sozialistischen Ministerpräsidenten Lionel Jospin nahm diesen Vorschlag wieder auf und versuchte, ihn per Gesetz zu verwirklichen. Die jetzige gaullistische Regierung hat ihn nach Jospins Ausscheiden allerdings wieder zur Seite gelegt.

In Deutschland unterbreitete der IG-Metall-Chef Klaus Zwickel im April 1997 den Vorschlag, in der Industrie die Arbeitszeit auf 32 Wochenstunden ohne »vollen Lohnausgleich« zu begrenzen. Er orientierte sich dabei – wie er selbst sagte – am Vorbild VW. Die Management-Verbände lehnten sofort ab.[37] Warum, ist ziemlich klar: Sie wollen keine allgemeine Arbeitszeitverkürzung, nicht einmal ohne vollen Lohnausgleich, weil sie dann immer noch die Restlöhne zahlen müssen. Stattdessen wollen sie so viel Beschäftigte wie möglich entlassen. Arbeitslosigkeit ist in der kurzfristigen Logik der Manager kostengünstiger, da dann der Staat an ihrer statt per Arbeitslosenunterstützung das Existenzminimun der von ihnen »Freigesetzten« aufbringen muss.

Ausgerechnet in dem Moment, als Zwickel seinen großen Plan der 32-Stunden-Woche präsentierte, stellte der VW-Vorstand die Tarifvereinbarung des Jahres 1993 und damit sein Arbeitszeitmodell in Frage und kündigte an, der Autokonzern wolle zukünftig in einigen Bereichen billige, unter Haustarif bezahlte Teilzeit- und Leiharbeiter einsetzen. Diese würden dann, wie in Großbritannien und den USA üblich, ohne Sozialversicherungsbeiträge des Unternehmens arbeiten – d.h., der Konzern müsste keine Lohnnebenkosten zahlen und wäre dann »wettbewerbsfähiger«.[38]

Gleichzeitig ließ der VW-Vorstand vermelden, dass seine Arbeiter schon heute nur noch 30 Stunden brauchten, um einen Golf zu bauen. »Schon bald«, schätzte der damalige Konzernchef Ferdinand Piëch,

»werden es nur noch 20 Stunden sein. Dann wäre jeder dritte VW-Werker zuviel an Bord.«[39] Deshalb müsse die Arbeitszeit in Zukunft nochmals um ein Drittel reduziert werden, so der VW-Betriebsrat, der nun mit dem VW-Arbeitsdirektor Peter Hartz gemeinsam an einem neuen Plan arbeitet, nach dem die Arbeiter »am Ende ihres Berufslebens weniger arbeiten könnten«. »Zeit-Wertpapiere« (durch Überstunden erkaufte Guthaben) und »Belegschaftsaktien« sollen den Mitarbeitern den »Vorruhestand schmackhafter« machen und so nicht nur die Wochenarbeitszeit, sondern auch die Lebensarbeitszeit verkürzen und Arbeitsplätze retten.[40]

Hartz' Vorschlag aus dem Jahr 1997, Leiharbeiter unter Tariflohn einzustellen, um Lohnnebenkosten zu drücken, wurde inzwischen verwirklicht. Volkswagen stellte am 13. Januar 2003 seinen neuen Minivan »Touran« vor. Das Auto wird von der VW-Tochtergesellschaft »Auto 5000 GmbH« gefertigt. Dort sollen zu einem Bruttomonatslohn (unter Haustarif) von 2500 Euro 5000 neue Jobs entstehen. »Ohne dieses Konzept«, so der Vorstand, »hätte VW die Produktion in ein Billiglohnland verlegt.«

Das Beispiel VW zeigt, dass abgewandelte Hartz-Vorschläge, gekoppelt mit einer sukzessiven Verkürzung der Wochenarbeitszeit, bei allen Detailproblemen ein Prototyp sein könnten für generelle Arbeitszeitverkürzung und für eine gerechtere Verteilung der immensen Produktivitätszuwächse.

Wenn diese Zuwächse aber lediglich dazu dienen, Konzerngewinne, Shareholder Value, exorbitante Managementgehälter und -boni auszuschütten und die nun entstehende Elite von »High-Tech-Wissensarbeitern« unanständig hoch zu entlohnen, dann können solche Modelle natürlich nicht funktionieren.

Doch Arbeitszeitverkürzung allein wird in der globalen Marktwirtschaft das Problem der auf uns zukommenden 20:80-Gesellschaft langfristig nicht lösen können. Der Dritte Sektor – der unabhängig von der Marktwirtschaft existiert – scheint der einzige Weg zu neuen Beschäftigungs- und Entlohnungsformen zu sein. Die Vision nichtprofitorientierter, sozialer und kultureller Tätigkeiten offeriert einen notwendigen Gegensatz zum puren Materialismus und Konkurrenzdenken des Turbokapitalismus. Die Mitarbeit im Dritten Sektor wird unter anderem motiviert durch den Dienst an Mitmenschen, an der Umwelt, durch ein Bewusstsein von der Zusammengehörigkeit aller Menschen auf dieser Erde, durch den Willen, die biologische Artenvielfalt zu schützen und zu erhalten. Im 21. Jahrhundert werden private Marktwirtschaft und staatlicher öffentlicher Sektor eine immer geringere Rolle im täglichen Leben der Menschen spielen. Der Dritte Sektor wird wesentliche Bedeutung erlangen – wenn wir mit Hilfe der Nicht-Regierungs-Organisationen, der Gewerkschaften und der Regierungen, die heute noch als »willenlose Helfershelfer« einer von Wettbewerbsfähigkeit besessenen Marktwirtschaft agieren, ihn dazu durch »neue Beschäftigungs- und Entlohnungsformen« ermächtigen können.[41]

Im März 1994 äußerte sich der US-Ökonom Don Kennedy in einem Interview mit Jeremy Rifkin zu den Folgen einer immer größer werdenden technologischen Arbeitslosigkeit und einer möglichen zukünftigen Entlohnungsform für den Dritten Sektor: »Was passiert in Zukunft, wenn wir die besten Produkte herstellen, zu den niedrigsten Kosten, mit der höchsten technischen Qualität, und niemand kann es sich leisten, sie zu kaufen? Wir müssen endlich wieder begreifen, dass die Nachfrage nach Gütern und Dienstleistungen eine Funktion des Einkommens ist. Deshalb müssen wir über neue Formen der Einkommensverteilung nachdenken und nicht nur über Entlassungen, um Kosten zu senken. Unser Problem ist doch: Wie bringen wir Einkommen und damit Kaufkraft zu den Massen, die in der Marktwirtschaft keine Beschäftigung mehr finden … Wenn in Zukunft die arbeiterlose Technologie den materiellen Wohlstand der Gesellschaft produziert, dann müssen wir einen gänzlich neuen Weg herausfinden, um diesen Wohlstand zu verteilen. Und zwar müssen wir ihn außerhalb der Marktwirtschaft finden, nämlich im sozialen Bereich.«[42]

Allerdings ist dafür ein Umdenken erforderlich, zu dem zumindest die US-Amerikaner noch nicht bereit zu sein scheinen. Robert B. Reich begründet überzeugend, warum in den USA die verarmenden Mittelschichten, »deren wirtschaftliche Zukunft auf der Kippe steht«[43], nicht lauthals eine neue Sozialpolitik fordern: Dies käme dem Abschied vom »Amerikanischen Traum« gleich, nach dem jeder durch persönlichen Einsatz vom Tellerwäscher zum Millionär werden kann. Reich skizziert die Grundüberzeugung vieler Amerikaner, dass »die Reichen ihre Stellung in der Gesellschaft aufgrund eigenen Verdienstes« erreichten. Reichtum wird als »Ausdruck ihres Wertes« betrachtet. »Die Reichen von ihrem Reichtum zu trennen wäre gleichbedeutend mit einer ungerechtfertigten Konfiszierung«, schreibt Reich. Die Reichen sollten »Steuern zahlen wie jeder andere auch, und dass sie eine größere Summe zahlen als der Rest der Bevölkerung, ist auch nur gerecht, weil das Opfer, das sie hierdurch erbringen, proportional nicht größer ist. Doch sollten sie nicht gezwungen werden, eine unverhältnismäßig größere Last als die übrigen Bürger zu tragen.«[44]

Noch immer sind die meisten Amerikaner überzeugt, so Reich, dass für das wirtschaftliche Wohlergehen des Landes »der private Profit erste Priorität« habe, wobei es sich der Staat nicht leisten könne, mehr Geld für die Infrastruktur, Kranken- und Gesundheitsfürsorge, Bildung und Wohlfahrt auszugeben. Vielmehr müsse er die amerikanischen Konzerne wegen der internationalen Wettbewerbsfähigkeit subventionieren. Alle US-Bürger müssten dafür sorgen, dass die amerikanischen Investoren hoch motiviert blieben, ihr Kapital aufs Spiel zu setzen. Der Skeptiker Reich vermutet, die Diskrepanz »zwischen Schein und Wirklichkeit« sei »fürs Erste« noch nicht groß genug, damit seinen Landsleuten endlich ein Licht aufginge.[45]

Jeremy Rifkin dagegen ist wesentlich optimistischer, was die wegweisende Rolle des Dritten Sektors betrifft, der nach seinen Vorstellungen unter anderem über die Besteuerung des in der Marktwirtschaft noch tätigen oberen Fünftels der Gesellschaft finanziert werden soll. Rifkin stützt sich hier sogar auf Milton Friedman. Der führende neoliberale Wirtschaftsideologe plädierte erstaunlicherweise für ein von der »Regierung garantiertes jährliches Minimumeinkommen« für die Arbeitslosen, Bedürftigen und Wohlfahrtsempfänger. Der auch als Wirtschaftsberater der Reagan-Administration tätige Ökonom vertrat diese Position natürlich nicht aus purer Menschenliebe, sondern um adäquate Massenkaufkraft für die US-Wirtschaft zu sichern.[46]

Friedman befürwortete die Einführung einer »negativen Einkommenssteuer« als Ersatz für das seiner Meinung nach »fehlgeschlagene Wohlfahrtssystem« *(the failed welfare system)*. Er forderte: »Zahlt den Wohlfahrtsempfängern diesen Minimallohn direkt in bar aus, damit sie ihre persönlichen Entscheidungen für ihren Konsum in Eigenverantwortung auf dem freien Markt treffen können, ohne die Diktate der Washingtoner Bürokratie.«[47]

Rifkin nahm diesen Plan auf und entwickelte daraus den Vorschlag, im 21. Jahrhundert die Massen der Arbeitslosen über eine solche Besteuerung für Beschäftigung im Dritten Sektor auszubilden und sie dann für ihre Arbeit in dieser »sozialen Wirtschaft« mit einem »Sozialeinkommen« zu entlohnen. Die von der dritten industriellen Revolution entlassenen Massen würden dann nicht durch staatliche Unterstützung quasi für Nichtarbeit, sondern eben für wirkliche Arbeit im Dritten Sektor bezahlt.[48]

Wie Friedman plädiert Rifkin für die Einführung bestimmter Steuerformen, um diese Sozialeinkommen zu finanzieren. Dabei schwebt ihm unter anderem vor, eine »Mehrwertsteuer« (VAT = *value-added tax*) auf alle nichtwesentlichen Güter und Dienstleistungen des Ersten Sektors zu erheben, was in vielen Ländern Europas ja schon lange getan wird. Außerdem könne man endlich nach dem Untergang der Sowjetunion das US-Militärbudget enorm kürzen und diese Steuergelder zur Finanzierung der Arbeit im Dritten Sektor abzweigen. Auch die bisherigen Subventionen, die die Regierung an die Konzerne zahlt, müssten in den Dritten Sektor umgeleitet werden.

Vor allem aber scheut sich Rifkin nicht, eine »künftige Besteuerung der Top-20-Prozent der Bevölkerung, der sich nun entwickelnden neuen Klasse der elitären Wissensarbeiter«, vorzuschlagen. »Diese 20 Prozent«, so argumentiert er, »sind die unmittelbaren Nutznießer, die Gewinner der globalen High-Tech-Marktwirtschaft. Wir werden von ihnen verlangen müssen, einen Teil ihrer Kaufkraft auf diejenigen umzuverteilen, die durch die Marktkräfte der dritten industriellen

Revolution aus dem Ersten Sektor hinausgeworfen wurden. So werden wir in der Lage sein, für viele Millionen Arbeitslose Soziallöhne zu zahlen. Diese werden es der Gesellschaft mit sinnvoller Arbeit im Dritten Sektor zurückzahlen. Und das wird ebenso dem Ersten wie dem Zweiten Sektor zugute kommen, indem es für den einen Kaufkraft und den anderen zu besteuernde Einkommen schafft.«[49]

Im 21. Jahrhundert werden so oder so Roboter und Computer zunehmend die Arbeit übernehmen, die bisher von Menschen ausgeführt wurde. Wir bewegen uns im Ersten Sektor unausweichlich auf einen Kapitalismus ohne Arbeit zu. Die von der dritten industriellen Revolution freigesetzten Globalisierungsverlierer müssen dann eine sinnvolle Beschäftigung und Entlohnung außerhalb der alten formalen Wirtschaft finden, wenn das zukünftige Gesamtsystem genügend Kaufkraft erzeugen soll, damit die produzierten Güter und Dienstleistungen abgesetzt werden können. Das wird ein entscheidender Wendepunkt in der Geschichte ökonomischer Beziehungen unter den Menschen sein.

In einer Welt hochentwickelter Informations- und Kommunikationstechnologien kann »Umschulung« nur noch einen verschwindend kleinen Teil der entlassenen Massen auffangen, da der sich entwickelnde »Erste Wissenssektor« nur eine geringfügige Anzahl von wissenschaftlichen High-Tech-Jobs bieten wird. Die gegenwärtige Propaganda, die uns verspricht, dass Millionen Arbeitslose durch Umschulung einen Job als Wissenschaftler, Ingenieur, Informatiker, Techniker, Manager, Unternehmensberater im Ersten Sektor finden könnten, ist bestenfalls ein schöner Wunschtraum, schlechtestenfalls eine böse Täuschung.

Andere Arbeitsbereiche als der Dritte Sektor, die umfassend genug wären, um die auf uns zukommende ungeheure Massenarbeitslosigkeit aufzufangen, sind nicht in Sicht. Hauchen wir dem Dritten Sektor im 21. Jahrhundert kein echtes Leben ein, wird es zum menschenunwürdigen Tittytainment für den großen Rest keine Alternative geben.

4. Eine Kultur der Verlangsamung

Die Gesellschaft wird im Sog der Globalisierung so stark polarisiert und so starken Risiken ausgesetzt, dass keiner »sicher« ist, wie reich oder mächtig er auch sein mag. Das geben einige Ideologen der Globalisierung zwar zu, aber daraus erwächst noch keine Strategie zur Regulierung. Haben wir überhaupt eine Chance, den Turbokapitalismus zu bremsen, ihn auf ein Maß herunterzufahren, das die nachhaltige Überlebensfähigkeit der Menschheit nicht gefährdet? Eine Möglichkeit wäre, die von den Managern forcierte Beschleunigung der Technologieerneuerung einzudämmen und vor allem die Kontrolle der Manager über neue Technologien und deren Anwendung zu begrenzen. Doch um Technik und Technologieerneuerung von der alleinigen Dominanz der Wirtschaft loszulösen und eine Kultur der »Verlangsamung« durchzusetzen, brauchen wir neue Formen der Mitbestimmung, z. B. durch weisungsbefugte Ökoräte und Betriebsräte in den Vorständen der transnationalen Konzerne.

Die Manager forcieren entsprechend der Logik der unbedingten Wettbewerbsfähigkeit die Anwendung immer neuer Technologien, um so schnell wie möglich maximale Profite zu erzielen und ständiges Wirtschaftswachstum zu sichern. Sie betrachten die Welt als Ware. Wenn ein Konzern nicht mehr wettbewerbsfähig ist, verlieren sie schließlich selbst ihren Job. Sie denken und handeln ausschließlich in kurzfristigen, eng begrenzten, rein utilitaristischen Kategorien. Deshalb werden »alte« Technologien lange vor dem Ende ihrer eigentlichen Lebensdauer abgeschrieben und verschrottet. So beschleunigen die Manager Verschwendung und Raubbau an unseren Ressourcen und führen, so schnell es geht, eine möglichst arbeiterlose Produktion im Ersten Sektor samt »revolutionärer« Technologien ein, deren Folgen sie nicht abschätzen können und wollen.

Eine weit bessere Alternative wäre die Schaffung einer nachhaltigen Wirtschaft mit selektivem Wachstum, umfassenden Arbeitszeitverkürzungen im Ersten Sektor (und zwar Wochen- wie Lebensarbeitszeitverkürzung) und dem raschen Aufbau des Dritten Sektors.

Bei Zukunftsindustrien und der Technologieerneuerung generell benötigen wir einen umfassenden Versicherungsschutz, um zu verhindern, dass z.B. bisher unabsehbare Umweltzerstörungen auf uns zukommen. Dieser Versicherungsschutz muss auf der »Haftbarmachung der Verursacher« basieren, sei es in der Gentechnologie, der Atomreaktortechnologie, der Chemie- und Pharmaindustrie etc. Zudem brauchen wir neue Institutionen für die Kontrolle der Technikumsetzung und -nutzung, die bisher allein von der Wirtschaftselite beherrscht wurde. Diese Aufgaben könnten mit Gesetzeskraft ausgestattete, weisungsbefugte Ökoräte übernehmen. Ihr Interesse wird es sein, unseren Nachkommen eine zukunfts- und überlebensfähige Wirtschaft zu übergeben.

Es ist das Verdienst des deutschen Soziologen Ulrich Beck, als einer der Ersten auf den fehlenden Versicherungsschutz bei so genannten Zukunftsindustrien hingewiesen zu haben. Der fehlende private Versicherungsschutz ist für ihn geradezu eine »Warnblinkanlage für Unkontrollierbarkeit«. Willige Wissenschaftler bescheinigen zwar der Atomwirtschaft, der Chemie- und Pharmaindustrie und der Gentechnologie ein »Nullrisiko«, doch die Versicherungsexperten lassen sich die dann ja sicheren Riesenprofite wohl aus eindeutigen Gründen entgehen. Beck schlussfolgert, wenn wir die Zukunftsindustrien mit dem Kraftfahrtversicherungsschutz gleichsetzten, würde die unkontrollierte Technologieerneuerung dieser Industriezweige und ihrer Forschungsinstitutionen zwangsläufig gebremst. Privater Versicherungsschutz und Haftung für alle Folgen der »revolutionären Technologieerneuerungen«, für alle medizinischen Experimente, für die Folgen der Atom- und Gentechnologie ergäben eine »gläserne« Produktion, bei der Selbstkontrolle, Verlangsamung und Selbstbegrenzung verwirklicht werden könnten.[50]

Für Ulrich Beck lautet die Kernfrage dieses Problems: »Wie lässt sich das Ja zur Freiheit von Technik und Wissenschaft mit einem demokratisch kontrollierten Nein ihrer Anwendung vereinbaren?« So, wie die Kirche die Wissenschaften jahrhundertelang ihren Dogmen unterworfen habe, werde heute Technik und Technologieerneuerung allein von den Wirtschaftseliten dominiert und kontrolliert. Erhebe man die »funktionale Autonomie gegenüber anderen Handlungsfeldern der Gesellschaft zum Maßstab der Moderne«, sei die gesellschaftliche Organisation der Technik »geradezu antiquiert«.

Die industriefeudale Organisation der Technik und ihre Nutzung könnte Beck zufolge in zwei Schritten aufgehoben werden:

»Erstens eine Freisetzung der Technik von den Prinzipien und Zusammenhängen ihrer ökonomischen Verwertbarkeit. Technik als *l'art pour l'art*! Gefordert wäre: ein Kubismus der Ingenieure! Ein technikwissenschaftlicher Kandinsky und Klee! Die Technikwissenschaften müssten ihre konstruktive Phantasie, ihre Logik, ihre Zweifel, Reflexivität und Professionalität entfalten. Mehr technische Optionen eröffnen mehr politische Entscheidungsspielräume – die Technik schafft ihre Sachzwänge ab!«[51] Auch die amerikanische »Technokraten«-Bewegung in den 20er und 30er Jahren des vergangenen Jahrhunderts hatte ja ähnliche Vorstellungen entwickelt.

Dies setzt voraus, dass – zweitens – der direkte Zugriff der Wirtschaft auf die Technologieentwicklung gebrochen wird. Dies wiederum ermöglicht neue Entscheidungsstrukturen über die Verwendung von Technologie, neue Filter- und Kontrollinstitutionen der Techniknutzung: Recht, Ethik, demokratische Mitbestimmung, Gewaltenteilung, Revidierbarkeit usw. Grundlage dafür wären Verfahrensregeln, die erst erfunden und erstritten werden müssten. Aber so könnte vielleicht das Legitimationsvakuum der Technikentwicklung im Milieu wachsender demokratischer Ansprüche abgebaut werden.

Aber wer soll revidieren, wer soll mitbestimmen, wer soll Gewalten teilen, wer soll Recht und Ethik durchsetzen? Welche Kontrollinstitutionen meint Beck? Wo kommen sie her? Wer legitimiert sie? Wie will man konkret Technologieerneuerung von Herrschaft und Kontrolle der Wirtschaftselite befreien? Die Antwort kann nur heißen: Wir brauchen neue, weisungsbefugte Institutionen, deren Verordnungen Gesetzeskraft haben müssen.

Ulrich Becks Einschätzung, »wir leben in keiner Weise in einer modernen Gesellschaft«, und Antworten auf die technologische und ökologische Frage können auch in der »Suche nach mehr Moderne, mehr Freiheit, mehr Demokratie gefunden werden«, kann man nur zustimmen. Wir müssen vor allem die Technologieerneuerung und ihre Organisation für menschlichere Zwecke verfügbar machen, statt sie den Gewinnmaximierern zu überlassen.

Heute werden die meisten technischen und wissenschaftlichen Innovationen in den Forschungsabteilungen der großen Industrieunternehmen entwickelt und nicht in den Forschungslaboratorien der Hochschulen, trotz des Schulterschlusses zwischen Universitäten und Wirtschaft. Die Geldmittel, die die großen Konzerne für eigene Forschung und Technologieerneuerung ausgeben, sind um ein Hundertfaches höher als die Haushaltsgelder, die Staat und Wirtschaft Universitäten zur Verfügung stellen. Umso schwerer wird es sein, die Verflechtung von Wirtschaft und Technik aufzubrechen. Doch dürfen vor allem die Technologieerneuerung in Zukunftsindustrien wie der petrochemischen und pharmazeutischen Branche sowie in der Atomindustrie, aber auch die wirtschaftliche Anwendung der Genforschung nicht allein von der Wettbewerbsideologie und dem Streben der Manager nach ständigen Maximalprofiten bestimmt werden. Wir müssen wegen der unabsehbaren Folgen die Entwicklung dieser Technologien »verlangsamen« und ihre Risiken viel genauer überprüfen. Wir müssen endlich lernen, uns damit Zeit zu lassen, und anfangen, die industriefeudale Organisation und Anwendung der Technik zu demokratisieren.

Eine »Kultur der Verlangsamung« – gekoppelt mit umfassender Arbeitszeitverkürzung – muss ebenso bei der Nutzung neuer Technologien in anderen Wachstumsbranchen – in der Computer- und Roboterindustrie, elektronischen Datenverarbeitung, Plastikindustrie, Telekommunikation, im Banken- und Versicherungswesen, in der Mikroelektronik, im gesamten Personen- und Gütertransport – durchgesetzt werden. Nur so können wir rechtzeitig die unvermeidlich auf uns zukommende Massenarbeitslosigkeit in der gesamten High-Tech-Marktwirtschaft durch einen installierten Dritten Sektor auffangen.

Weisungsbefugte Ökoräte und neu ermächtigte Betriebsräte hätten die Aufgabe, die Vereinbarkeit von Ökologie, Ökonomie und Demokratie zu prüfen und durchzusetzen. Diese Institutionen könnten helfen, die beschleunigte, verantwortungslose Technologieerneuerung des Turbokapitalismus zu bremsen, zu demokratisieren und zu ökologisieren.

Das wäre in der Tat ein Sprung nach vorn zum sozialen, technologischen und ökologischen Umbau der postindustriellen Gesellschaft. Es wäre der von Beck geforderte wirkliche Aufbruch in die Moderne, zu mehr Freiheit, mehr Demokratie, aber auch zur Rettung des Sozialstaats. Noch fehlen die Organisationsstrukturen, um diese Aufgabe anzupacken und endlich nachhaltige Grundbedingungen für künftige Generationen zu realisieren. Aber wir können durchsetzen, dass sowohl die durch Betriebsversammlungen gewählten Betriebsräte als auch Ökoräte Mitbestimmungsrechte in den Vorständen der Unternehmen ausüben – wenn wir es wollen.

5. Die neuen Ökoräte

Was aber wären nun konkret die Aufgaben der neuen Ökoräte? Sie müssen per Gesetzeskraft z. B. bei der Zuteilung knapper Rohstoffe, bei der Nutzung umweltschädlicher fossiler Energieressourcen, bei Entwicklung und Anwendung petrochemischer, pharmazeutischer und gentechnologischer Produkte, bei der Vermüllung, bei der Technologieerneuerung in Zukunftsindustrien, beim Haftbarmachen von Umweltzerstörern und beim Versicherungsschutz für die Gesellschaft, bei Recycling, der Einführung von Solar- und Wasserstoffenergie – kurz bei allen für die Zukunft unserer Gesellschaft, unseres Planeten relevanten Fragen – weisungs- und kontrollbefugt sein. So könnten sie mithelfen, den Manager-Kapitalismus in eine nachhaltige Wachstumswirtschaft umzuwandeln, die das Überleben unserer Zivilisation nicht gefährdet.

Die Großkonzerne sollten ebenfalls in diesen Entscheidungs- und Kontrollprozess integriert werden und Mitverantwortung tragen. Sie aus den Ökoräten auszugrenzen wäre ein schwerer Fehler, der unweigerlich Konflikte zwischen ihnen und der neuen Institution heraufbeschwören würde. Das wesentliche neue Element in diesen branchenspezifischen Ökoräten werden jedoch die *außer*betrieblichen Mitglieder sein – z.B. Umwelt- und Zukunftsforscher, Naturwissenschaftler sowie Wirtschafts- und Rechtswissenschaftler aus unseren besten Universitäten, die einem ganzheitlichen Denken und nicht der Globalisierungsideologie folgen. Ökoräte könnten durch Nicht-Regierungs-Organisationen wie Greenpeace, Friends of the Earth, Global Trade Watch, W.E.E.D. oder das Worldwatch Institute gewählt werden und dürften ihre Kontrolle nur auf Zeit ausüben, da sonst die Gefahr der Verbürokratisierung besteht.

Bestimmte größere Industriezweige wie z.B. die pharmazeutische, petrochemische, Auto-, Elektro- und Anlagenindustrie könnten in Bezug auf Wachstums- und Ressourcenproblematik, Recycling, Umweltzerstörung und Technologieerneuerung von überbetrieblichen Ökoräten kontrolliert werden. Je nach Größe und Umsatz der Unternehmen könnten deren Betriebsversammlungen dann Vertreter in die Ökoräte delegieren.

Eine solche neue, überbetriebliche Mitbestimmung darf nicht verwässert werden. In den 50er, 60er und 70er Jahren konnten die Arbeitnehmer in der Bundesrepublik zumindest eine »qualifizierte Mitbestimmung« in den Aufsichtsräten der Großunternehmen und Kapitalgesellschaften erreichen. Doch auch das Betriebsverfassungsgesetz von 1976 sicherte ihnen keine Stimmen in den allein entscheidungs- und weisungsbefugten Vorständen zu. Heute benötigen wir in unserem Wirtschaftsleben die *überbetriebliche* Mitbestimmung durch Ökoräte. Sie müssen das gesetzlich verankerte Recht haben, direkt in Entscheidungen der Konzernvorstände einzugreifen, und diese müssen die Weisungsbefugnis der Ökoräte anerkennen.

Da die Manager zum überwiegenden Teil keinerlei ökologische Vernunft zeigen und nur kurzfristig und profitorientiert denken, müssen die transnationalen Konzerne eben von außen reformiert werden. Dass das möglich ist, zeigen verschiedene Beispiele:

(1) In Deutschland versuchten Manager der Chemie- und Elektroindustrie (Hoechst, AEG u. a.) bis 1993, der Öffentlichkeit einzureden, dass es unmöglich wäre, funktionierende FCKW-freie Kühlschränke herzustellen. Die kleine sächsische Firma Foron hatte 1992 bereits mit finanzieller und ingenieurwissenschaftlicher Unterstützung von Greenpeace ein solches Gerät – den so genannten »Greenfreeze« – auf den Markt gebracht. FCKW ist, wie inzwischen allgemein bekannt, der gefährlichste Ozonkiller überhaupt.

Schon im Oktober 1992 verleumdeten Manager der sieben größten deutschen Kühlgerätehersteller das Greenfreeze-Projekt in einem gemeinsamen Rundschreiben an Regierungsinstitutionen, Fachhändler und ausländische Abnehmer als »technisch nicht machbar« und auch ökologisch verfehlt, da es »zu mehr Energieverbrauch«[52] führe. Greenpeace ließ sich nicht entmutigen. Im November 1992 beim Treffen der Unterzeichnerstaaten des »Montrealer Protokolls zum Schutz der Ozonschicht« präsentierte Greenpeace den Greenfreeze. Er funktionierte. Und der Vorsitzende des Treffens, Dr. Mustafa Tolba, würdigte in seiner Eröffnungsrede den Öko-Kühlschrank als »besonders gutes Beispiel innovativer wissenschaftlicher und umweltfreundlicher Entwicklung, die gerade auch den Ländern der Dritten Welt zugute kommt«. Trotzdem verteidigten im Februar 1993 Manager der »fluorreichen Sieben« ihren Klimakiller-Kühlschrank FKW-134a auf der Domotechnica, der weltgrößten Haushaltsgerätemesse in Köln, als einzig realistisch zu produzierenden Kühlschrank und propagierten ihn mit dem Werbespruch: »Nur einer kann der Erste sein.« Greenpeace antwortete mit einem Banner: »AEG und Hoechst – einer muss der Letzte sein.«[53]

Im April 1993 präsentierte Greenpeace auf Einladung der chinesischen Regierung auf der Internationalen FCKW-Alternativen-Konferenz in Peking Greenfreeze-Modelle. Sie funktionierten ohne FCKW-Emission, ohne mehr Energieverbrauch. Daraufhin versuchte die chinesische Regierung durch Vermittlung von Greenpeace eine

Joint-Venture-Herstellung mit Foron. Sie gelang. In der Zwischenzeit werden in China nur noch FCKW-freie Greenfreeze-Kühlgeräte hergestellt. Heute, zwölf Jahre später, gilt für Westeuropa das Gleiche. Auch Aventis, AEG und Siemens haben sich dazu durchgerungen.

(2) Topmanager der beiden größten US-Autokonzerne Ford und General Motors im Verbund mit den Ölkonzernen verhindern noch immer erfolgreich die Entwicklung und Anwendung alternativer, sauberer, CO_2-freier, also benzinloser Technologien der Energiezufuhr für Automotoren. So lange wie möglich wollen sie den alten Benzinverbrennungsmotor erhalten – aus Profitgründen. Dabei wissen sie genau, dass dieser maßgeblich zum so genannten Treibhauseffekt beiträgt. Dasselbe gilt natürlich für europäische und japanische Auto-Manager, die genauso wenig nach benzinlosen Technologien für Automotoren suchen.

Der CEO von General Motors, Jack Smith, ließ im Februar 1994 folgende Pressemitteilung verbreiten: »Maßnahmen wie die kalifornischen Luftsauberkeitsregeln, welche die Entwicklung und Nutzung eines Autos mit Wasserstoff- bzw. Elektroantrieb noch in diesem Jahrzehnt anwenden wollen, sind doch verrückt *(are kind of nutty)*.«[54] Die kalifornischen Luftschutzbestimmungen und die Forderung nach Einführung benzinloser Motoren wurden 1993 per Volksentscheid verabschiedet. Prototypen eines wasserstoffgetriebenen Autos existieren seit 1987. Im Jahre 1993 berechnete das kalifornische Electric Power Research Institute, dass Autos mit CO_2-freier, benzinloser Energiezufuhr bereits im Jahre 2000 in Serienproduktion hergestellt werden könnten, wenn die Auto- und Ölkonzerne es nur wollten.[55]

Dass man den automobilen Wahn durchaus angehen kann, zeigt der kalifornische Volksentscheid aus dem Jahre 1993. Die Bürger Kaliforniens sind entschlossen, Los Angeles schrittweise vom lebensbedrohenden Smog, der wie eine Käseglocke über der Megastadt hängt, zu befreien: Durch den Volksentscheid wurde auch die Entwicklung eines Elektroautos in Auftrag gegeben, mit dem ausdrücklichen Vermerk, dass innerhalb von fünf Jahren, also 1998, zwei Prozent aller neu gebauten Autos Elektrofahrzeuge sein müssten. Im Jahre 2000 sollten in Kalifornien 40 000 Elektroautos in den Schauräumen der Autohändler zum Verkauf stehen. Im Jahre 2004 sollen 5 Prozent aller neu gebauten Autos mit kohlendioxidfreier, benzinloser Energiezufuhr versehen sein.[56] Diese Zahlen wurden in 2004 zwar noch nicht erreicht, aber das Elektroauto »Hybrid« wird gemeinsam vom halb staatlich, halb privaten Electric Power Research Institute (EPRI) aus Palo Alto und General Motors hergestellt. Finanziell unterstützt wurde das Vorhaben während der Clinton-Regierung mit Geldmitteln aus Washington.

Das kalifornische Electric Power Research Institute wies in einer Studie darauf hin, dass die amerikanische und internationale Auto- und Ölindustrie mit ihren Lobbies alles daran setzen wird, »das Mandat der kalifornischen Null-Emission und seine schnelle Ausbreitung über Kalifornien hinaus zu verhindern«. Das Institut hat Recht behalten. In 2001 verhinderten die wichtigsten Ölindustrie-Lobbyisten der USA, Präsident George W. Bush und Vizepräsident Dick Cheney, durch einen präsidialen Änderungsantrag die Verpflichtung der Autoindustrie, bis 2004 in den USA Prototypen eines benzinsparenden und/oder benzinlosen Autos herzustellen. Dennoch: Der Hybrid fährt in Kalifornien.

(3) Manager des Atomkraftwerks Harrisburg im US-Bundesstaat Pennsylvania und der Wiederaufbereitungsanlage Sellafield, früher Windscale, in Großbritannien haben uns viele Jahre lang erzählt, dass ihre Anlagen sicher seien, es gäbe keine Gefahr durch radioaktive Verstrahlung und für die Entsorgung des Atommülls werde man verantwortungsbewusst aufkommen. Ungefähr das Gleiche hatten auch die russischen Manager über Tschernobyl gesagt. Die angloamerikanische Umweltschutzorganisation Friends of the Earth, die sich besonders durch ihren Kampf gegen Atombombentests sowie die Atommüllverklappung im Pazifischen und Atlantischen Ozean verdient gemacht hat, hatte schon frühzeitig auf die Unsicherheit der amerikanischen Atomkraftwerke hingewiesen. Doch die amerikanischen Atomkraftwerke, so meinten nicht nur die Manager, sondern auch die US-Regierung, sind »die modernsten und sichersten«. Dabei hatten die Freunde der

Erde mit Hilfe naturwissenschaftlicher und medizinischer Gutachten nachgewiesen, dass z. B. auch das AKW Harrisburg mehrere »Lecks« hatte und man deshalb die radioaktive Verstrahlung nicht umfassend verhindern könnte.[57] Aber nichts geschah, bis sich in Harrisburg der Beinahe-GAU ereignete und viele Mitarbeiter und in der Umgebung lebende Menschen radioaktiv verseucht wurden mit kaum heilbaren genetischen Schäden für ihre Nachkommen. Heute ist Harrisburg eine noch immer strahlende, eingemauerte Ruine wie Tschernobyl.

Die Freunde der Erde gehörten mit Greenpeace auch zu den Ersten, die darauf aufmerksam machten, dass mit den gegenwärtigen Mitteln die Frage der Entsorgung des Atommülls nicht zu lösen ist. In den Ozeanen z. B., so warnten sie, »werden die versenkten Atommüllfässer spätestens nach vierzig bis sechzig Jahren rosten«, dabei durchlässig werden und so ungeheure Wassermassen, Fische, Meerespflanzen, Korallenriffe und damit einen Teil der Nahrungskette radioaktiv verseuchen. Auch die Verbunkerung des Atommülls in unterirdischen Höhlen, Bergwerken oder Salzstollen wie Gorleben würde das Problem der Entsorgung nicht lösen. Denn auch dort müssten die Atommüllfässer schließlich korrodieren und dann – zwar später als in den Ozeanen, aber mit der gleichen Konsequenz – die Erde radioaktiv kontaminieren. Denn die ausfließende Radioaktivität des konzentrierten Uran- oder Plutoniumabfalls wird noch Jahrtausende erhalten bleiben, dank deren langer Halbwertszeiten. Und dagegen hilft schließlich auch keine Betonierung.

(4) Manager besitzen nur selten Kenntnisse über die Forschung in den Natur- oder Ingenieurwissenschaften, dennoch dominieren und manipulieren sie deren Anwendung, nämlich die Technologieerneuerung. Das ist ein gefährlicher Widerspruch. Ein Beispiel soll das erläutern: Die Gen-(Bio-)Forschung soll in den mikrobiologischen und biochemischen Forschungslabors der Universitäten und der Industrie selbstverständlich vorangehen und nach Beseitigung von Risiken und gefährlichen Nebenwirkungen auch angewandt werden, wenn sie zum Wohle der Menschen und ihrer Umwelt beiträgt. Doch wollen die Wirtschaftseliten die Zeit für das Ausmerzen negativer Folgen nicht

abwarten. Sie wollen die Forschungs- und Entwicklungsergebnisse schnell »freisetzen«, sofort in Gentechnologie, d.h. in bare Münze, umwandeln. Das Wohl der Menschen interessiert sie dabei nicht besonders.[58] Auch deshalb müssen Forschung und Technologieerneuerung aus den Händen der Manager gerissen werden.

Amerikanische, japanische und deutsche transnationale Konzerne (unter anderem der deutsche Chemiekonzern Hoechst, der US-Chemiekonzern Monsanto und der japanische Multi-Technologiekonzern Mitsubishi) nahmen 1993/94 Freilandversuche mit genmanipulierten Mais-, Kartoffel-, Tomaten- und Rapspflanzen vor. Dabei sollte der Eingriff ins Erbgut durch ein »Resistenzgen« (»Robustheitsfaktor«) diese Pflanzen vor dem z.B. von Hoechst selbst hergestellten Totalherbizid »Basta« schützen. Letzteres ist eine hochprozentige Unkrautvernichtungs-Giftbrühe, die – ohne den Gentrick – mit dem Unkraut auch die Pflanzen verbrennen würde.[59]

Der Ökologieprofessor Ernst Ulrich von Weizsäcker, Präsident des Wuppertal-Instituts für Klima, Umwelt, Energie, warnt davor, dass solche äußerst robusten Gentech-Pflanzen sich »explosionsartig ausbreiten« und weniger resistenzfähige einheimische Arten völlig verdrängen können. »Wenn Robustheitsfaktoren in die Pflanzen hineinmanipuliert werden, entsteht weltweit ganz schnell eine Art von Monokultur.« Jeder Erfolg einer robusten Gentech-Sorte bedeute »die Niederlage, den Verlust von 10 oder 20 anderen Optionen. Die Gefahr der Gentechnik liegt weniger in ihren Unfällen und Misserfolgen als in ihrem flächendeckenden Erfolg.«[60]

Deshalb versuchen von Weizsäcker und andere Umweltforscher, die Gefahren für Ökosysteme durch freigesetzte genmanipulierte Organismen zu begrenzen. Sie wollen das in Rio de Janeiro 1992 unterzeichnete Konventionspapier zur Rettung der Artenvielfalt durch ein »Biosafety Protocol« ergänzen, um zu verhindern, dass »genmanipulierte, resistenzfähige Pflanzen einheimische Arten verdrängen und den Erdball mit Monokulturen überziehen«.[61] Doch bei der Welt-Artenschutz-Konferenz im November 2002 in Santiago de Chile versuchten Umweltforscher und Nicht-Regierungs-Organisationen vergebens, ein

Schutzprotokoll gegen genmanipulierte Pflanzen einzubringen. Sie konnten sich insbesondere gegen amerikanische, deutsche und japanische Wirtschaftslobbys nicht durchsetzen.

Auch deshalb müssen Technologieerneuerung und globale Wettbewerbsfähigkeit – besonders in den so genannten Zukunftsindustrien – gebremst werden. Auch deshalb brauchen wir Ökoräte.

Ökologie stößt weltweit sofort an Grenzen, wo sie Kosten erhöht, wirtschaftliches Wachstum bremst, Wettbewerbsfähigkeit einschränkt. Die meisten Konzerne in der EU, den USA, Japan und Südostasien erteilen ökologisch motivierten Steuern und Reglementierungen deshalb klare Absagen. Ökosteuern werden auch heute z. B. als zusätzliche Belastung des Standorts Deutschland angeprangert. Dabei kann die Ökologie auch dazu dienen, um nachhaltige Technologien voranzubringen.

In Washington D.C. publizierte das angesehene Worldwatch Institute 1991 eine von der UNO finanzierte Forschungsstudie mit dem Titel »Jenseits des Öl- und Petroleumzeitalters«. In ihr wurden die möglichen Erfolgsaussichten alternativer, sauberer, sanfter Energiequellen untersucht. Das Ergebnis damals: Schon in zehn Jahren – also knapp nach der Jahrtausendwende – könnten Sonnen-, Wind- und Wasserkraft sowie Erdwärme (geothermale Wärme) mit den herkömmlichen Energielieferanten Kohle, Öl, Erdgas und Atomkraft wirtschaftlich konkurrieren. In ungefähr fünfzehn bis zwanzig Jahren wäre insbesondere Sonnenenergie – gespeichert und transportiert durch Solarkraftwerke, Solarzellen, Solarbatterien, Solargeneratoren – völlig konkurrenzlos und wegen ihrer Ubiquität und Endlosigkeit schließlich beinahe kostenlos.[62]

Doch die großen Öl- und Energiekonzerne wie Exxon, Shell, BP, Pacific Gas and Electricity oder Kraftwerk-Union haben sich eine besonders perfide Methode einfallen lassen, um ihr im wahrsten Sinne des Wortes schmutziges, doch einträgliches Geschäft mit Öl, Kohle, Atomkraft und Erdgas weiterbetreiben zu können: Sie kaufen die Patente für diese alternativen Energieformen auf und lassen sie häufig in den Schubladen schmoren. Sie haben (noch?) kein Interesse daran, die

Anwendung der alternativen Energieformen im großen Maßstab zu fördern. Auch wenn Shell und BP heute in alternative Energiequellen investieren, ist das ein Tropfen auf den heißen Stein. Zu hoch und zu bequem zu erwirtschaften sind noch immer ihre Riesenprofite aus der Anwendung fossiler wie atomarer Energiequellen, zu angenehm ist noch immer die schützende Hand des Staates über ihrem Treiben. Dennoch sind unter anderem in den USA, Japan, Deutschland und Skandinavien Forschungs- und Entwicklungsprogramme zur Solarenergiegewinnung angelaufen – und zwar als gemeinsame Aktionen von Wirtschaft und Politik.

Schon Ende 1986 hatten die Karlsruher Physiker Werner Vogel und Henry Kalb eine Studie vorgelegt, wonach Sonnenstrom z. B. aus den Trockensteppen Südspaniens über Solarkraftwerke und Fernleitungen in die Bundesrepublik geschleust werden kann. Die Berechnungen der beiden Physiker beruhten auch auf nordamerikanischen Forschungen des gleichen Jahres. Ihre Glaubwürdigkeit und Anwendbarkeit wurde vom damaligen Vorsitzenden der Europäischen Physikalischen Gesellschaft, Werner Buckel, bestätigt: Danach könnten um 2002 Solarkraftwerke genügend Strom in die Bundesrepublik liefern, allerdings nur wenn Wirtschaft und Staat die nötigen Finanzmittel für das Projekt zur Verfügung stellen würden. Kohlekraftwerke und Heizölverbrauch, wesentliche Mitverursacher des Treibhauseffekts, könnten bis dahin stufenweise abgebaut werden.[63]

Aber Wirtschaft und Staat verweigerten die nötigen Investitionen; maßgebend dafür war vor allem eine Studie des deutschen Energiekonzerns Kraftwerk-Union, welche die Technologie Solarenergie und ihre Nutzung als zu unreif und zu kostspielig abwies. Die Kraftwerk-Union war und ist, welch ein Zufall, der größte deutsche Atomkraftwerkshersteller.[64] Dergleichen Beispiele ließen sich ad infinitum weiterführen.

Um Politik in ihrem Interesse zu lenken, setzen viele transnationale Konzerne auf bewusste Irreführung. Laut dem Worldwatch-Institute-Report »Fortschritte zu einer nachhaltigen Gesellschaft« (1993) formen sie »Dachverbände«, die die Konzerne »grün«-waschen sollen.

Der U.S. Council for Energy Awareness vertritt beispielsweise die Interessen der Atomreaktorindustrie. Der Dachverband Global Climate Coalition repräsentiert die Interessen der US-Kohle- und Ölindustrie, die den Klimavertrag von Rio de Janeiro und Kyoto erbittert bekämpft und Maßnahmen zur Reduzierung fossiler Energiequellen ablehnt.[65]

Aufgrund solcher Konstellationen werden Ökoräte bzw. ihre Öko-Auditoren »Überprüfungen« (so genannte *ecological audits*) in den Konzernen der globalen Wirtschaft vornehmen lassen und als »Außenprüfer« *(outside auditors)* in ihren Vorständen sitzen müssen, um eine umweltverträgliche, nachhaltige Produktion zu gewährleisten. Auf nationaler oder regionaler Ebene könnten dann jährlich branchenspezifische und »gesamtwirtschaftliche Umweltverträglichkeitsüberprüfungen« durchgeführt werden.[66]

Ähnliche Prüfungen existieren bereits. Das Öko-Audit wurde zuerst auf freiwilliger Basis in den USA angewandt. In diesem Verfahren werden im Allgemeinen die umweltschädigenden Auswirkungen eines Unternehmens gänzlich erfasst und veröffentlicht. Anfang 1995 hatte auch die Europäische Union eine »Öko-Audit-Richtlinie« herausgegeben, die es europäischen Unternehmen ebenfalls auf freiwilliger Basis nahe gelegt hätte, ein Öko-Audit durchzuführen und das Ergebnis von einem »geprüften Öko-Auditor« bescheinigen zu lassen.

Doch als das entsprechende deutsche Gesetz am 14. April 1995 Gültigkeit erlangte, gab es hierzulande noch keinen einzigen staatlich geprüften Auditor, der ein solches Öko-Zeugnis hätte ausstellen können. Für ein Öko-Audit müssen Firmen, z.B. beim TÜV Rheinland, 12000 bis 34000 Euro bezahlen.[67] Doch seit 1998 gibt es genügend Ökologen und Umwelt-Ökonomen mit Universitätsabschluss, die diese Audits durchführen können. Sie müssen nur endlich mit Gesetzeskraft ausgestattet werden.

Denn die von außen delegierten Vertreter der Ökoräte bzw. Öko-Auditoren müssen in den höchsten Entscheidungsgremien der transnationalen Konzerne, in den Vorständen und Aufsichtsräten, vertreten sein und dort überproportionale Weisungsbefugnisse besitzen. Nur so kann verhindert werden, dass andere Vertreter in diesen Gremien die Entscheidungen der Ökoräte immer überstimmen und ablehnen können, wenn es um Nachhaltigkeit und Umweltverträglichkeit geht.

Ohne diese weit reichende Weisungsbefugnis überbetrieblicher, branchenspezifischer Ökoräte und ihrer Auditoren werden wir im 21. Jahrhundert den Turbokapitalismus nicht bremsen können. Damit wir nachfolgenden Generationen ein nachhaltiges, ökologisch überlebensfähiges Wirtschaftssystem hinterlassen, müssen die Ökoräte die Grenzen des Wachstums und der Wettbewerbsfähigkeit mitbestimmen. Sie müssen mitentscheiden, was wachsen und was nicht mehr wachsen soll, was schrumpfen muss, was konvertiert und recycelt werden kann. Vorstände und Aufsichtsräte der Konzerne müssen mit Gesetzeskraft angehalten und notfalls gezwungen werden, die Weisungen der Ökoräte tatsächlich umzusetzen.

6. Workholder Value

Die neuen Betriebsräte sollen den Turbokapitalismus innerhalb der Unternehmen bremsen, um den Arbeitsprozess in den transnationalen Konzernen zu vermenschlichen, um eine angemessene Verteilung der Produktivitätszuwächse und Rationalisierungsgewinne zu gewährleisten, um Sozialabbau der Beschäftigten zu verhindern. Man könnte das *Workholder Value* nennen. Dazu müssen die Betriebsräte neu ermächtigt werden, z. B. durch ein modernes Betriebsverfassungsgesetz, das eine weisungsbefugte Mitbestimmung aller Unternehmensbeschäftigten durch ihre Betriebsräte beinhaltet und notfalls durch Volksentscheid durchgesetzt werden könnte. Wir können das tun, denn wir sind die Mehrheit der Wähler und der Arbeitenden.

Denn ohne Volksentscheide wird sich dies nicht durchsetzen lassen – die herrschenden Gruppen der Manager und Politiker, die Parteien, Parlamente und Arbeitgeberverbände, aber auch die immer schwächer werdenden Gewerkschaften werden von sich aus nichts unternehmen, um der Mehrheit der arbeitenden Bevölkerung eine vernünftige Mitbestimmung ihrer Betriebsräte im Wirtschaftsleben zu bewilligen. Im Gegenteil: Diese Elite wird alle ihre Machtmittel aufbieten, um das zu verhindern. Deshalb könnte es schließlich sogar notwendig werden, dass sich die Mehrheit des Volkes das Recht auf einen solchen Volksentscheid durch zivilen Ungehorsam und Generalstreik erfechten muss, um eine angemessene Mitbestimmung der Arbeitnehmer durch Betriebsräte in Vorständen und Aufsichtsräten der Großunternehmen, also die nun überfällige Demokratisierung der Wirtschaft, durchzusetzen.

Erst seit 1976 existiert in Deutschland ein Betriebsverfassungsgesetz, das für Großunternehmen (mindestens 2000 Beschäftigte, bestimmte Umsätze und Anlagewerte) *außerhalb* der Montanindustrie und bestimmter Rechtsformen (AG, GmbH) gilt.[68] Doch dieses Mitbestimmungsmodell sichert Arbeitnehmern keine paritätische Mitbestimmung in den Aufsichtsräten: Die Arbeitgeberseite ist im Verhältnis 7:5 überproportional im Aufsichtsrat vertreten, da gegenüber den sechs Vertretern der Anteilseigner einer der sechs Arbeitnehmervertreter immer ein leitender Manager sein muss. Bei diesem Modell *kann* ein Arbeitsdirektor mit einer Zweidrittelmehrheit – also acht Stimmen – des Aufsichtsrats in den Vorstand gewählt werden.[69] Doch eine Zweidrittelmehrheit im Aufsichtsrat werden die Arbeitnehmervertreter wohl schwerlich jemals erreichen können. Die Manager hatten die Mitbestimmung durch die »Kompromisslösung« gründlich verwässert, denn von den eigentlichen Entscheidungsorganen der Großunternehmen – den Vorständen – wurden die abhängig Beschäftigten rigoros ausgeschlossen.

In der gleichen Zeit stellte man auch in Großbritannien Überlegungen zu einer Wirtschaftsdemokratisierung an. Während es in den USA bis zum heutigen Tag überhaupt keine gesetzliche Mitbestimmung für Arbeitnehmer gibt, konnten die Briten vor der Machtübernahme von Margaret Thatcher in verschiedenen Wirtschaftszweigen eine »Minderheits-Mitbestimmung« ausüben, die den vielen einzelnen Gewerkschaften bis zum Ende der 70er Jahre bestimmte minimale Rechte etwa bei der Festlegung von Urlaubs- und Weihnachtsgeld einräumte.[70]

In diesem Punkt wollten progressive Politiker der regierenden Labour Party nachbessern. Im Jahre 1975 begann das vom britischen Wirtschaftsministerium beauftragte Committee of Inquiry on Industrial Democracy (Komitee zur Untersuchung einer Industriedemokratie) unter Leitung von Lord Bullock eine Studie über eine mögliche zukünftige Wirtschaftsdemokratisierung in Großbritannien auszuarbeiten. 1977 wurde sie veröffentlicht. Die Verfasser schlugen eine »direkte Ein-Drittel-Mitbestimmung der Arbeitnehmer durch gewählte Betriebsräte in den Unitary Boards aller Großunternehmen (Kriterium unter anderem mindestens 2000 Mitarbeiter) der britischen Wirtschaft vor«.

Nach der Regierungsübernahme der Torys wurde dieser progressive Plan zu niemandes Überraschung sofort unter den Teppich gekehrt. Aber auch viele Anhänger des alten Verstaatlichungsmodells innerhalb der Labour-Partei und der Gewerkschaften lehnten diese Form von direkter Wirtschaftsdemokratie damals ab. Bei der Ausarbeitung der Studie hatten einige Mitglieder des Komitees (zumeist Manager) auf das westdeutsche Zwei-Stufen-System *(Two-Tier System)* der Unternehmensleitung – also Aufsichtsrat und Vorstand – verwiesen. Sie hatten vorgeschlagen, ein solches »Zwei-Board-System« mit einer qualifizierten Ein-Drittel-Mitbestimmung der Arbeitnehmer in einem Aufsichtsrat *(Controlling Board)* auch in Großbritannien einzuführen. Manager für Mitbestimmung? Die Mehrzahl der Komiteemitglieder (»hervorragende Frauen und Männer aus dem öffentlichen Leben«) einschließlich Lord Bullock ließen sich auf diesen Vorschlag nicht ein. Sie lehnten das westdeutsche Modell als das »rigid German Two-Tier System« ab und trafen den Kern, als sie erklärten, es würde »Arbeitnehmer permanent von wirklichen Entscheidungen in den Unternehmensvorständen fern halten«. Stattdessen plädierten sie für eine direkte Ein-Drittel-Arbeitnehmer-Mitbestimmung in einem One-Board-System, dem Vorstand also. Die Belegschaften sollten ihre Vertreter in den Vorständen selbst bestimmen, und der Vorstandsvorsitzende sollte auf einer Betriebs- bzw. Unternehmensversammlung aller Mitarbeiter gewählt werden.

Das bedeutete also: Im Vorstand *(Unitary Board)* wären ein Drittel Anteilseigner, ein Drittel Manager und ein Drittel Arbeitnehmer vertreten. Zugleich verlangten Bullock und seine Leute, in Zukunft an alle Mitarbeiter von Kapitalgesellschaften Belegschaftsaktien oder Anteilszertifikate auszugeben, um das Prinzip von Miteigentum und Mitverantwortung in die Tat umzusetzen.

Dieses britische Mitbestimmungsmodell aus den 70er Jahren kommt einer Wirtschaftsdemokratie am nächsten. Es würde die Arbeitnehmervertreter, die Betriebsräte, zur Beteiligung an wirklichen Entscheidungen in den Vorständen ermächtigen. Die Belegschaften könnten durch eine gesetzlich abgesicherte direkte Ein-Drittel-Mitbestimmung in den Vorständen der Konzerne ihre eigentlichen Interessen durchsetzen: insbesondere Arbeitszeitverkürzung statt Entlassungen, Stopp des Sozialabbaus, gerechte Verteilung der Rationalisierungsgewinne bzw. der Produktivitätszuwächse.

Eine weitere wichtige Forderung, die die neuen Betriebsräte während der fortschreitenden Globalisierung zu stellen haben, ist eben die Beteiligung der abhängig Beschäftigten am Produktivvermögen der Unternehmen durch Aktien oder Anteilsscheine. Mit anderen Worten: Da die Kapitaleinkünfte bei zunehmender Automatisierung steigen und die Lohneinkünfte abnehmen, sollen Arbeitnehmer Miteigentümer, Aktionäre, jener Unternehmen werden, für die sie arbeiten und an deren Wertschöpfung sie beteiligt sind. Eine solche Form von Miteigentümergesellschaft wäre die sozialreformerische Antwort auf die diktatorische Herrschaft der Manager. Aktien-Sperrminoritäten der Belegschaften können zudem feindliche Übernahmen, das Ausschlachten von Unternehmen, Auslagerung und Technologieerneuerung zum Zwecke der Arbeitsplatzvernichtung verhindern. Auch das fällt unter den Workholder Value.

Zur Abqualifizierung solcher Ideen wird von Vertretern der Wirtschaftseliten häufig behauptet, Arbeitnehmer wären gar nicht in der Lage, Verantwortung und Risiko zu tragen, wenn man sie am Produktivvermögen beteiligte. Diese Position spiegelt sich auch in der Lebensphilosophie vieler Topmanager wider. Einige Beispiele ausgerechnet aus den Vereinigten Staaten sollen indessen das Gegenteil beweisen.

In den USA gibt es bereits seit Anfang der 80er Jahre über 10 000 Unternehmen mit so genannten »employee stock-ownership plans«, kurz »ESOP« genannt, zu deutsch: Arbeitnehmer-Aktieneigentums-Pläne. Von diesen 10 000 ESOP-Unternehmen gehören 1500 den Mitarbeitern per Aktien entweder ganz, oder sie besitzen eine Majorität oder eine so genannte Sperrminorität der Unternehmensaktien. Der Schöpfer dieser ESOP-Idee war der Rechtsanwalt Louis Kelso aus San Francisco, der seinen eigenen Worten zufolge »die plutokratische Wirtschaftsmacht in den USA demokratischer gestalten« wollte.[71]

Ende der 90er Jahre waren mehr als zehn Millionen Amerikaner durch derartige ESOP-Aktien am Produktivvermögen »ihrer« Unternehmen beteiligt. Hier einige Beispiele von ESOP-Unternehmen: Bei Quad/Graphics, einer Großdruckerei im Bundesstaat Wisconsin, die hunderte von Katalogen, Magazinen, Zeitungen (auch das renommierte *Time Magazine*) druckt, verfügen Mitarbeiter, die dem Unternehmen länger als fünf Jahre angehören, durchschnittlich über ESOP-Aktien im Werte von 250 000 US-Dollar. Um den Mitarbeitern den Kauf dieser Aktien zu ermöglichen, nahm die Quad/Graphics-Gesellschaft Kredite von Banken auf, denen sie die Sicherheiten an ihren Anlagen, Werten und Forderungen überließ. Die Mitarbeiter verzichteten für eine bestimmte Zeit auf Lohnerhöhungen. Der Wert der Mitarbeiter-Aktien bei Quad/Graphics stieg von 1980 bis 1990 fast um das Hundertfache.[72]

Das Unternehmen Stone Construction Equipment im Bundesstaat New York, das Maschinen und Werkzeuge für Straßen- und Häuserbau herstellt, wurde zu Beginn der 80er Jahre wegen drohenden Bankrotts von den Mitarbeitern per ESOP-Aktien aufgekauft. Auch sie nahmen einen Kredit bei einem Bankenkonsortium auf und verzichteten auf Lohnerhöhungen. In den Jahren 1986 bis 1988 erhöhten sich die Umsatzeinkünfte von 12 Millionen auf 30 Millionen Dollar. Die Profitzuwächse beliefen sich im gleichen Zeitraum auf mehr als 10 Prozent. 1996 – zehn Jahre später – konnte das von den Mitarbeitern bestellte Management aus den Unternehmensgewinnen den Kredit gänzlich zurückzahlen, mit dem man die ESOP-Aktien für die ehemaligen Lohnempfänger erworben hatte. In der Zwischenzeit war der Kurs der ESOP-Aktien gestiegen, zudem wurde eine Dividende ausgeschüttet.[73]

Im Jahre 1984 kaufte die Belegschaft von Oregon Steel Mills (ein Stahl verarbeitender Konzern im US-Bundesstaat Oregon) das gesamte Aktienpaket des Unternehmens per Bankkredit auf, um es vor der Pleite zu retten. Die Mitarbeiter nahmen freiwillig Lohnsenkungen hin und verzichteten auf andere Vergütungen. Inzwischen haben sie – durch den Ankauf modernster Fließbänder und erhebliche Arbeitszeitverkürzung (die Wochenarbeitszeit sank von 40 auf 30 Stunden, aber niemand wurde entlassen) – das Unternehmen wieder auf Vordermann gebracht. Vor dieser »freundlichen Übernahme« brauchte ein Arbeiter neun Stunden, um eine Tonne Stahl zu produzieren – heute braucht er nur noch drei Stunden dazu. Nach drei Jahren Zugehörigkeit werden Beschäftigte anhand des ESOP-Plans bei Oregon Steel Mills »Mitarbeiter-Aktionäre«.[74]

Das Beispiel Oregon Steel Mills machte Schule in den USA. Die amerikanische Stahlarbeiter-Gewerkschaft United Steel Workers of America hat in der Zwischenzeit Dutzende von maroden Stahlbetrieben, die kurz vor der Pleite standen, durch ESOP-Pläne gerettet, indem sie mit den von den Stahlarbeitern eingezahlten Pensionskassen-Beiträgen erhebliche Stahl-Aktien-Pakete auf dem Börsenmarkt aufkaufte und diese als Mitarbeiter-Aktien an die Belegschaften ausgab. Wie bei Oregon Steel Mills waren die Beschäftigten jedes Mal bereit, Lohnsenkungen hinzunehmen, die in den 90er Jahren durch Aktien-Dividende ausgeglichen wurden. Das nennt man in den USA »Lohn-gegen-Aktien-Tausch« *(wage-for-stock trade offs)*. Die in den 80er Jahren darniederliegende US-Stahlindustrie erholte sich durch diese freundlichen Übernahmen ehemaliger Lohnempfänger zusehends.[75]

Ein sehr gutes Beispiel für die Rettung von Unternehmen vor »feindlichen Übernahmen« durch Emission von ESOP-Aktien ist die weltberühmte Firma Polaroid. Als Antwort auf den Versuch einer feindlichen Übernahme durch den Konzern Shamrock Holdings bildeten die Polaroid-Mitarbeiter im Juli 1988 einen »Mitarbeiter-Ausschuss« *(Employee Committee)*, also einen Betriebsrat, der dem Management einen ESOP-Plan unterbreitete. Das Management akzeptierte in seiner Not diesen ESOP-Plan, der den Mitarbeitern ein Aktienpaket von 15,1 Prozent zusicherte. Dadurch besaß die Belegschaft eine Aktien-Sperrminorität, die eine feindliche Übernahme durch Shamrock Holdings blockieren sollte.[76]

Bei der Befragung stimmten mehr als zwei Drittel der 9000 Polaroid-Beschäftigten für den ESOP-Plan ihres Mitarbeiter-Ausschusses, der nun im Vorstand des Unternehmens Mitentscheidungsbefugnis besitzt. Der Kredit für die Sperrminorität wurde aus dem Pensionsfonds der Mitarbeiter und über ein Bankenkonsortium besorgt. Da Polaroid als Aktiengesellschaft im Bundesstaat Delaware eingetragen ist und dieser ein Anti-Übernahme-Gesetz *(Anti-Takeover Law)* erlassen hatte, bei dem Corporate Raiders zumindest 85 Prozent aller Aktien des Zielunternehmens aufkaufen müssen, gelang es dem Shamrock-Konzern tatsächlich nicht, Polaroid zu übernehmen.

Zwischen 1986 und 1988 gaben drei große US-Konzerne, nämlich J.C. Penney, Ralston Purina und Texaco, ESOP-Aktien an ihre Beschäftigten aus. Durch Kreditaufnahmen bei Banken und Pensionsfonds der Lohnempfänger (mit deren Zustimmung) trieben die drei Unternehmen 1,75 Milliarden Dollar für Mitarbeiter-Aktien auf, stellten diese postwendend der Belegschaft zur Verfügung und wehrten auf diese Weise drohende feindliche Übernahmen durch Unternehmensjäger ab. Der US-Multi Procter & Gamble erhöhte im Januar 1989 den bereits bestehenden 14-prozentigen ESOP-Aktienanteil seiner Mitarbeiter auf eine Sperrminorität von 20 Prozent, um mehrere Versuche feindlicher Übernahmen abzublocken.[77]

Auch in Deutschland können solche Mitarbeiter-Aktienpläne eingeführt werden. Dadurch würden ehemalige Lohnempfänger nicht nur Miteigentum und Mitbestimmung, sondern auch Mitverantwortung erhalten, sich mit »ihrem« Unternehmen identifizieren und zu einem nicht mehr fremdbestimmten Arbeiten motiviert. Und das ist echter Workholder Value.

7. Nicht-Regierungs-Organisationen oder Globalisierung von unten

Wirkliche Demokratie kann nur durch die Ausweitung von demokratischen Formen der Entscheidungsfindung, durch Mitbestimmung und Miteigentum der Arbeitnehmer im Wirtschaftsleben entstehen. Einige der Organisationsformen und Funktionen von Öko- und Betriebsräten sollten deshalb in die bereits existierenden Nicht-Regierungs-Organisationen und in die künftigen Institutionen des Dritten Sektors transferiert werden. Denn bei der Demokratisierung der postindustriellen Marktwirtschaft werden die NRO eine entscheidende Rolle spielen. Sie sollen den Weg in den Dritten Sektor ebnen, der den meisten Menschen im 21. Jahrhundert Brot und Arbeit geben könnte.

Die bisherige *Reduktion* von Demokratie auf den Bereich Politik wird uns jetzt bei der zunehmenden Dominanz der Wirtschaft über die Politik zum Verhängnis. Eine Neudefinition von Demokratie muss vor allem die Demokratisierung der Marktwirtschaft, des Ersten Sektors, beinhalten. Doch dies kann nur durchgesetzt werden, wenn die Zivilgesellschaft durch Institutionen und Instrumente wie starke, vernetzte NRO, Volksentscheid, zivilen Ungehorsam (einschließlich Generalstreik) und die Schaffung einer Europäischen Sozialunion das Primat der Wirtschaft über die Politik durchbricht.

Beim Aufbau einer Miteigentümer- und Mitbestimmungsgesellschaft und dem Initiieren des Dritten Sektors müssen insbesondere die Mittelschichten mitwirken. Sie sind gegenwärtig die eigentlichen staatstragenden und demokratiebewussten Schichten; staatstragend im wahrsten Sinne des Wortes, denn sie zahlen proportional die meisten Steuern für das Überleben des Staates und dürften auch am Erhalt des Kultur- und Sozialstaats am stärksten interessiert sein.

Die Topmanager der transnationalen Konzerne und die zukünftige 20-Prozent-Wissenselite bedienen sich zwar der Demokratie und staatlicher Institutionen zur Durchsetzung ihrer Ziele und der von ihnen diktierten »Sachzwänge«. Ansonsten sind sie dem Staat gegenüber aber ganz klar feindlich gesinnt: Er ist für sie ein Kostenfaktor, dem man Steuern so weit wie möglich durch Steueroasen, Abschreibungen oder angedrohte Produktionsverlagerungen entziehen muss, dessen Gesetze und Auflagen man »deregulieren« will. Öffentliche Güter und Belange – Sozialstaatlichkeit, allgemeine wirtschaftliche Sicherheit und Bildung – bedeuten ihnen nichts.

Die Mittelschichten müssen langsam begreifen, dass ein vernünftiger Wandel in Wirtschaft und Politik nur noch in dem Maße möglich ist, wie die Bürger den verbreiteten Glauben aufgeben, in unserer Gesellschaft herrschten bereits demokratische Verhältnisse und man müsse daher die bestehenden Gesetze einhalten.[78]

Gegen die Herrschaft der Managereliten muss die Gesellschaft sich wehren, wenn nötig durch zivilen Massenungehorsam und durch gewaltfreien Aufstand. Der US-amerikanische Politologe Christian Bay beschreibt in einem Aufsatz über »Civil Disobedience as Prerequisite for Mass Democracies«, wie heute immer der äußere Schein von Demokratie gewahrt bleibe, doch die Diskrepanz zwischen den rosaroten Vorstellungen von Demokratie und der Entfremdung im Produktionsprozess sowie dem Ausschluss der Massen von Mitbestimmen, Mitverantworten und Mitbesitzen in der Marktwirtschaft immer größer werde, so dass schließlich nur noch gewaltloser ziviler Ungehorsam die starren Realitäten aufbrechen könne.[79]

Unter den Bedingungen des so genannten demokratischen Pluralismus bedeute unkritischer Gehorsam nicht nur Gewaltverzicht, sondern auch das Aufgeben jeglicher bewussten Aktivität, effektiv auf eine Änderung und Vermenschlichung des autoritären Systems hinzuarbeiten. »Damit ist man von vornherein einverstanden, unter Regeln zu leben, die in Wirklichkeit dafür bestehen, die Interessen der herrschenden Wirtschaftselite zu bewahren und die Entwicklung wahrhaft demokratischer Verhältnisse zu verhindern.«[80]

Der britische Sozialwissenschaftler Gene Sharp schlägt vor, dass in einem Rechtsstaat, der diesen Namen verdient, das Recht zum organisierten, gewaltfreien zivilen Ungehorsam in der Verfassung verankert werden solle. Dies sei in keiner unserer Verfassungen bisher der Fall, im Gegenteil, so Sharp, unsere Regierungssysteme hätten »nur Widerstandsparagraphen, Verfassungszusätze oder Statuten zur Aufrechterhaltung der öffentlichen Ordnung und zum Schutze der überlieferten Eigentums- und Produktionsverhältnisse in ihren Verfassungen eingebaut«.[81] Das Recht auf zivilen Ungehorsam als Bestandteil unserer Verfassungen würde nach Gene Sharp auch als »eine Art Ventil für die Demokratie« wirken können: »Der organisierte, gewaltfreie zivile Ungehorsam, verankert in unseren Verfassungen, würde in dieser Form eine geordnete, friedfertige Alternative gegenüber politischen Gewalttaten und autoritärer Herrschaftsausübung mit den ihnen innewohnenden antidemokratischen Tendenzen und Unterdrückungsformen darstellen.«[82]

Es wird sich zeigen, ob ziviler Ungehorsam, organisiert z. B. in Seattle, Genua und Florenz von Nicht-Regierungs-Organisationen wie Attac, W.E.E.D. und Global Trade Watch, dazu beitragen kann, das Primat von Politik über die Wirtschaft zu erlangen, ob es gelingt, durch ESOP-Miteigentum, Öko- und Betriebsräte Marktwirtschaft zu demokratisieren und den globalen Turbokapitalismus zu bremsen. Doch nur dann kann wirkliche Demokratie geschaffen und rechtzeitig ein starker Dritter Sektor aufgebaut werden, der außerhalb der Marktwirtschaft vielen Menschen Arbeit und Selbstverantwortung ermöglichen soll.

In seiner gesellschaftlichen Bedeutung könnte dieser Dritte Sektor künftig den klassischen, profitmaximierenden Erwerbssektor weit hinter sich lassen. Er sollte nach den Prinzipien einer »partizipierenden« oder »mitbestimmenden Demokratie« organisiert werden, im totalen Gegensatz zum autoritär geführten Ersten Sektor, der bisher noch von einer vertikalen, hierarchischen Führungs- und Entscheidungsstruktur kontrolliert wird.

Bei seiner Durchsetzung werden die Nicht-Regierungs-Organisationen eine entscheidende Rolle spielen. NRO gibt es schon seit langem. Sie entstanden als direkte Reaktion auf das Versagen des Ersten Sektors bei den sozialen und ökologischen Problemen der Gesellschaften. Durch Kirchenverbände, Umweltschutzorganisationen, Entwicklungshilfe- und Anti-Gentechnologie-Gruppen, Jugend-, Alten- und Arbeitslosenhilfsorganisationen, Anti-Drogenvereine, Anti-Globalisierungsgruppen haben die NRO in ihren Ländern und auch international bereits »soziales Kapital« geschaffen. Nur bezahlt wurden sie dafür im Allgemeinen nicht. *Global* – und zwar gegen Umweltzerstörung, Verschwendung und wachstums- und wettbewerbsbesessenen Turbokapitalismus – traten einige von ihnen das erste Mal vom 1. bis 12. Juni 1992 auf dem UNO-Umweltgipfel in Rio de Janeiro auf.[83]

Regierungsvertreter, darunter allein hunderte Staatschefs, tausende von Ministern, Beamten, Beratern, dazu zigtausende von Journalisten trafen sich damals, um die Probleme der Umweltzerstörung, des möglichen ökologischen Zusammenbruchs unseres Planeten und eines für Nord und Süd gemeinsam anwendbaren wirtschaftlichen Wohlstandsmodells zu diskutieren bzw. überwinden zu helfen. Das Ergebnis war Schall und Rauch. Die Teilnehmer konnten sich weder über ein gemeinsames nachhaltiges Wohlstandsmodell noch über Entwicklungshilfe für den Süden, noch über Emissionsminderung des verheerenden Treibhausgases CO_2 oder Verminderung von FCKW-Emissionen einigen.

Fünf Jahre später, dokumentiert auf der UNO-Umweltkonferenz in New York 1997, hatte sich die planetarisch-ökologische Situation noch einmal verschlechtert: die CO_2-Emissionen waren enorm gestiegen – allein 1997 weltweit um rund vier Prozent, in den USA um neun Prozent –, mehr Regenwälder waren abgeholzt, mehr Arten zerstört, mehr Benzinautos zugelassen worden als je zuvor. Doch auch diese UN-Konferenz von 1997 brachte keine Abhilfe, wieder wurde kein Plan gefasst aufgrund des Vetos der Nordstaaten, insbesondere der USA.[84]

Parallel zum offiziellen Umweltgipfel fand ebenfalls 1992 im Flamingo-Park von Rio de Janeiro unter dem Namen »Global Forum 92«

ein von der UNO mitfinanziertes alternatives Treffen von regierungsunabhängigen Umweltschutz-Organisationen, Entwicklungshilfe-, Kirchen- und sozialen Gruppen wie südamerikanischen und afrikanischen Bauernorganisationen statt.[85] Im Flamingo-Park wurden auf hundertfünfzig Veranstaltungen Beschlüsse und Vorschläge erarbeitet und koordiniert. Circa zehntausend Vertreter von Nicht-Regierungs-Organisationen und ihre Unterstützer aus Nord und Süd nahmen daran teil. Sie entwickelten unter anderem ein umweltverträgliches, nachhaltiges Wohlstandsmodell und ökologische Modelle, die das Überleben nachkommender Generationen sichern sollen.[86]

Diese basisdemokratische Zusammenarbeit und Vernetzung zwischen Umweltschützern, Entwicklungshelfern und anderen sozialen Gruppen – gerade auch aus der südlichen Hemisphäre – hielt Peter Wahl von der NRO »Allianz nördlicher Entwicklungs- und Umweltgruppen« in Frankfurt für das »wichtigste langfristige Ergebnis von Rio«.[87]

Das alternative Global Forum 92 forderte in einem Strategiepapier die schnellstmögliche Entwicklung einer nachhaltigen Weltwirtschaft, in der die Nordstaaten in bestimmten Industriebranchen ihr Wirtschaftswachstum drosseln sollten, damit parallel dazu die Entwicklungsländer aufholen könnten. Unter anderem wurden die Industriestaaten des Nordens aufgefordert,

- mindestens ein Prozent ihres jährlichen Bruttosozialprodukts als Entwicklungshilfe an die armen Länder des Südens abzuführen;
- die Kohlendioxidemissionen, basierend auf den Werten von 1990 bis 2010, weltweit um rund 60 Prozent zu drosseln (das waren die Werte, die das Londoner UNO-Forum für Klimaveränderung 1990 vorgeschlagen hatte) und einen sofortigen totalen FCKW-Stopp durchzusetzen;
- zu Beginn des 21. Jahrhunderts in Nord und Süd eine Energiewende einzuleiten: 2020 sollten Sonne, Wasser, Wind und Geothermik die den Treibhauseffekt erzeugenden fossilen CO_2-emittierenden Energieträger größtenteils ersetzen. Der Norden sollte dem Süden die dafür erforderlichen neuen Technologien anfangs

möglichst kostenlos zur Verfügung stellen, zumindest aber auf der Grundlage langfristiger, zinsloser Kredite.[88]

Für die NRO war der Flamingo-Park von Rio ein Graswurzel-Trainingscamp in der Ausübung mitbestimmender Demokratie und einer Globalisierung von unten. In tage- und nächtelanger Arbeit hatten die aus vielen Ländern kommenden Teilnehmer die genannten Vorschläge ausgearbeitet und mit Mehrheitsbeschlüssen angenommen.[89] Ihr Forderungskatalog liefert den Beweis dafür, dass Nicht-Regierungs-Organisationen erstens im Gegensatz zu den offiziellen Vertretern von Politik und Wirtschaft Visionen für die Zukunft haben, die das Überleben sichern und nicht in die Zerstörung führen, und zweitens auch auf globaler Ebene wesentliche Funktionen und Verantwortung übernehmen können.

So, wie die NRO in Rio de Janeiro in demokratischen Strukturen gearbeitet und entschieden haben, werden sie es in Zukunft auch für den Dritten Sektor können. Sie werden den aus dem Ersten Sektor Ausgegrenzten Möglichkeiten zur Partizipation eröffnen und ein grundlegend neues Verständnis von Arbeit und Miteinanderleben vermitteln. Dies ist ein wesentlicher Teil einer Vision für die Zukunft.

Auf den UN-Konferenzen gelten die NRO heute als »Repräsentanten der Zivilgesellschaft«. Ihnen wird die Rolle eines globalen unabhängigen Kontrollorgans und Frühwarnsystems zugewiesen, und sie werden als objektive Informationsquelle betrachtet. Eine solche, auch von den Medien aufgegriffene, globale zivilgesellschaftliche Stellvertreterrolle bürdet den NRO schwierige Aufgaben auf. Unter demokratietheoretischen Gesichtspunkten ist die angestrebte »globale Mit-Regierungsfähigkeit« der NRO *(Global Governance)* als eine Antwort auf das Streben der Zivilgesellschaft nach Mitbestimmung bei den globalen Entscheidungsprozessen zu werten. Diese Einflussnahme außerhalb des Staates und der Marktwirtschaft hebt jedoch die ungleiche »Verteilung von Macht- und Problemlösungsressourcen« nicht auf. Wer den NRO heute schon die Fähigkeit zur Macht- und Herrschaftsausübung zubilligen will, ignoriert, so Peter Wahl, dass sie bisher keine unmittelbare Macht besitzen und nur beratende und warnende Funktionen ausüben.[90] Das zeigte besonders die missglückte Ratifizierung des Kyoto-Abkommens (die USA lehnten das Abkommen ab), wo die Nicht-Regierungs-Organisationen den niederschmetternden Ergebnissen ebenso macht- wie fassungslos gegenüberstanden.

Um an der internationalen Politik mitwirken zu können, müssten die »Steuerungs-, Kreativitäts- und Problemlösungspotenziale« der Nicht-Regierungs-Organisationen gebündelt werden und mit finanziellen Mitteln ausgestattet sein. Die globalen Politikkonzepte müssen auf die lokalen Ebenen zugeschnitten und dort verbreitet werden, um tatsächlich Wirkung zu entfalten (»global denken, lokal handeln«). Die NRO müssten ein Netzwerk als »wichtigen legitimatorischen und demokratischen Eckpfeiler für Global Governance« aufbauen, »weil durch vernetzte gesellschaftspolitische Prozesse Lokalität und Globalität als unterschiedliche Handlungsebenen verknüpft werden könnten«.[91]

Die *Zeit* schätzte die Nicht-Regierungs-Organisationen bereits hochtrabend als »Die neue Internationale« ein und behauptete, auf den UN-Gipfeln in Rio de Janeiro, Wien, Berlin, Kairo und Kyoto hätten die Medien den Aktivitäten der NRO mehr Aufmerksamkeit gewidmet als dem regierungsoffiziellen Teil. Der Erfolg von Greenpeace gegen die Nordsee-Ölbohrungen von Shell sei ein spektakulärer Höhepunkt beim Aufstieg dieser neuen globalen Akteure gewesen. Des Weiteren »entdeckte« die *Zeit* eine »internationale Zivilgesellschaft«, die »als Korrektiv oder gar als Gegenmacht zu Markt und Staat« Umwelt, Mensch und Sozialstaat vor den partikularen Interessen von Wirtschaftslobbys der transnationalen Konzerne und nationalen Regierungen bewahrt. Ein neuer Hoffnungsträger sei uns geboren.[92]

Dies wäre in der Tat zu wünschen, doch so weit war es noch nicht. Peter Wahl, ab 1997 Geschäftsführer der NRO Weltwirtschaft, Ökologie & Entwicklung – W.E.E.D. –, sieht die Gefahr, dass »die medial vermittelte Spektakularität der Aktionen von NRO uns an einer realistischen Einschätzung hindert«.[93] Im Gegensatz zu den wirklichen Global Players »haben NRO noch immer eine untergeordnete Bedeutung«, so Wahl, selbst wenn sie sich als weltweite elektronische Netzwerke organisierten. »Zum Mitspielen fehlen ihnen noch wichtige

Ressourcen: Anders als Regierungen verfügen NRO über keine staatlichen Machtinstrumente; anders als die transnationalen Konzerne verfügen sie auch nicht über nennenswerte wirtschaftliche und finanzielle Mittel, mit denen sie Macht und Einfluss ausüben könnten. Die Ressourcen, über die NRO verfügen, sind machtpolitisch gesehen weiche Instrumente: Sach- und Problemlösungskompetenz, hohe Motivation und Engagement, das Image von Dynamik und Unverbrauchtheit, der Ruf von moralischer Integrität und selbstlosem Idealismus.«[94]

Das häufig moralisch und ethisch überhöhte Image verleitet die NRO selbst dazu, die eigene Arbeit nicht mehr selbstkritisch zu betrachten. Die internationale Zivilgesellschaft und ihre Nicht-Regierungs-Organisationen lassen sich zwar von grundsätzlich anderen Prinzipien leiten als der Erste und Zweite Sektor, doch sie können sich keinesfalls in jeder Hinsicht von der übrigen Gesellschaft unterscheiden, aus der sie hervorgegangen sind. Auch bei ihnen gibt es, wie in jeder Institution, Widersprüche, Machtkämpfe und Dominanzverhältnisse. So ist z.B. Greenpeace auch nach vertikalen Organisationsformen strukturiert, was wegen der Abstimmung gleichzeitiger Aktionen an verschiedenen Orten der Welt kaum zu vermeiden ist.

In vielen multinationalen NRO konkurrieren heute »basisdemokratische und horizontale Selbstorganisationsprozesse mit zentralistischen und hierarchischen Konzepten«. Aufgrund der Probleme, die eine an basisdemokratischen Leitbildern orientierte internationale Vernetzung heraufbeschwor, orientieren sich einige große NRO aus dem Norden zunehmend auf »traditionelle Formen internationaler Kooperation, die von einem Zentrum ausgehend, sich zu einer vertikalen Organisation entwickeln«.[95]

Bis 1999, bis Seattle, waren NRO keine Bedrohung für die Globalisierung insgesamt. Doch sie fungierten als Katalysatoren für mehr Demokratie im internationalen System und schafften auf lokaler, nationaler und ansatzweise auch auf globaler Ebene Voraussetzungen für mehr demokratische Kontrolle. Ihre bisherige Arbeit lässt auf mitbestimmende Herrschaftsformen im künftigen Dritten Sektor hoffen. NRO müssen ihre Ressourcen erweitern, »inhaltliche Kompetenz, moralisches Ansehen etc.« genügen nicht, »denn die notwendigen Weichenstellungen für eine zukunftsfähige Entwicklung hängen nicht primär von Wissen und Bewusstsein ab«, sondern von materiellen Interessen, Herrschafts- und Eigentumsverhältnissen und überlieferten Machtkonstellationen. »Machtblindheit und die Unterschätzung von vermachteten Interessen« sind ein »weit verbreitetes Phänomen in der internationalen NRO-Gemeinschaft«. Sie hat gegen das Beschneiden ihrer Tätigkeit ebenso wenig ein Konzept entwickeln können wie gegen das Phänomen, dass »die Schere von Problembewusstsein und tatsächlicher Problemlösung sich immer mehr öffnet«.[96]

Vieles davon änderte sich mit der Entstehung von Anti-Globalisierungs-NRO wie Attac, Third World Network und Global Trade Watch im Jahre 1998, die heute über elektronisch vernetzte Organisationen in fünfzig Ländern verfügen. Diese drei NRO organisierten vom 30. November bis 3. Dezember 1999 die erste Aktion des zivilen NRO-Ungehorsams, die erste Massendemonstration in Seattle gegen die Konferenz der Welthandelsorganisation (WTO). Sechzigtausend Demonstranten folgten ihrem Aufruf. Die Polizei setzte Wasserwerfer und Tränengas gegen sie ein. Seattle war die Wasserscheide. Mit Seattle begann der wirkliche weltweite Widerstand gegen den Raubzug der Manager, gegen die Tyrannei ihrer Konzerne und ihrer Weltorganisationen. Es begann die Globalisierung von unten.[97] Inzwischen stellen die Globalisierungsgegner eine Macht dar, vor der sich die globalen Manager und ihre Institutionen wie Weltbank, WTO, IWF und Weltwirtschaftsforum fürchten und ihre Treffen in weltabgelegene Ortschaften verlegen oder sich gar geheim treffen. Nach Genua, im Juli 2001, wo 150 000 Globalisierungsgegner während des G-8-Gipfeltreffens gegen den globalen Raubtierkapitalismus protestierten, wurden keine Konferenzen der globalen Spieler in größeren Städten mehr abgehalten.

Denn zwischen Seattle und Genua gab es weltweite Proteste und Massendemonstrationen der NRO gegen die Globalisierung. So trafen sich z.B. vom 25. bis 30. Januar 2001 zeitgleich mit der Tagung des Weltwirtschaftsforums in Davos vierzigtausend NRO-Mitglieder und Unterstützer in Pôrto Alegre, Brasilien, zum »Ersten Weltsozialforum«, dem Gipfel der Globalisierungsgegner. »Eine andere Welt in Frieden ist möglich«, lautete ihr Motto. Und: »Wir dürfen die Menschen in der Dritten Welt nicht ausgrenzen, sie nicht zu Verlierern machen.« Noam Chomsky, einer der nordamerikanischen Teilnehmer, drückte es so aus: »Wir wollen die Welt in Frieden zusammenführen, die Konzerne wollen sie lediglich ausbeuten. Wir protestieren dagegen, dass die Einnahmen der 200 größten TNK mehr betragen als ein Viertel der weltweiten Wirtschaftsaktivität.«

Im Januar 2002, wieder zeitgleich mit der Tagung des Weltwirtschaftsforums der Topmanager der Welt im streng bewachten New Yorker Waldorf-Astoria-Hotel, kamen 8600 Kilometer entfernt sechzigtausend Globalisierungsgegner wieder in Pôrto Alegre zusammen. Sie trafen sich ohne Absperrgitter, ohne Polizisten mit Sturmgewehren im Anschlag zu ihrem »Zweiten Weltsozialforum«, das von Attac als »Gegengipfel« zum Treffen in New York ausgerufen worden war. Die Idee zu diesem Gegengipfel stammte von dem Franzosen Bernard Cassen, dem Direktor der Zeitung *Le Monde Diplomatique*, Gründer und Präsident von Attac. »Um outro mundo é possível« (»eine andere Welt ist möglich«), lautete der Wahlspruch der Demonstranten.

Dieser Gegengipfel zeigt aber auch, dass die Nicht-Regierungs-Organisationen dazugelernt hatten. Es war deutlich geworden, dass es nicht mehr ausreichte, nur die richtigen Fragen zu stellen und Proteste des zivilen Ungehorsams gegen die WTO, die Weltbank und den Internationalen Währungsfonds zu organisieren. Aus dem Koordinierungskreis von Attac kamen Stimmen, die forderten, dass endlich erklärt werden müsste, wie die »andere Welt« aussehen sollte, die die Globalisierungsgegner in Seattle, Genua und anderswo lautstark gefordert hatten. Es brauchte Alternativen zu der von den NRO bekämpften Globalisierung.

Mitglieder von Attac, W.E.E.D., Global Trade Watch, Third World Network und anderen NRO entwarfen ein Gegenkonzept. Drei globale Steuerarten sollen in Zukunft erhoben werden und die andere Welt mit aufbauen helfen: (1) die nach dem US-Ökonomen James Tobin benannte Tobin-Steuer auf Devisengeschäfte und Spekulationsgewinne an internationalen Börsen, (2) eine Abgabe auf alle Auslandsinvestitionen und Auslagerungen der transnationalen Konzerne und (3) eine weltweite Besteuerung von Konzerngewinnen. Zudem sollen der Dritten Welt alle Schulden gestrichen werden. Auch sämtliche Steueroasen müssen geschlossen werden. Der Welthandel braucht ökologische und soziale Standards. Aus den Milliardensummen, die diese Steuerquellen ergeben könnten, sollen Fonds unter Treuhandverwaltung der UNO gebildet werden, mit denen ein »gigantisches Aufbauprogramm« errichtet werden kann, das vor allem der Bildung, dem Gesundheitswesen, der Ernährung und dem Technologietransfer in die Dritte Welt dienen soll.[98] Das war die Botschaft vom friedlichen Gegengipfel aus Pôrto Alegre im Januar 2002.

Nach der Genua-Demonstration und dem Zweiten Weltsozialforum in Pôrto Alegre war die Mitgliederzahl von Attac auf über achtzigtausend angestiegen. Attac ist heute eine global vernetzte NRO mit Hauptquartieren in Paris, Washington D.C., Neu Delhi, Bangkok, Rom, London, Mexiko-Stadt, Frankfurt/M.; Büros existieren in Afrika und Südamerika. Attacs Gründer, Leiter, Mitglieder sind zu Global Players geworden. Sie sind heute in der Lage, weltweit gegen die Managereliten der transnationalen Konzerne zu agieren.

Doch was steht hinter dem Namen Attac? Er klingt kämpferisch wie Angriff! Attacke! Doch das Kürzel steht für »Association pour une Taxation des Transactions financières pour l'Aide des Citoyens«. Zu Deutsch: »Vereinigung für eine Besteuerung von Finanztransaktionen zur Hilfe von Bürgern«. Es geht auf die ursprüngliche Forderung der NRO zurück, alle »herumvagabundierenden Finanztransaktionen« (täglich rund 1200 Milliarden US-Dollar) mit der so genannten Tobin-Steuer, einer Spekulationssteuer von 0,1 bis 0,25 Prozent, zu belasten. Die Einnahmen würden nach Berechnungen von Attac, selbst bei einem geringen Steuersatz von 0,1 Prozent, über 50 Milliarden Euro jährlich einspielen. Sie sollten dann der Dritten Welt als Entwicklungshilfe zur Verfügung gestellt werden.[99]

Trotz dieser friedlichen Vorschläge wird Attac häufig in den Gazetten der Wirtschaftselite als eine »Bande von internationalen gewalttätigen Autonomen und Extremisten« beschimpft. Doch Attac hat sich dem gewaltfreien zivilen Ungehorsam verschrieben. Die Gewalttätigkeiten in Seattle und Genua gingen auf der einen Seite von ein paar tausend so genannten Autonomen aus (die bei solchen Protestdemos immer dabei sind), aber vor allem auf der anderen Seite vom Staat, von der Polizei, die im Falle Genuas von Berlusconis Regierung sogar beauftragt wurde, nicht nur mit Tränengas, Gummigeschossen, Wasserwerfern, sondern auch mit scharfer Munition gegen die Demonstranten vorzugehen. Dabei wurde einer von ihnen erschossen. Über hundert Demonstranten wurden schwer verletzt. Zehntausende wurden von einer Armee prügelnder Polizisten durch die Straßen gejagt und in große Lagerhallen getrieben, in denen sie zwei Tage ohne Nahrung, ohne Toiletten ausharren mussten.

Der Beitrag der NRO zu mehr Demokratisierung und Verantwortung in internationalen Beziehungen und im Welthandel, ihr Know-how zur Durchsetzung konkreter politischer Schritte machen sie nun zu Partnern in einem Bündnis all jener Kräfte, die national und global eine demokratische, sozial gerechtere und ökologisch nachhaltige Gesellschaft anstreben.

Donella und Dennis Meadows sowie Jorgen Randers definieren »Nachhaltigkeit« in *Die neuen Grenzen des Wachstums* (1993) wie folgt: »Eine Gesellschaft ist dann nachhaltig, wenn sie so strukturiert ist und sich so verhält, dass sie über alle Generationen existenzfähig bleibt. Mit anderen Worten: Sie ist so weitsichtig, so wandlungsfähig und so weise, dass sie ihre eigenen materiellen und sozialen Existenzgrundlagen nicht unterminiert.«[100]

Die Weltkommission für Umwelt und Entwicklung der UN erklärt, eine Gesellschaft sei »nachhaltig«, wenn sie »den Erfordernissen der Gegenwart angemessen gerecht wird, ohne die Möglichkeit künftiger Generationen zu beschränken, ihren eigenen Bedürfnissen nachzukommen«.[101]

In der heutigen Systemforschung bezeichnet man eine Gesellschaft dann als »nachhaltig, wenn sie ausreichende Informations-, Sozial- und Verwaltungsstrukturen besitzt, die in der Lage sind, die positiven Rückkopplungen für exponentielles Bevölkerungs- und Wirtschaftswachstum so zu kontrollieren, dass die Fertilität etwa gleich der Mortalität ist und die Investitionsraten für Technologieerneuerung etwa den Raten der Kapitalabnutzung entsprechen«.[102] Doch die Manager des Turbokapitalismus ignorieren jeden Gedanken an Nachhaltigkeit, ganz gleich, in welcher Weise Nachhaltigkeit definiert wird.

Heute trauen viele Menschen den Gewerkschaften, den politischen Parteien, den Parlamenten und Regierungen immer weniger zu, etwas gegen die Machenschaften der Wirtschaftselite zu unternehmen und Schritte in Richtung einer nachhaltigen Gesellschaft einzuleiten. Das beweisen die Massenaustritte bei den Gewerkschaften und den Parteien, die niedrigen Beteiligungen bei nationalen Wahlen.

Zur gleichen Zeit ziehen die NRO viele Menschen an, die aus verschiedensten Berufssparten kommen. Nach Millionen, so »Civicus«, der New Yorker Weltdachverband der Nicht-Regierungs-Organisationen, zählen die Mitglieder und Mitarbeiter in lokalen, nationalen und internationalen Umweltschutzgruppen (Greenpeace, Robin Wood, Sierra Club, BUND, Greenbelt Movement in Africa, Friends of the Earth); Entwicklungshilfegruppen (Allianz Nördlicher und Südlicher Entwicklungsgruppen, W.E.E.D., Organisationen der Landlosen Bauern Brasiliens, Freedom Movement der Indischen Bauern und Tagelöhner); gleiches gilt für die internationalen Hilfsorganisationen wie Misereor, Brot für die Welt, Ärzte ohne Grenzen; für Friedens- und Abrüstungsgruppen (Amnesty International, Hamburger Forum, Darmstädter Signal, US-Wissenschaftler für eine nicht-nukleare Welt, Center for Defense Information); für die diversen Konsumentenschutzgruppen (Nader's Raiders, Concom) und seit 1998 auch für Anti-Globalisierungs-NRO wie Attac, Third World Network, Global Trade Watch u. a. In den USA gibt es nach Civicus bereits viele Gruppen für Stadt- und Kommunen-Erneuerung und -Sanierung. Dazu kommen weltweit Arbeitslosen-, Wohnungslosen- und Armenhilfsorganisationen, Frauenhilfsgruppen, Nachbarschaftshilfsorganisationen, soziale Organisationen der Kirchen, Selbsthilfegruppen aller Art und viele andere mehr.

Nach Recherchen der UNO existierten in den USA, Japan und der EU um die Jahrtausendwende zehntausende kleinster, kleinerer und größerer NRO. Auch in Russland schießen sie mittlerweile wie Pilze aus dem Boden. In diesen nicht profitorientierten NRO lernen die Menschen, an Entscheidungsfindungen teilzunehmen, von denen sie in der Marktwirtschaft und im Staatssozialismus immer ausgeschlossen waren.

Auch in der Dritten Welt schließen sich Bauernverbände und andere soziale Basisgruppen immer stärker zusammen, um Automation, Ausbeutung ihrer Rohstoffe durch Triade-Konzerne und landwirtschaftliche Biotechnologie zu bekämpfen. In den kommenden Jahren wird sich insbesondere der Aufstand der landwirtschaftlichen NRO in den Ländern der südlichen Hemisphäre gegen das »patentrechtliche Aus-dem-Verkehr-Ziehen der einheimischen Saatgüter« durch transnationale Konzerne und die massenweise Übernahme der landwirtschaftlichen Produktionseinheiten durch die globale Gentech-Industrie (Agrobusiness) noch verstärken. Millionen und Abermillionen von ausgegrenzten Bauern werden in Indien, Indonesien, Afrika und Lateinamerika gegen Gentechnologien kämpfen, die Monokulturen schaffen und damit ihr physisches Überleben bedrohen.

Zudem, so kritisierten Globalisierungsgegner auf dem Weltsozialforum in Bombay im Januar 2004, unter ihnen der amerikanische Wirtschafts-Nobelpreisträger Joseph Stiglitz, würden die Konzerne durch ihren »Steueroasenwettbewerb« nicht nur ihre eigenen Staatsfinanzen aushöhlen, sondern auch die der Dritten Welt. Durch das aus den Fugen geratene Steueroasensystem verliere auch die Dritte Welt jährlich bis zu 15 Milliarden Dollar. Stiglitz, der einstige Chefökonom der Weltbank, prangerte vor allem das schweizerische Bankgeheimnis als »Skandal« an. In den Steueroasen Schweiz, Luxemburg, den Cayman-Inseln wären inzwischen bis zu acht Billionen US-Dollar Kapital angelegt. Dieses Volumen übersteigt den Wert des jährlichen Welthandels. Es wird Zeit, diese Steuerlöcher zu stopfen.[103]

Der Historiker Paul Kennedy glaubt, dass das Eindringen der Automation in der Dritten Welt, z. B. der Aufbau der High-Tech-Enklave Bangalore in Indien, Zweifel aufkommen lässt an der schönen High-Tech-Welt des 21. Jahrhunderts. Er fragt, »ob ein Land wie Indien die Belastung aushalten kann, auf globalem Niveau konkurrenzfähige High-Tech-Enklaven mitten unter hunderten von Millionen ... verelendeter Bauern und Tagelöhner aufzubauen«.[104]

Der angloamerikanische Wissenschaftler, der durch seine These vom langfristig bevorstehenden Abstieg der Supermacht USA berühmt geworden ist, analysiert die Kluft, die sich in den postindustriellen Ländern zwischen der neuen Schicht der elitären Wissensarbeiter (die ominösen 20 Prozent) und der abrutschenden Mittelschicht und der verarmten Arbeiterschicht auftut. Er schlussfolgert: »Wenn die gewaltigen Einkommensunterschiede schon in den USA für Unruhe sorgen, wie viel größer müsste die Auswirkung in Indien sein, wo ein Großteil der Nation noch nicht einmal eine industrielle Revolution durchgemacht hat?«[105]

Kennedys Befürchtung ist umso berechtigter, wenn man bedenkt, dass – so das UN-Population Crisis Committee – bis zum Jahre 2010 die Zahl der arbeitsfähigen Männer und Frauen in der Dritten Welt um mehr als siebenhundert Millionen anwächst. Das sind mehr Arbeitskräfte, als 1990 in allen industrialisierten Ländern der Welt insgesamt einen Job hatten. Wer soll diesen Menschen Brot, Ausbildung und Arbeit geben? Der bereits zitierte kanadische Wirtschaftswissenschaftler Michel Chossudovsky kommt in *The Globalisation of Poverty* zum selben Schluss.[106]

Selbst in den meisten Triade-Ländern hat heute die Massenarbeitslosigkeit durch den Einsatz von Computern und Robotern bereits überdimensionale Formen angenommen. Auch bei uns wächst die Kluft zwischen Arm und Reich, und die Samen für hohe Kriminalitätsraten, Gewalt und Aufruhr sind gesät. Jetzt, da der Sozialstaat rigoros abgebaut wird und Arbeitslose und Jugendliche, auch Teile der Mittelschicht, bald keinen Halt, keine Chance mehr auf Jobs und Selbstverwirklichung haben, jetzt müssen wir beginnen, einen von der

Marktwirtschaft unabhängigen Dritten Sektor als eine Art Treibriemen zur zukünftigen Ära der »Post-Marktwirtschaft« zu installieren.

Dieser Dritte Sektor, ins Leben gerufen von Nicht-Regierungs-Organisation und anderen sozialen Gruppen, muss im Laufe der dritten industriellen Revolution wachsen und sich diversifizieren – und das schnell genug, um die stetig wachsende Zahl der von der Marktwirtschaft Ausgegrenzten auffangen zu können. Es gibt keinen anderen Weg – auch nicht in der Dritten Welt. Der Dritte Sektor muss von unten globalisiert werden. Das ist unsere beste Hoffnung, unsere Chance auf eine funktionierende soziale Wirtschaft mit bezahlten Jobs. Denn die Entwicklung auf einen beinahe arbeiterlosen Ersten Sektor ist nicht mehr aufzuhalten

Die Befürworter der High-Tech-Revolution und ihrer Folgen werfen deren Kritikern Technologiefeindlichkeit vor und beklagen, dass sie den Fortschritt aufhalten, Forschung und Technologieerneuerung blockieren wollen. Wenn man sich nur um Shareholder Value und Aktienoptionen und nicht um Arbeitsplätze, Workholder Value und Nachhaltigkeit sorgt, ist diese Haltung verständlich. Doch aus Profitgier wird hier leichtfertig ignoriert, dass Leben und Schicksale von Millionen und Abermillionen Menschen durch beschleunigte Automatisierung zerstört werden. Eine High-Tech-Gesellschaft, an deren Fortschritt und Wohlergehen in zwanzig bis vierzig Jahren nur 20 Prozent teilhaben, ist von einem menschlichen Standpunkt aus nicht hinnehmbar.

Wir müssen die Manager, die vier Fünftel der Menschen mit altbackenem Brot und dümmlichen Spielen abspeisen wollen, endlich zum Stempeln schicken, wir müssen sie für ihr Tun haftbar machen, sie müssen abgesetzt, abgewählt, entlassen werden. Dazu müssen wir mit unseren neuen Institutionen wie Ökoräten, Betriebsräten, NRO sowie durch Volksentscheide und zivilen Ungehorsam in die Entscheidungsmonopole hineinwirken oder diese von außen kontrollieren.

Das Volk, die Zivilgesellschaft ist jetzt gefordert, gegen das rücksichtslose wettbewerbsbesessene Treiben der Wirtschaftseliten ethische Grundsätze zu formulieren, Verantwortung für das Ganze zu tragen, eine überlebensfähige Zukunft für die kommenden Generationen zu sichern. Die Gesellschaft muss weisungsbefugte Institutionen ermächtigen, der Tyrannei der Manager und dem Wirken des Marktes Grenzen zu setzen. Es muss – im Sinne von Ulrich Beck – ein Katalog gesetzeskräftiger Vorschriften erlassen werden, die auf nationaler und EU-Ebene bei Nichtbefolgung harte Strafen gegen die Manager-Oligarchie nach sich ziehen.

Wenn wir den Herausforderungen des Turbokapitalismus jetzt begegnen, kann es gelingen, in den ersten Dekaden des 21. Jahrhunderts rechtzeitig eine Post-Marktwirtschafts-Ära einzuleiten, in der der Dritte Sektor das Hauptbeschäftigungs- und Verwirklichungsfeld der Menschen sein wird.

Zwar wird Marktwirtschaft dann immer noch notwendig sein, doch das wesentliche Arbeitsleben der Menschen wird sich in den Nicht-Regierungs-Organisationen des Dritten Sektors abspielen und nicht mehr in den transnationalen Konzernen. Die Globalisierungsgewinner müssen durch konsequente Besteuerung auf das Gemeinwohl, auf das Funktionieren eines Dritten Sektors verpflichtet werden. Eine steuerfinanzierte Beschäftigung der aus dem Ersten Sektor Freigesetzten im Dritten Sektor kann eine Gesellschaft schaffen, die die Erwerbsarbeit der wenigen Manager- und Wissenseliten und die genauso wichtige Sozialarbeit von vielen kombiniert.

Sollte es uns aber nicht gelingen, die Fähigkeiten, die Talente, die Energie, den Arbeitswillen, den Einfallsreichtum von hunderten von Millionen Menschen in die konstruktive Arbeit im Dritten Sektor umzuleiten, dann werden unsere Gesellschaften unweigerlich durch Rechtlosigkeit, Gewalt, Diebstahl, Armut, Tittytainment und schließlich auch Bürgerkrieg zerfallen.

Das Ende der alten Erwerbsarbeit kann das Todesurteil für unsere Gesellschaften bedeuten. Aber es kann auch ein Signal sein für den Anfang einer umfassenden sozialen Wandlung, einer Wiedergeburt menschlicher Werte. Menschliche Arbeit könnte wieder den Sinn bekommen, den sie verdient, der ihr durch das fremdbestimmte Arbeiten in der Marktwirtschaft und im Staatssozialismus entrissen wurde. Wir könnten uns mit unserer Arbeit wieder identifizieren, uns in ihr wieder selbst verwirklichen.

Wir müssen die verlogene Rhetorik der zwanghaften Globalisierung nicht hinnehmen, im Gegenteil: Wir können Bedingungen schaffen, die uns selbst in die Lage versetzen, konkrete Möglichkeiten eines besseren Lebens nach eigenen Bedürfnissen und Einsichten zu verwirklichen. Es ist an der Zeit, damit anzufangen. Pôrto Alegre und Bombay haben den Weg gewiesen. Eine bessere Welt ist möglich.

Anhang

Anmerkungen

Teil I: Der Raubzug der Manager

1 Neil Postman, *Technopoly*, New York: Alfred A. Knopf, 1991, S. 148f.; Vgl. Keith W. Hoskin/Richard H. Macve, »The Genesis of Accountability: The West Point Connection«, in: *Accounting Organisations And Society*, Bd. 13, Nr. 1, 1988, S. 37–63
2 Christopher Lasch, *The Culture of Narcissism*, New York: Norton & Company, 1979, S. 325–327
3 John Kenneth Galbraith, *The New Industrial State*, New York: Signet Books, 1968, S. 97f.
4 James Burnham, *The Managerial Revolution*, New York: Harcourt, Brace, 1941, S. 82–84
5 Paul A. Baran/Paul M. Sweezy, *Monopoly Capital*, New York: Modern Reader Paperbacks, 1968, S. 34–45
6 John A. Garraty, »The Great Depression«, in: *American Nation*, New York: Harper & Row, 1966, S. 724
7 Jeremy Rifkin, *The End of Work*, New York: Putnam's Sons, 1995, S. 53
8 Ebd.
9 Ebd., S. 53–54
10 Ebd., S. 54
11 Vgl. John Garraty, S. 731
12 Ebd., S. 740
13 Ebd., S. 740
14 Ferdinand Lundberg, *The Rich And The Super-Rich*, New York: Bantam Books, 1969, S. 905–906

15 Jürgen Gaulke, *Der Klub der Kontrolleure*, Hamburg: Hoffmann und Campe, 1996, S. 236

16 Lord Alan Bullock et al., *Report of the Committee of Inquiry on Industrial Democracy*, London 1977, S. 128–132f.

17 Vgl. Jürgen Gaulke, S. 239–241

18 Ebd., S. 9–10

19 Rüdiger Liedtke, *Wem gehört die Republik? Die Konzerne und ihre Verflechtungen*, Frankfurt/M.: Eichborn, 1997, 2000

20 Ebd., 1997, S. 147f.

21 Ebd., S. 159

22 Ebd., S. 165

23 Vgl. Gaulke, S. 12

24 Vgl. Galbraith, S. 108f.

25 Milton Friedman, *Capitalism and Freedom*, Chicago: The University of Chicago Press, 1962, S. 133

26 Arbeitsgruppe Alternative Wirtschaftspolitik, *Zur Ökonomischen Konzentration in der Bundesrepublik*, Köln 1988, S. 14f.

27 Ebd., S. 15

28 Ebd., S. 15f. Siehe auch Günter Ogger, *Nieten in Nadelstreifen*, München: Droemer, 1992, S. 22–26

29 *Wall Street Journal*, 2. November 1989

30 Ebd.

31 George Gilder, *Wealth And Poverty*, New York 1981, S. 12–14, S. 41–43

32 Ebd., S. 41f.

33 Ebd.

34 *New York Times*, 6. März 1992

35 Ebd.

36 *Time Magazine*, 22. April 1991

37 Ebd.

38 *New York Times*, 6. März 1992

39 *Guardian*, 22. August 1989

40 Ebd.

41 Vgl. *Time Magazine*, 22. April 1991

42 *Wall Street Journal*, 29. Mai 1992; *Forbes* Nr. 5/1992

43 *Der Spiegel* Nr. 12/1997

44 *New York Times*, 28. März 1997

45 Ebd.

46 *Business Week*, 23. April 1997
47 *New York Times*, 16. April 1997
48 Ebd.
49 Ebd.
50 *Business Week*, 23. April 1997 und 21. Dezember 2002
51 *New York Times*, 16. April 1997
52 *Der Spiegel* Nr. 9/2003; *Süddeutsche Zeitung*, 21. Juni 2004
53 Ebd.
54 *Süddeutsche Zeitung*, 22. Januar 2004; *Frankfurter Rundschau*, 22. Januar 2004; *Der Spiegel* Nr. 4/2004; *Der Spiegel* Nr. 21/2005
55 *Der Spiegel* Nr. 19/2005
56 *Süddeutsche Zeitung*, 9. April 2003
57 *Bild-Zeitung*, 5. Oktober 2002; dpa, 4. Oktober 2002
58 *Frankfurter Rundschau*, 16. November 2002; dpa, 15. November 2002
59 *Der Spiegel* Nr. 11/2005
60 *Le Monde*, 6. Januar 2002; dpa, 5. Januar 2002
61 *Der Spiegel* Nr. 32/2002; *Wirtschaftswoche*, 31. Januar 2002
62 *New York Times*, 28. Juli 2002
63 *Wall Street Journal*, 14. Februar 2002. Bis zum Ende des siebten Kapitels wurden ab hier Unterlagen von A. P., Wall Street Journal Online, New York Times, Information Bank Online und Spiegel Online benutzt.

Teil II: Globalisierung oder Die Zerstörung des Sozialstaats

1 James Burnham, *The Managerial Revolution*, New York: Harcourt, Brace, 1941, S. 85–86
2 Christopher Lasch, *The Culture of Narcissism*, S. 325–326
3 Lester C. Thurow, *The Future of Capitalism*, New York: Nicholas Brealey Publishing, 1996, S. 180
4 Norbert Reuter, »Umverteilung von unten nach oben: Eine Analyse«, in: *Frankfurter Rundschau,* 23. Juli 1997
5 Die Gruppe von Lissabon, *Grenzen des Wettbewerbs. Die Globalisierung der Wirtschaft und die Zukunft der Menschheit*, München: Luchterhand, 1997, S. 99

6 Ulrich Dolata, »Die Internationalisierung der deutschen Wirtschaft konzentriert sich auf die europäischen Nachbarländer, Dokumentation«, in: *Frankfurter Rundschau,* 30. Januar 1997

7 Ebd.

8 Ebd.

9 dpa-Meldung vom 3. April 1997

10 Ebd.

11 Ebd.

12 *Die Tageszeitung,* 10. Juni 1996

13 ZDF am 26. September 2002

14 Die Gruppe von Lissabon, S. 108–109

15 Ebd.

16 Ebd.

17 Ebd., S. 110–111

18 Vgl. Thurow, S. 176–177

19 Ebd., S. 177

20 Vgl. Gruppe von Lissabon, S. 110–111; Worldwatch Institute Report, *State of the World* 1997, New York: Norton Company, 1997, S. 68–74

21 Vgl. Gruppe von Lissabon, S. 112; Worldwatch Institute Report 1997, S. 70–74

22 Ifo-Schnelldienst 30/1996; vgl. Dolata, Dokumentation; vgl. Rüdiger Liedtke, *Wem gehört die Republik?*, 2000, 2002

23 Vgl. Ifo-Schnelldienst 30/1996; vgl. Dolata, Dokumentation; *Wall Street Journal,* 2. März 2001

24 *Stern* Nr. 46/1995

25 Vgl. Dolata, Dokumentation; *Wall Street Journal,* 2. März 2001

26 Vgl. Ifo-Schnelldienst 30/1996; vgl. Dolata, Dokumentation

27 Vgl. Gruppe von Lissabon, S. 110–112; vgl. Dolata, Dokumentation; *Der Spiegel* Nr. 22/2005

28 Vgl. Dolata, Dokumentation; vgl. Gruppe von Lissabon, S. 110–112; vgl. *Wall Street Journal,* 2. März 2001

29 Ebd.; vgl. Dolata, Dokumentation

30 Francis Fukuyama, *The End of History*, New York: Free Press, 1992, S. 126–128

31 Vgl. Edward Luttwak, *Weltwirtschaftskrieg*, Hamburg 1994, S. 37f.

32 *New York Times,* 12. Februar 1997

33 *Der Spiegel* Nr. 17/1997; Rolf Dietrich Schwartz, *Kapitalismus*

ohne Netz, Berlin: Aufbau, 1996, S. 52–55; *New York Times*, 12. Mai 1997
34 Ebd.; *Der Spiegel* Nr. 17/1997
35 *Der Spiegel* Nr. 17/1997, S. 27
36 *The Independent,* 24. April 1997
37 Ebd.
38 *The Independent,* 16. Juni 1996; *Der Spiegel* vom 21. September 2002
39 Michel Chossudovsky, *The Globalisation of Poverty*, Penang (Malaysia): Third World Network, 2001, S. 88–91
40 Lester Brown, »News Letter: State of the World«, 1995; Hans-Peter Martin/Harald Schumann, *Die Globalisierungsfalle*, Reinbek bei Hamburg: Rowohlt, 1996, S. 12–14
41 Jeremy Rifkin, *The End of Work*, New York: Putnam & Sons, 1995, S. 11–14, S. 82f.; vgl. Robert Reich, *The Work of Nations: Preparing Ourselves for 21st Century*, New York: Vintage Books, 1992, S. 316
42 Vgl. Martin/Schumann, S. 12–14; vgl. Lester Brown, »News Letter«
43 Vgl. Martin/Schumann, S. 12–14; vgl. Lester Brown, »News Letter«; vgl. Chossudovsky, *The Globalisation of Poverty,* 2001, S. 88–91
44 Noam Chomsky/Heinz Dieterich, *Globalisierung im Cyberspace*, Bad Honnef: Horlemann, 1996, S. 163
45 Ebd., S. 37, S. 163–165
46 Vgl. Martin/Schumann, *Die Globalisierungsfalle*, S. 13
47 Vgl. Jeremy Rifkin, *The End of Work*, S. 11–14
48 Jacques Attali, *Millennium: Winners and Losers in the Coming World Order*, New York 1991, S. 101–102
49 *Wall Street Journal*, »Price of Progress: Re-engineering Gives Firms New Efficiency«, 16. März 1993
50 Ebd.
51 Richard D'Aveni, *Hypercompetition*, New York: Free Press, 1994, S. 96f., S. 112f.
52 Ebd.
53 Vgl. Lester Thurow, *The Future of Capitalism*, S. 169
54 Ebd.
55 Ebd., S. 187
56 Ebd., S. 189
57 ARD-Nachrichten vom 22. Mai 1997
58 Vgl. Thurow, *The Future of Capitalism*, S. 191

59 Vgl. Gruppe von Lissabon, *Grenzen des Wettbewerbs*, S. 98f.; vgl. D'Aveni, *Hypercompetition*, S. 112f.

60 Vgl. Noam Chomsky/Heinz Dieterich, *Globalisierung im Cyberspace*, S. 145

61 Ebd.

62 *Der Spiegel* vom 26. Juni 1996

63 *New York Times,* 13. Juni 1996

64 Vgl. dazu *Der Spiegel* Nr. 12/1997

65 Vgl. *Der Spiegel* Nr. 12/1997; vgl. Martin/Schumann, *Die Globalisierungsfalle*, S. 182

66 *Wall Street Journal,* 10. März 1996; vgl. Martin/Schumann, S. 182

67 *Der Spiegel* Nr. 12/1997

68 dpa-Meldung vom 5. Juli 1997

69 *Der Spiegel* Nr. 12/1997

70 Ebd.

71 Ebd.; *Der Spiegel* Nr. 42/2003

72 Vgl. Gruppe von Lissabon, *Grenzen des Wettbewerbs*, S. 136; *Der Spiegel*, Archivunterlagen

73 *New York Times,* 27. Juni 1996; *Wall Street Journal,* 24. Februar 2002

74 *New York Times,* 17. Juli 1996

75 Robert Reich, *Locked in the Cabinet*, New York: Alfred A. Knopf, 1997, S. 7f.

76 *New York Times,* 17. Juli 1996

77 Ebd.

78 *New York Times,* 25. September 2002; *Der Spiegel* Nr. 1/2002, Paul-Krugman-Interview S. 69; *New York Times,* 21. Dezember 2004

79 Unter den neun Richtern waren vier, die von Ronald Reagan und George Bush sen. eingesetzt worden waren. Mit einer Stimme mehr lehnten die Bundesrichter eine Nachzählung der Wahlzettel ab, die vermutlich dem Demokraten Al Gore die Mehrheit gebracht hätte.

80 *New York Times,* 25. September 2002; *Der Spiegel* Nr. 1/2002, Paul-Krugman-Interview

81 Martin/Schumann, *Die Globalisierungsfalle*, S. 215

82 Ebd., S. 216

83 *Der Spiegel* Nr. 39/2002

84 Rolf Dietrich Schwartz, *Kapitalismus ohne Netz*, Berlin: Aufbau,

1996, S. 44; vgl. *Der Spiegel* Nr. 41/2002; *Frankfurter Rundschau,* 2. März 2005
85 Zahlen des Statistischen Bundesamtes aus 2004
86 Vgl. *Der Spiegel* Nr. 26/1996
87 *Frankfurter Rundschau,* 16. Juli 1996; OECD-Statistiken bis Feb. 2001
88 Vgl. Rolf Dietrich Schwartz, *Kapitalismus ohne Netz,* S. 72
89 *Handelsblatt,* 19. Juli 1996; *New York Times,* 12. Juni 1996
90 Vgl. Rolf Dietrich Schwartz, S. 73–74
91 *New York Times,* 12. Juni 1996
92 United Nations Conference on Trade and Development (UNCTAD), World Investment Report 1995, 2000, »News Letters«, New York/Genf; vgl. dazu auch: Gruppe von Lissabon, *Grenzen des Wettbewerbs,* S. 113–118
93 Christopher Lasch, *Die blinde Elite. Macht ohne Verantwortung,* Hamburg: Hoffmann und Campe, 1995, S. 13–15
94 Ebd.
95 Robert B. Reich, *Die neue Weltwirtschaft: Das Ende der nationalen Ökonomien,* Frankfurt/M.: Fischer, 1993, S. 301
96 Ebd.
97 Ebd., S. 302
98 Zitiert nach Schwartz, S. 36–37
99 Michel Albert, *Kapitalismus contra Kapitalismus,* Frankfurt/M.: Campus, 1992, S. 157f.
100 Zitiert nach Schwartz, S. 38–39
101 Ethan B. Kapstein, »Workers and the World Economy«, in: *Foreign Affairs, Council on Foreign Relations,* Mai 1996, S. 18
102 Pierre Bourdieu, »Die fortschrittlichen Kräfte«, in: *Perspektiven des Protests,* Hamburg: VSA-Verlag, 1997, S. 13f.

Teil III: Der Aufstand gegen die Manager-Oligarchie

1 Paul Krugman, »Competitiveness: A Dangerous Obsession«, in: *Foreign Affairs,* Bd. 73, Nr. 2, März/April 1994, S. 28–44
2 Die Gruppe von Lissabon, *Grenzen des Wettbewerbs,* S. 120f.

3 Ebd., S. 132f.; vgl. dazu Michel Chossudovsky, *The Globalisation of Poverty*, S. 321f. [auf Deutsch unter dem Titel *Global Brutal – Der entfesselte Welthandel, die Armut, der Krieg* (2002) erschienen]

4 Robert B. Reich, *Die Neue Weltwirtschaft: Das Ende der nationalen Ökonomien*, Frankfurt/M.: Fischer, 1993, S. 355–363

5 Ebd., S. 360f.

6 Ebd., S. 363

7 Adam Smith, *The Wealth of Nations*, Chicago: Henry Regnery Company, 1967, S. 51f., S. 83f.

8 Joseph Schumpeter, *Capitalism, Socialism and Democracy*, New York: Harper Torchbook, 1962, S. 83f.

9 Ernst Ulrich von Weizsäcker/Amory Lovins/Hunter Lovins, *Faktor Vier*, München: Droemer Knaur, 1996, S. 320–323

10 Vgl. D'Aveni, S. 96f., S. 112f.

11 Vgl. von Weizsäcker/Amory Lovins/Hunter Lovins, *Faktor Vier*, S. 326

12 Ebd., S. 326f.

13 U. a. Margret Mead, Noam Chomsky, Frederick Wilson, Theodore Roszak, Neil Postman, Ernst Ulrich von Weizsäcker, Carl Friedrich von Weizsäcker, Dieter Senghaas, Irenäus Eibl-Eibesfeldt, Johan Galtung, Theodor Ebert

14 Vgl. dazu Irenäus Eibl-Eibesfeldt, »Aggression. Der Wille zum Frieden entspricht unserer biologischen Motivationsstruktur«, in: *Beiträge zur Konfliktforschung*, Heft 4, 1988, S. 17–35; von Weizsäcker/Amory Lovins/Hunter Lovins, *Faktor Vier*, S. 326f.; Theodor Ebert, *Gewaltfreier Aufstand*, Waldkirch: Waldkirchner Verlagsgesellschaft, 1983, S. 25–36; S. 46–50; Theodore Roszak, *The Making of a Counter Culture*, Doubleday, 1969, S. 205f., S. 226f.

15 Vgl. ebd.

16 Siehe den »Human Development Report« des U.N. Development Programme, in: Worldwatch Institute, *Report zur Lage der Welt 1997,* Daten für das Überleben unseres Planeten, Frankfurt/M.: Fischer Verlag, 1997, S. 11–17

17 Ebd.

18 Ebd., S. 11f.

19 Ebd., S. 28–33

20 dpa-Meldung vom 26. September 1997

21 Vgl. Club of Rome, *Die Herausforderung des Wachstums*, Frankfurt/M.: Fischer Verlag, 1990, S. 62–70

22 Vgl. Donella und Dennis Meadows/Jorgen Randers, *Die Neuen Grenzen des Wachstums*, Reinbek: Rowohlt, 1993, S. 35f.

23 Al Gore, *Earth in the Balance*, New York: Houghton Mifflin, 1992, S. 295–298

24 Die Gruppe von Lissabon, *Grenzen des Wettbewerbs*, S. 179

25 Ebd., S. 182–187

26 Pierre Bourdieu, »Die fortschrittlichen Kräfte«, in: *Perspektiven des Protests*, Hamburg: VSA-Verlag, 1997, S. 13–26

27 »Die Internationalisierung der deutschen Wirtschaft konzentriert sich auf die europäischen Nachbarländer ...«, in: *Frankfurter Rundschau,* 30. Januar 1997

28 Vgl. Bourdieu, »Die fortschrittlichen Kräfte«, in: *Perspektiven des Protests*, S. 13–26

29 Zitiert nach: Johann-Günther König, *Alle Macht den Konzernen*, Reinbek: Rowohlt, 1999, S. 310–311

30 Ebd.

31 Vgl. Rifkin, *The End of Work*, S. 13f., S. 272; Ulrich Beck, »Kapitalismus ohne Arbeit«, in: *Der Spiegel* Nr. 20/1996

32 André Gorz, *Kritik der Ökonomischen Vernunft. Sinnfragen am Ende der Arbeitsgesellschaft*, Berlin: Rotbuch Verlag, 1991, S. 331f.

33 Vgl. Rifkin, *The End of Work*, S. 13f.

34 Ebd., S. 217

35 dpa-Meldung vom 14. Oktober 1993

36 Vgl. Europeans Ponder, »Working Less So More of them Can Have Jobs«, in: *New York Times,* 22. November 1993

37 dpa-Meldung vom 9. April 1997; *Frankfurter Rundschau,* 11. April 1997

38 Ebd.

39 Ebd.

40 Ebd.

41 Vgl. Rifkin, *The End of Work*, S. 246–249; Reich, *Die neue Weltwirtschaft*, S. 325, S. 337

42 Rifkin, *The End of Work*, S. 325f.

43 Reich, *Die neue Weltwirtschaft*, S. 316

44 Ebd., S. 327

45 Ebd., S. 326

46 Rifkin, *The End of Work*, S. 260f.

47 Ebd., S. 269

48 Ebd.

49 Ebd., S. 272

50 Ulrich Beck, »Die blaue Blume der Moderne«, in: *Der Spiegel* Nr. 33/1991

51 Dieses und die folgenden Zitate ebd.

52 *Greenpeace Magazin*, »Der Kühlschrank-Krimi«, Juni 1993, S. 12f.

53 Ebd.

54 *International Herald Tribune,* 4. Februar 1994

55 Ebd.; *Newsweek,* 25. Oktober 1993, S. 36f.

56 Ebd.

57 *Friends of the Earth Catalogue*, San Francisco, 1983, 1984, 1985, 1992, 2001–2004

58 Vgl. dazu *Spektrum der Wissenschaft,* Mai 1993, S. 110–111; *Bio Engineering*, I/1993, S. 6f.; *Der Spiegel* Nr. 7/1994, S. 158f.

59 Vgl. dazu *Spektrum der Wissenschaft*, Mai 1993, S. 110–111; *GID* 90/91, Dezember 1993, S. 9f.; *Der Spiegel* Nr. 7/1994, S. 158f.

60 Ebd.

61 Vgl. von Weizsäcker/Amory Lovins/Hunter Lovins, *Faktor Vier*, S. 241, S. 258

62 Worldwatch Institute, »Jenseits des Öl- und Petroleumzeitalters«, in: *Saving the Planet*, 1991, S. 48–63

63 Vorlage der Sonnenstromkraftwerksstudie am 13. November 1986 in Stuttgart (Kopie im Besitz des Autors)

64 Ebd.

65 Worldwatch Institute, *Report on Progress Toward Sustainable Society*, New York 1993, S. 193f.

66 Ebd., S. 194f.

67 Zitiert nach von Weizsäcker/Amory Lovins/Hunter Lovins, *Faktor Vier*, S. 282f.

68 Zur Geschichte der Mitbestimmung in Deutschland: Gerhard Leminsky/Bernd Otto, *Politik und Programmatik des Deutschen Gewerkschaftsbundes,* Köln: Bund Verlag, 1974, S. 108f.; vgl. Betriebsverfassungsgesetz von Oktober 1952, *Bundesgesetzblatt I*, vgl. Betriebsverfassungsgesetz von Januar 1972, *Bundesgesetzblatt I*

69 Vgl. Leminsky/Otto, *Politik und Programmatik des Deutschen*

Gewerkschaftsbundes, S. 115f., S. 130–135; *Frankfurter Rundschau,* 16. November 1976

70 Siehe für das Folgende: Lord Bullock et al., *Report of the Committee of Inquiry on Industrial Democracy,* London 1977, S. 128–132

71 »They Own the Place«, in: *Time Magazine*, 13. Februar 1989, S. 3f.; *New York Times,* 6. Februar 1989

72 *Wall Street Journal,* 17. Januar 1997; »They Own the Place«, S. 32f.

73 *Wall Street Journal,* 17. Januar 1997; »They Own the Place«, S. 32f.; *New York Times,* 6. Februar 1989

74 Ebd.

75 *Wall Street Journal,* 17. Januar 1997; »They Own the Place«, S. 32f.

76 Ebd.

77 Ebd.

78 Christian Bay, »Civil Disobedience as Prerequisite in Mass-Democracies«, in: George Benello/Dimitrios Roussopoulos, *The Case for Participatory Democracy,* New Edition 2000, S. 250f.

79 Ebd.

80 Ebd.

81 Gene Sharp, »Civil Disobedience in a Democracy«, in: George Benello/Dimitrios Roussopoulos, *The Case for Participatory Democracy*, New Edition 2000, S. 317f.

82 Ebd.

83 *Greenpeace Magazin*, I/1992, S. 21f.; »Paper on Sustainable Growth«, in: *Global Forum* 92, *Spiegel Spezial*, S. 11–18

84 *Süddeutsche Zeitung,* 23. Oktober 1997; »Die Stunde der Lobbyisten«, in: *Greenpeace Magazin*, 6/1997, S. 23–26

85 *Global Forum* 92, *Spiegel Spezial*, S. 11–18; *Die Tageszeitung,* 8. Juni 1992

86 Ebd.

87 Ebd.

88 Ebd.

89 *Global Forum* 92, *Spiegel Spezial*, S. 11–18

90 Peter Wahl, »Mythos und Realität internationaler Zivilgesellschaft. Zu den Perspektiven globaler Vernetzung von Nicht-Regierungs-Organisationen«, in: Elmar Altvater u. a. (Hrsg.), *Vernetzt und Verstrickt. Nicht-Regierungs-Organisationen als gesellschaftliche Produktivkraft.* Münster: Westfälisches Dampfboot, 1997, S. 268

91 Vgl. ebd., S. 267

92 Ebd., S. 293

93 Ebd.

94 Vgl. ebd., S. 295

95 Vgl. ebd., S. 308

96 Ebd., S. 311f.

97 Maria Mies, *Globalisierung von unten. Der Kampf gegen die Herrschaft der Konzerne,* Hamburg: Europäische Verlagsanstalt/Rotbuch Verlag, 2001, S. 10–13

98 Vgl. *Attac-Publik-Forum* 2002; Peter Wahl/Peter Waldow, *Tobin-Steuer,* Hamburg: VSA-Verlag, 2002, S. 16–18, S. 42f.

99 Vgl. Maria Mies, *Globalisierung von unten*, S. 175f.

100 Donella und Dennis Meadows/Jorgen Randers, *Die neuen Grenzen des Wachstums*, Reinbek: Rowohlt, 1993, S. 250

101 Ebd.

102 Ebd., S. 251

103 Vgl. dazu Michel Chossudovsky, *The Globalisation of Poverty*, Penang (Malaysia): Third World Network, 2001, S. 167f., S. 213f.; *Süddeutsche Zeitung,* 22. Januar 2004

104 Paul Kennedy, *Preparing for the Twenty-First Century*, New York: Putnam's Sons, 1993, S. 189

105 Ebd.

106 UN-Population Crisis Committee, »Population Report 1989«; vgl. Michel Chossudovsky, *The Globalisation of Poverty*, S. 37f., S. 167f.